Gwen Berwick and Sydney Thorne

Published in 2001 by:
Nelson Thornes Ltd
Delta Place
27 Bath Road
CHELTENHAM
GL53 7TH
United Kingdom

01 02 03 04 05 / 10 9 8 7 6 5 4 3 2 1

A catalogue record for this book is available from the British Library

ISBN 0 7487 5843 7

Illustrations by Art Construction, David Birdsall, Josephine Blake, Belinda Evans, Phil Garner, Virginia Gray, Geoff Jones, Tony O'Donnell, Sue Tewkesbury, Shaun Williams

Page make-up by AMR

Printed and bound in Spain by Gráficas Estella

Contents

Willkommen!

You already know a lot of German by now. ***Mach mit!*** will help you to develop your German even further and prepare for the exam at the end of your course.

Here are some of the special features we've included:

Here's a tip
Here's an imp...
Auf d...

Look out for these boxes. They'll help you to improve your skills in German. What's more, they're a mine of useful tips which can help you to get the best possible grade in the exam.

Up for a challenge? These activities are a bit tougher. Have a go at them wherever you can – they'll help you to improve your German.

TRANSFER! >>

Can you *really* speak German? Knowing a language is about more than trotting out set phrases, parrot-fashion. ***Mach mit!*** will help you to be in control of your German, to be able to say what you really want to say. The 'transfer' features will train you to adapt the German you've learnt and use it in new and different contexts.

A picture story set in Berlin runs through the book. Here are the main characters:

Lisa (16) kommt aus Schottland. In diesem Sommer ist sie Aupairmädchen bei Frau Müller.

Frau Müller und ihr Sohn Oskar (10) wohnen in einer Wohnung in Berlin.

Magda ist 18 Jahre alt und sehr freundlich. Sie wohnt nebenan von Familie Müller.

Stefan (17) wohnt im gleichen Wohnblock. Sein Vater kennt Frau Müller.

Wer ist Christoph? Was macht dieser junge Mann? Magda mag ihn nicht – hat sie Recht?

We hope you'll enjoy ***Mach mit!*** Of course, how well you *actually* do ... is up to you!

Mach mit! Gwen Berwick Sydney Thorne

1 Ankunft in Berlin

Vor dem Start

✔ Lektion 1 is all about families and pets.

✔ This page gives you the chance to check some of the basics before you start: some FURs (Frequently Used Rubrics) in exercises 1 and 2, then colours, months and the alphabet in exercises 3 to 5.

1 **Deutsch im Schülerbuch** Was passt zusammen?

1 E

1 Ergänze die Sätze.
2 Stell eine Frage.
3 Hör zu.
4 Schreib die Wörter richtig auf.
5 Ordne die Wörter.

A

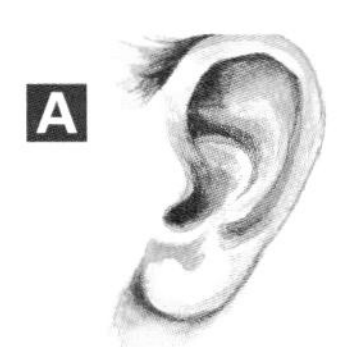

B **utneg gat!** ➡ **Guten Tag!**

C

D Montag Mittwoch Dienstag

E Ich habe einen Bruder.

2 **a** Kannst du die Sätze ergänzen? Schreib sie in dein Heft.
b Schreib die Sätze auch auf Englisch auf.

1 Schreib die Antworten ...
2 Beschreib deine ...
3 Beantworte ...
4 Ist der Satz richtig ...
5 Schreib weitere ...

Informationen. die Fragen. in dein Heft. oder falsch? Familie.

3 **a** **Die Farben** Was passt zusammen? Schreib die Wörter richtig auf.

1 weiß

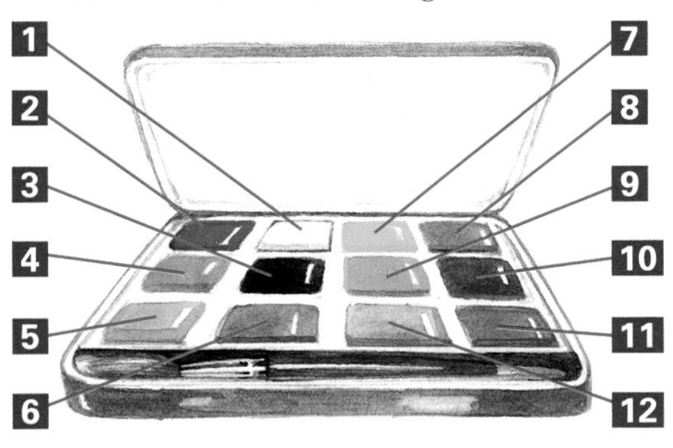

b*au, br*u*, g*lb, gr*u, g*ü*, lil*, or**g*, ro*a, ro*, s*hwa*z, türk**, w**ß

b Wie kann man Haare beschreiben?

Ich habe kurze, dunkelblonde Haare.
Meine Freundin hat mittellange, rote Haare.

4 **a** **Das Alphabet** Hör zu (1–5). Wie schreibt man die Familiennamen?

M – U Umlaut – Doppel-L – E – R → Müller

P **b** Partner(in) A buchstabiert einen Namen. B schreibt den Namen auf.

5 **Die Monate** Kannst du die zwölf Monate richtig schreiben?

Januar ...

A Christoph im Polizeiamt

- Wie ist dein Name?
- Ich heiße Christoph Kovacs, Herr Polizist.
- Wie schreibt man das?
- (...) K – O – V – A – C – S.
- Und wo wohnst du?
- Ich wohne (...)
- Wann bist du geboren?
- (...)
- Wo bist du geboren?
- Ich bin in Berlin geboren.

1

a **Comic** Christoph gibt doofe Antworten. Was sagt er?
1 Er wohnt ... **2** Er ist um ... geboren.

b Welche drei Informationen sind im Formular falsch?

POLIZEIWACHE BERLIN 2 INTERVIEW-FORMULAR

Familienname: *Kovats*
Vorname: *Christoph*
Anschrift: *Silvesterstraße 43, Berlin*
Geburtsdatum: *22 September 1983*
Geburtsort: *Berlin*
Staatsangehörigkeit:

2 Schreib eine Frage und **deine** Antwort für jede Kategorie.

Geburtsdatum **Familienname** **Vorname** **Anschrift** **Geburtsort**

3

Familiennamen Woher kommen Familiennamen? Manche sind die Namen von einer Stadt. Andere sind Farben oder Berufe.

1. Woher kommen diese Familiennamen?
   Frau Weiß, Herr Bäcker, Frau Müller, Herr Hamburger, Frau Schwarz, Herr Braun
2. Und diese Namen?
   Herr Kohl, Frau Buttermilch, Herr Krautwurst, Frau Rindfleisch
3. Wie schreibt man **deinen** Familiennamen? Und woher kommt der Name?

4 **Extra!** Zwei kurze Geschichten über Familie und Namen.

A

GEBURTSDATUM

Jutta interessiert sich für Familiengeschichte. Sie weiß, ihr Urgroßvater Wilhelm ist 1990 im Alter von 90 Jahren gestorben. Also ist er 1900 geboren. Klar, oder? Nein, so klar ist es aber nicht.
Wilhelm ist 1905 geboren! Wilhelms Frau (Juttas Urgroßmutter) ist 1903 geboren. Sie war also zwei Jahre älter als er. Das war damals „nicht passend". Also hat Wilhelm ein früheres Geburtsdatum erfunden!

nicht passend = *not the done thing*
hat ... erfunden = *invented*

B

FAMILIENNAMEN

Im 19. Jahrhundert sind viele Deutsche in die USA ausgewandert. Sie haben ein neues Leben gesucht. Sie wollten alles in Deutschland vergessen: ihre Stadt, ihre Familie, ihren deutschen Namen. Wie haben sie einen neuen Familiennamen bekommen? Ganz einfach:

US Beamter Family name?
Immigrant Ich habe es vergessen.
US Beamter Ah, Ferguson. O.K.!

a **Text A** Wie alt war Juttas Urgroßvater, als er gestorben ist? (Tipp: nicht 90!)

b **Text B** Warum hat dieser Deutsche den Namen *Ferguson* bekommen?

– Wie (1) deine Telefonnummer?
– Meine Telefonnummer? 95 02 51.
– Was sind (2) Eltern von Beruf?
– (3) Mutter ist Informatikerin und mein (4) ist Elektriker. (5) arbeitet bei Siemens.
– Staatsangehörigkeit? Bist du vielleicht vom Mars?
– Ich (6) Deutscher.

Staatsangehörigkeit: *Deutsch*
Telefonnummer: *95 02 51*
Beruf des Vaters: *Elektriker*
Beruf der Mutter: *Informatikerin*

5

a Lies den Dialog. Welche Wörter fehlen?

b Hör zu und checke deine Antworten.

bin deine er ist meine Vater

6

a Wie viele Berufe kennst du? Mach zwei Listen: Männer und Frauen.

er ist ...	**sie** ist ...
Arzt	Ärztin
Geschäftsmann	Geschäftsfrau

Das Wörterbuch

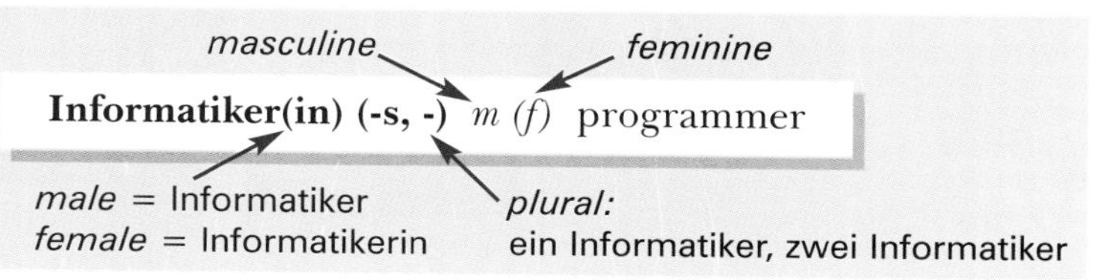

Sieh dir Wortschatzliste 1 an.

b Ist ein Beruf für dich neu? Dann schreib das Wort in deine Liste von Übung 6a.

c Welche Leute ... **1** tragen eine Uniform?
2 helfen anderen Leuten?

1 ein Kellner / eine Kellnerin, ein ...

Sieh dir Wortschatzliste 1 **nicht** an.

d Welche sind die vier interessantesten Berufe? Und die vier bestbezahlten Berufe?

e Welche Berufe haben mit diesen Wörtern zu tun?

das Haus krank kaufen die Frau arbeiten die Schule der Mann das Büro

7

Radioquiz Errate die Berufe der drei Personen (1–3). errate = *guess*

8

Was ist dein Vater von Beruf? Und deine Mutter?
Und dein Bruder? Und was ist deine Schwester von Beruf? Siehe den Tipp!

Here's a tip

But how can you say what people in *your* family do? Here are two approaches:

1 To find out the *actual* word:
- Look it up in the dictionary. Don't forget to use the feminine form for women.
  chef *n* Küchenchef(in) → Sie ist Küchenchefin.
- Ask your teacher:
  „Wie sagt man *chef* auf Deutsch?"

2 It's often simpler just to *describe* where someone works, e.g.

Er arbeitet **in** einem Krankenhaus.
Sie arbeitet **in** einem Büro.
in einer Fabrik.
bei Mercedes.

B Lisas neue Familie

1 **Comic** Hör zu. Schreib weitere Informationen über Lisa:

1 Alter **2** Geschwister **3** Tiere

2 **Familienquiz** Hör zu (1–6). **Extra!** (7–8)
Wer ist es?

Die Schwester von deinem Vater ist deine ...

1 Tante

Drei Generationen:

Opa(s)	Oma(s)		
Vater	Mutter	Onkel(-)	Tante(n)
Bruder(¨)	Schwester(n)	Cousin(s)	Cousine(n)

Extra! Neffe(n) Nichte(n) Enkel(-) Enkelin(nen)

3 **Grammatik: der Akkusativ** >> Seite 60

	Maskulinum	*Femininum*	*Neutrum*	*Plural*
ich habe ...	ein**?** Bruder	ein**?** Schwester	ein Glas	zwei Brüder
ich habe ...	kein**?** Bruder	kein**?** Schwester	kein Glas	kein**?** Brüder
ich mag ...	ihn *(him/it)*	sie *(her/it)*	es *(it)*	sie *(them)*

4 Beschreib deine Familie.

Keine Geschwister?
Du sagst: „Ich bin Einzelkind."

Here's a tip

Get used to earning bonus points. How?
- Write longer sentences.
- Give extra information.

Ich habe einen Bruder. ➜ Ich habe einen **älteren** Bruder.
Er heißt Evan. ➜ Er heißt Evan. **Ich mag ihn.**
Er ist 7 Jahre alt. ➜ Er ist 7 Jahre alt **und er ist Schüler.**

Ich habe...
einen älter**en**/jünger**en** Bruder
eine älter**e**/jünger**e** Schwester
zwei älter**e**/jünger**e** Brüder/ Schwestern

Hast du ein Haustier?

Ich mag Tiere. Ich habe ein Kaninchen. Es heißt Fluff und es ist zwei Jahre alt. Es ist klein, braun und sehr süß.
Rebekka

Tiere mag ich sehr gern. Zu Hause haben wir einen Hund. Er heißt Rex und er ist ziemlich groß. Ich gehe jeden Tag mit meinem Hund spazieren und ich füttere ihn. Ich mag ihn sehr.
Jochen

Ich habe kein Haustier, weil ich in einer Wohnung wohne. Das finde ich schade.
Robert

Ich mag Katzen, aber ich kann keine Katzen haben, weil meine Schwester allergisch gegen Tiere ist.
Soraya

In meiner Familie haben wir zwei Katzen. Sie heißen Kitty und Tom. Kitty ist weiß und kleiner als Tom. Tom ist ihr Sohn. Er ist groß und sehr lieb. Ich mag die Katzen sehr. Ich bürste sie einmal in der Woche.
Markus

Mein Bruder ist mein Haustier: ich sorge oft für ihn – ich füttere ihn manchmal und gehe oft mit ihm spazieren. Wir haben keine Tiere, weil mein Vater Tiere nicht mag. Ich hätte gern ein Pferd, weil Pferde schön und intelligent sind.
Franziska

Mein Bruder, Rolf, hat einen Papagei. Er ist sehr frech – er imitiert die ganze Familie! Er redet den ganzen Tag lang – er nervt mich enorm! Ich habe auch einen Wellensittich. Er ist grün und gelb. Ich sorge für ihn und ich füttere ihn jeden Tag.
Moritz

5 Lies den Artikel. Wer hat ein Haustier?

6 ***TRANSFER! >>*** Moritz sagt: „Mein Papagei nervt mich!"
Schreib fünf Sätze mit „nervt mich" / „nerven mich".

Katzen nerven mich.

Extra! Schreib diesen Ausdruck mit anderen Themen. der Ausdruck = *phrase*

Deutschstunden nerven mich.

7 **a** Such die deutschen Adjektive im Artikel.

1 small **2** sweet **3** big **4** lovable
5 beautiful **6** intelligent **7** cheeky

Probleme? Schau ins Wörterbuch.

P **b** Meinungsaustausch.

A Ich finde, Hunde sind süß.

B Ja, das finde ich auch. Ich mag Hunde sehr.

C Das finde ich nicht. Ich finde, Hunde stinken!

Extra! **c** Wie heißt es auf Deutsch? Such im Artikel.

1 I feed it **2** I brush them **3** I look after it **4** I'd like **5** I often walk the dog

RICHTIG ODER FALSCH?

Schweine rufen Feuerwehr

Es war Nacht. Der Bauer und seine Tiere haben geschlafen. Als die Schweine aber plötzlich Flammen gesehen haben, haben sie in ihrem Stall furchtbar viel Lärm gemacht. Davon ist der Bauer aufgewacht und er konnte die Feuerwehr alarmieren. Die Schweine hatten ihn gerettet!

In Deutschland ist die Telefonnummer für die Polizei 110 und für die Feuerwehr 112.

der Bauer = *farmer*

8 **P** **Spiel** Fragen und Antworten

Euer Hund hat ein Kind gebissen. Ein Polizist oder eine Polizistin kommt und stellt Fragen über eure Familie, eure Tiere usw.
Wie lang könnt ihr reden? 60 Sekunden?

Extra! Länger?

Grammatik >> A5
er *(m)* / sie *(f)* / es *(nt)* / sie *(pl)*

Tipp Sieh dir Seite 6–9 an.

C Mein bester Freund

1

a Wie viele Charakterwörter kennst du? Schreib so viele wie möglich in dein Heft.

freundlich, lustig ...

wie möglich = *as possible*

b ***TRANSFER!*** **>>** Welche Wörter auf Seite 9 sind Charakterwörter? Ergänze deine Liste.

c Checke auch auf der Wortschatzliste 1. Ergänze deine Listen aus 1a und 1b.

Here's a tip

Wondering how you can learn all these words? Try working with a partner!

- **Idea 1:** Make up anagrams, e.g. **chilgülck**
  Can your partner recognise the words and write them correctly?
- **Idea 2:** Write out the words, without **a**, **e**, **i**, **o**, **u**, e.g. **fl_ _ß_g**
  Your partner has to say the word in German and English: „fleißig – hard-working".

Mein bester Freund

Meine beste Freundin heißt Angela. Angela ist mittelgroß und hat kurze, braune Haare. Sie ist ziemlich intelligent, aber sehr faul in der Schule!
Jana

Mein Freund Joachim ist toll. Joachim und ich gehen zusammen in den Jugendklub. Joachim ist lustig und glücklich ist er auch. Er hat eine Tätowierung am Arm.
Karl

Mein Freund Alexander ist sehr nett. Er ist ziemlich still, aber freundlich. Er ist fleißig und hat gute Noten in der Schule.
Ines

Meine Freundin heißt Brigitte. Sie sieht cool aus. Sie hat eine Afro-Frisur und trägt immer lange, goldene Ohrringe. Ich mag sie, weil sie so großzügig ist.
Georg

Ich habe einen guten Freund, Artur. Normalerweise ist er ziemlich schüchtern, aber wenn er zu viel getrunken hat, dann ist er laut und manchmal leider auch gewalttätig. Das finde ich so dumm von ihm!
Paul

Mein Freund heißt Konrad. Ich liebe ihn, weil er wirklich cool ist. Er hat einen Nasenring. Er sieht schön aus und er ist sehr musikalisch und immer gut gelaunt.
Sigrid

Meine Freundin Kerstin ist nett. Sie hilft mir, wenn ich Probleme habe. Sie ist sportlich und spielt oft in Wettbewerben. Aber wenn sie nicht gewinnt, ist sie zwei oder drei Tage lang schlecht gelaunt! Doof, oder?
Maria

2

a Lies die Interviews mit Jana, Karl und Ines und identifiziere die Freunde.

1 Alexander (= fleißig)

Extra! Interviews mit Georg, Paul, Sigrid und Maria.

1 Wer arbeitet viel?
2 Wer ist nicht fleißig?
3 Wer ist nicht laut?
4 Wer ist nicht groß, nicht klein?
5 Wer lacht gern? lacht = *laughs*
6 Wer treibt viel Sport?
7 Wer ist nicht egoistisch?
8 Wer ist gut in Musik?
9 Wer ist manchmal nicht gut gelaunt?
10 Wer ist normalerweise nicht extrovertiert?

b Was meinst du: Wer klingt interessant? klingt = *sounds*

Extra! Schreib warum.

Ich habe ... / Er hat ... / Sie hat ...

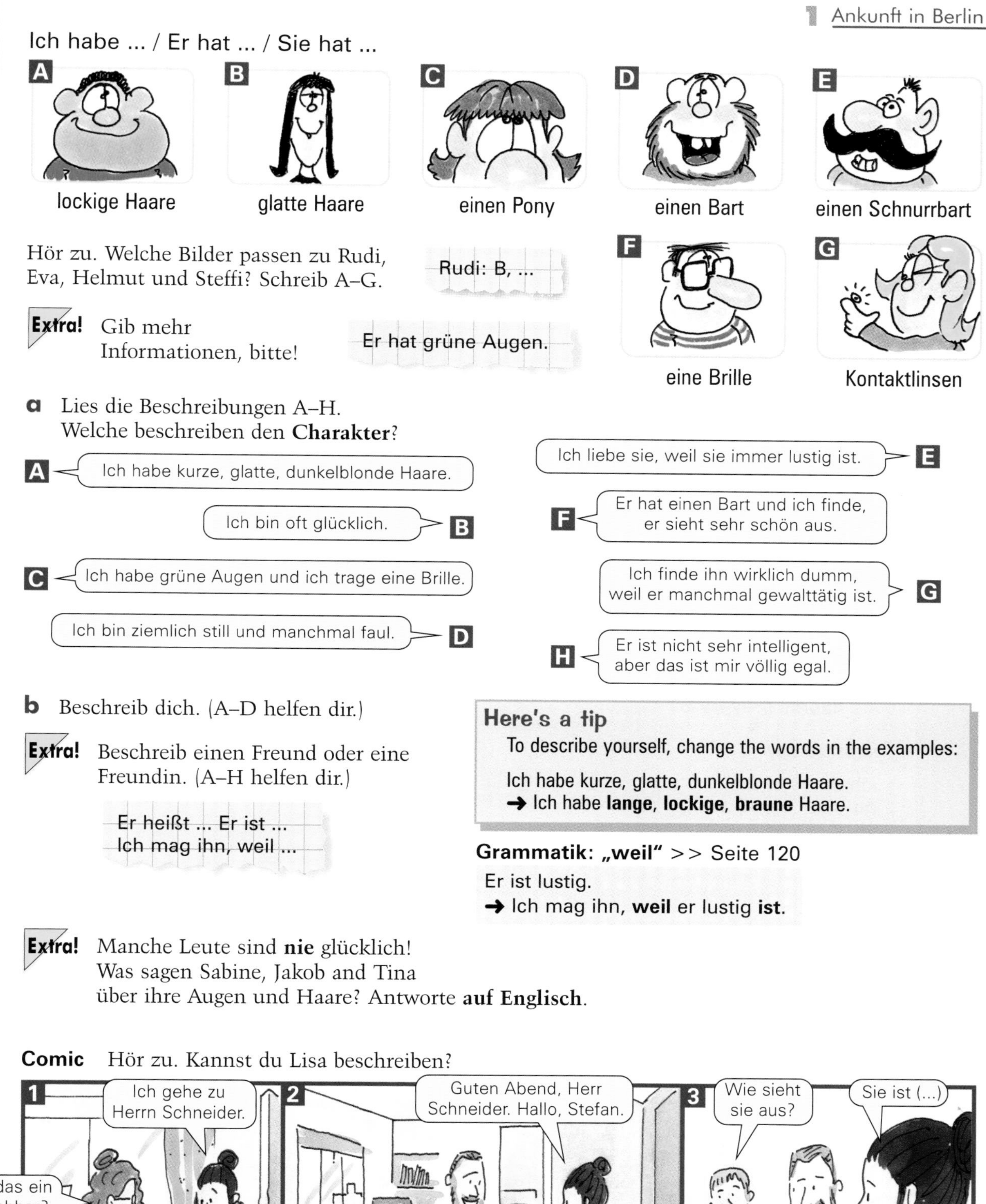

3 Hör zu. Welche Bilder passen zu Rudi, Eva, Helmut und Steffi? Schreib A–G.

Rudi: B, ...

Extra! Gib mehr Informationen, bitte!

Er hat grüne Augen.

4

a Lies die Beschreibungen A–H.
Welche beschreiben den **Charakter**?

A Ich habe kurze, glatte, dunkelblonde Haare.

B Ich bin oft glücklich.

C Ich habe grüne Augen und ich trage eine Brille.

D Ich bin ziemlich still und manchmal faul.

E Ich liebe sie, weil sie immer lustig ist.

F Er hat einen Bart und ich finde, er sieht sehr schön aus.

G Ich finde ihn wirklich dumm, weil er manchmal gewalttätig ist.

H Er ist nicht sehr intelligent, aber das ist mir völlig egal.

b Beschreib dich. (A–D helfen dir.)

Extra! Beschreib einen Freund oder eine Freundin. (A–H helfen dir.)

Er heißt ... Er ist ...
Ich mag ihn, weil ...

Here's a tip

To describe yourself, change the words in the examples:

Ich habe kurze, glatte, dunkelblonde Haare.
➜ Ich habe **lange**, **lockige**, **braune** Haare.

Grammatik: „weil" >> Seite 120

Er ist lustig.
➜ Ich mag ihn, **weil** er lustig **ist**.

5 **Extra!** Manche Leute sind **nie** glücklich!
Was sagen Sabine, Jakob and Tina über ihre Augen und Haare? Antworte **auf Englisch**.

6 **Comic** Hör zu. Kannst du Lisa beschreiben?

The present tense

What do you need to think about when using the present tense?

With some verbs, remember to change the vowel in the du and er/sie/es forms

lesen	du **lie**st, er **lie**st
sehen	du **sie**hst, er **sie**ht
essen	du **i**sst, er **i**sst
treffen	du tr**i**ffst, er tr**i**fft
helfen	du h**i**lfst, er h**i**lft
tragen	du tr**ä**gst, er tr**ä**gt
fahren	du f**ä**hrst, er f**ä**hrt
verlassen	du verl**ä**sst, er verl**ä**sst
schlafen	du schl**ä**fst, er schl**ä**ft

du, ihr, Sie all mean *you*. So what's the difference?

- Use **du** for a young person.
- Use **ihr** for two or more young people.
- Use **Sie** for adults (one or more than one).

Which form of the verb to use?

- For singular nouns, use the same endings as **er/sie/es**:

  Er geht ...
  Mein Bruder geht ...
  Bruno geht ...

- For plural nouns, use the same ending as **sie**:

  Sie gehen ...
  Meine Eltern gehen ...
  Karl und Eva gehen ...

! Mein Bruder und ich = **wir**
➜ Mein Bruder und ich gehen ...

Here are two very useful irregular verbs

haben *(to have)*

ich habe	*I have*
du hast	*you have*
er hat	*he has*
wir haben	*we have*
ihr habt	*you have*
Sie haben	*you have*
sie haben	*they have*

sein *(to be)*

ich bin	*I am*
du bist	*you are*
er ist	*he is*
wir sind	*we are*
ihr seid	*you are*
Sie sind	*you are*
sie sind	*they are*

spielen *(to play)*

ich	spiel**e**	wir	spiel**en**
du	spiel**st**	ihr	spiel**t**
er / sie / es / man	spiel**t**	Sie / sie	spiel**en**

Watch out for these exceptions

ich weiß
(>> F19)
ich kann, ich mag, ich muss, ich darf
(>> F6)

When do you use the present tense?

sie geht means both *she goes* and *she is going.*
geht sie? means *does she go?* and *is she going?*

So, when you want to say *I am working*, you don't need the German word for *am*.
I am working = ich **arbeite**

Remember that the verb is the second element in the sentence

You can use the present tense to talk about the future

Nächste Woche fahre ich nach Köln.
Next week I'm going to Cologne.

1 Herr Wörners Routine

a Was macht Herr Wörner montags?

Er verlässt um 5.00 Uhr das Haus.

montags
- um 4.40 Uhr frühstücken
- um 5.00 Uhr das Haus verlassen
- mit dem Rad zur Arbeit fahren
- um 10.45 Uhr zu Mittag essen
- um 2.00 Uhr nach Hause kommen
- Sport treiben
- Musik hören, die Zeitung lesen
- ins Bett gehen

b Was ist richtig? Herr Wörner arbeitet ...
1 in einer Bäckerei. **2** in einer Diskothek.

c Was machst du am Wochenende? Beschreib einen typischen Wochenendtag.

Ich frühstücke um ...

2 Die Generationen (1)

Elisa und Jens sprechen mit ihren Eltern. Schreib die Verben richtig, mit **ihr** oder **wir**, in dein Heft.

1 macht ihr

1 machen
2 treiben
3 laufen
4 laufen
5 gehen
6 fahren
7 gehen
8 gehen
9 nennen
10 machen
11 hören
12 haben
13 sein
14 hören

▶ Elisa, Jens, was (1) ____ ihr heute Abend? (2) ____ ihr Sport? (3) ____ ihr Rollschuh?
▶ Ach, Mutti. Wir (4) ____ nicht mehr Rollschuh. Das ist gar nicht cool! Wir (5) ____ inlineskaten.
▶ (6) ____ ihr Skateboard?
▶ Ach nein! Das ist für Kinder. Wir (7) ____ lieber snowboarden.
▶ Ihr (8) ____ aber kegeln, nicht wahr?
▶ Ja, aber wir (9) ____ das Bowling! Und was (10) ____ ihr, Mutti und Vati? (11) ____ ihr Schallplatten?
▶ Jens, bitte! Wir (12) ____ keine Schallplatten mehr. Sie (13) ____ nicht mehr in Mode. Jetzt (14) ____ wir CDs!

3 Die Generationen (2)

a Ein alter Mann spricht über junge Leute. Was sagt er? Schreib sieben Sätze in dein Heft.

Sie hören laute Musik.

Sie

trinken sehen tragen hören fahren essen nehmen

laute Musik Motorräder Alcopops Nasenringe Filme voller Gewalt Hamburger und Pommes frites Drogen

b Ein Teenager spricht über Erwachsene. Was sagt er? Schreib fünf Sätze auf.

Wie sagt man *to smoke* auf Deutsch? Das Wörterbuch hilft dir.

Ideen!
unmodische Klamotten Tee Zigaretten
scheußliche Musik in langweilige Konzerte

4 Nächste Woche

Was machst du nächste Woche?

Am Montag fahre ich Rad.

Montag	Rad fahren
Dienstag	ins Kino gehen
Mittwoch	meine Großeltern besuchen
Donnerstag	Fußball spielen
Freitag	zu Hause bleiben
Sonnabend	Sport treiben
Sonntag	im Garten arbeiten

1

a Dialog Fragen und Antworten: Was passt zusammen?

1 h

1 Wie heißt du?
2 Wo wohnst du?
3 Wie alt bist du?
4 Wann bist du geboren?
5 Wo bist du geboren?
6 Hast du Geschwister?
7 Was sind deine Eltern von Beruf?
8 Hast du ein Haustier?

a Mein Vater ist Polizist und meine Mutter arbeitet bei Porsche.
b Ich bin 17 Jahre alt.
c Ich bin in Köln geboren.
d Ja, ich habe einen Hund.
e Ich wohne in München.
f Ich bin am 9. Februar geboren.
g Nein, ich bin Einzelkind.
h Ich heiße Rudolf.

P **b** Übe den Dialog mit deinem Partner oder deiner Partnerin. Gib **deine** Details.

2

a Formular Kannst du in der Schlange acht Wörter finden?
In der Schlange sind sie **falsch** geschrieben. Schreib sie **richtig** in dein Heft.

familliennamedttelephonnummeravornnameananshriftreberiuflopegebutsdatumstatsangehörigkeitlinegeburtortma

b Schreib ein Formular mit den Wörtern aus 2a
(Beruf = Beruf der Mutter, Beruf des Vaters).
Schreib **deine** Details ins Formular in deinem Heft.

Familienname: Taylor

3

Quiz Was für Berufe?

1 Er ist Lehrer. 2 Sie ist ...

1 Er arbeitet in einer Schule.
2 Sie arbeitet in einem Krankenhaus.
3 Sie programmiert Computer.
4 Er arbeitet in einer Werkstatt.
5 Sie arbeitet in einem Café.

Extra!
6 Er hat keine Arbeit.
7 Sie arbeitet in einem Laden.
8 Er repariert Brücken.
9 Er ist in der Armee.

Kellnerin | Mechaniker | Soldat | arbeitslos | Krankenschwester | Ingenieur | Lehrer | Informatikerin | Verkäuferin

die Brücke(n)

4

Fünf Mädchen, vier Namen: Kannst du Britta, Verena, Kerstin und Sigrid identifizieren?

Hier sind meine Freundinnen und ich in einem Foto.
Meine Freundin Britta hat lange, braune Haare und grüne Augen.
Verena hat lockige, schwarze Haare und einen Pony.
Kirsten hat kurze, glatte, schwarze Haare. Sie trägt lange Ohrringe.
Und ich habe mittellange, dunkelblonde Haare und blaue Augen.

Deine Sigrid

1

Brief an einen Brieffreund oder eine Brieffreundin
Schreib einen Brief über:
- deine Geschwister
- deine Eltern
- deine Haustiere.

a Schau den Plan für eine Familie an. Mach so einen Plan für **deine** Familie – inklusive Haustiere!

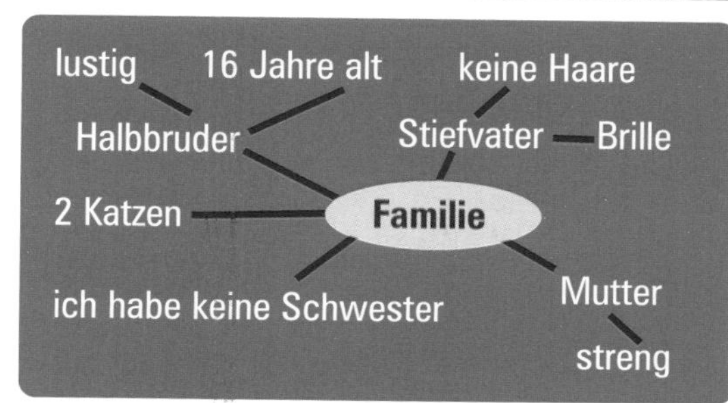

b Lies diesen Brief.

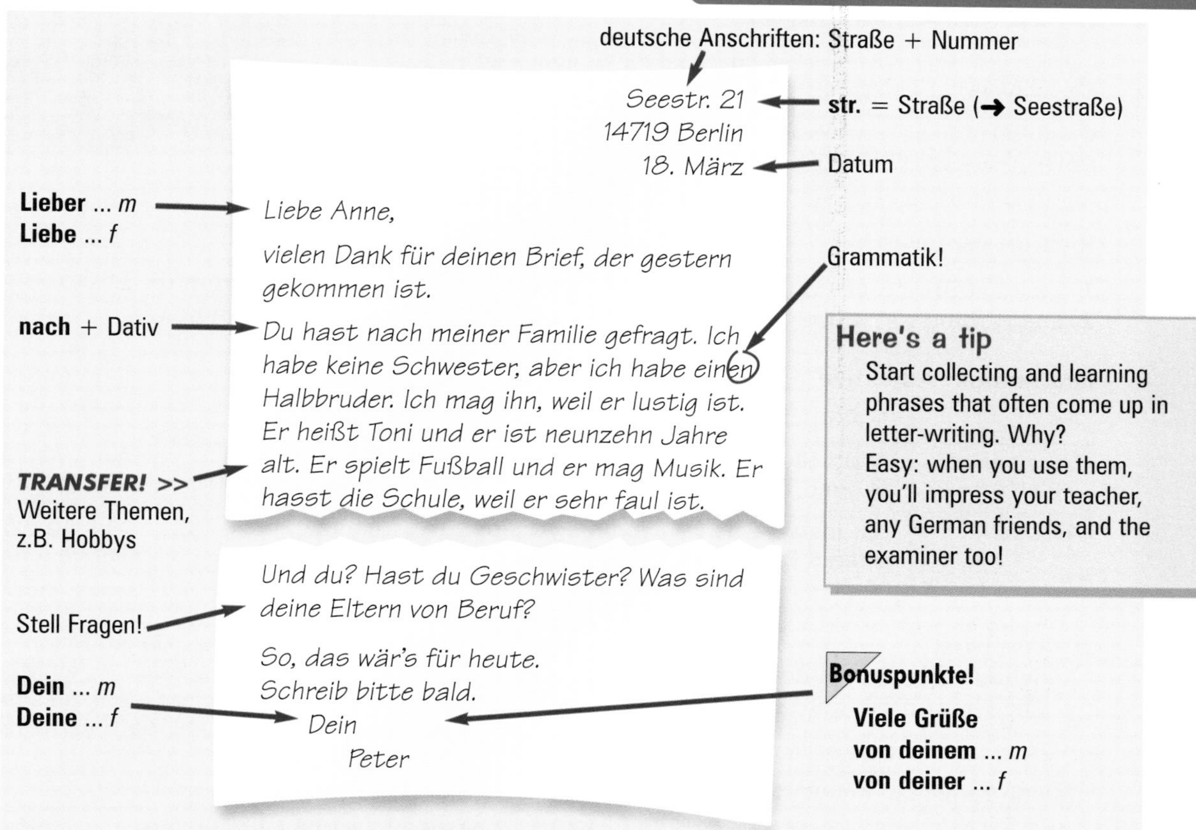
deutsche Anschriften: Straße + Nummer

Seestr. 21
14719 Berlin
18. März

str. = Straße (➜ Seestraße)
Datum

Lieber ... *m*
Liebe ... *f*

Liebe Anne,

vielen Dank für deinen Brief, der gestern gekommen ist.

nach + Dativ

Du hast nach meiner Familie gefragt. Ich habe keine Schwester, aber ich habe einen Halbbruder. Ich mag ihn, weil er lustig ist. Er heißt Toni und er ist neunzehn Jahre alt. Er spielt Fußball und er mag Musik. Er hasst die Schule, weil er sehr faul ist.

Grammatik!

TRANSFER! **>>**
Weitere Themen, z.B. Hobbys

Und du? Hast du Geschwister? Was sind deine Eltern von Beruf?

Stell Fragen!

So, das wär's für heute.
Schreib bitte bald.
Dein
Peter

Dein ... *m*
Deine ... *f*

Bonuspunkte!
Viele Grüße
von deinem ... *m*
von deiner ... *f*

Here's a tip
Start collecting and learning phrases that often come up in letter-writing. Why?
Easy: when you use them, you'll impress your teacher, any German friends, and the examiner too!

c Ändere drei nützliche Sätze aus dem Brief:

Du hast nach meiner Familie gefragt. ➜ Du hast nach meinen Geschwistern gefragt.

Geschwister *(pl)*
Routine *(f)*
Haus *(n)*
Hobbys *(pl)*
Hund *(m)*
Eltern *(pl)*
Schule *(f)*
Bruder *(m)*

d Schreib deinen Brief. Sieh dir Seite 6–11 an.

e Checke und korrigiere deinen Brief.

Akkusativ!
Ich habe ein**en** Hund.
➜ Ich füttere **ihn**.

2 P

Show off what you can now say about families!
How many ways can you finish these sentences?

1 Ich habe ... **2** Er sieht ... aus. **3** Sie ist ...

Here's a tip
Before you move on to a new topic in Lektion 2, make sure you keep your notes from this unit safe. You'll need to refer to them later – looking back isn't cheating! You'll also need them to revise for the exam.

Große Familien – tolle Familien?

Ein eigenes Zimmer? Ein eigener Computer? Für Vera König (18) kommt das nicht in Frage. Denn: die Vierzimmerwohnung (+ Küche und Bad) muss sie mit ihren Eltern und ihren sieben Geschwistern teilen. Für Vera ist das aber kein Problem!

„Eine kinderreiche Familie finde ich ganz toll!“, sagt sie. „Man ist nie allein.“

Alle frühstücken um Viertel nach sieben zusammen. Dann gehen die älteren Kinder in die Schule.

Zu Mittag kommen manche Geschwister früh von der Schule zurück, die anderen kommen später. Sie essen also in Gruppen. Abends essen sie aber zusammen. „Es ist so unnatürlich still, wenn wir am Esstisch nur zu fünft sind!“, sagt Frau König.

Gibt es in so einer großen Familie auch Freizeit? „Ich habe genug Freizeit“, sagt Vera. „Ich spiele jeden Tag Gitarre, ich spiele Handball und ich treffe meine Freunde in der Stadt. Ich bin kein Disko- oder Party-Typ. Ein eigenes Zimmer, Markenklamotten, Ferien in Kenia oder Griechenland werde ich wohl nie haben – aber ich brauche sie auch nicht!“

Und möchte Vera später auch Kinder haben? „Klar!“, lacht sie. „Eine Familie, das heißt mindestens vier Kinder, oder?!“

Junge Zeit

1 Richtig oder falsch?

1 Vera hat ihr eigenes Zimmer.
2 Die Familie isst immer zusammen.
3 Vera geht nicht gern in die Disko.
4 Vera mag große Familien.

Grammatik: Adjektive >> D5

	Maskulinum	*Femininum*	*Neutrum*	*Plural*
Nominativ	Mein älter**er** Bruder ist toll.	Mein**e** älter**e** Schwester ist toll.	Mein braun**es** Pferd ist schnell.	Mein**e** klein**en** Katzen sind süß.
Akkusativ	Ich mag mein**en** älter**en** Bruder.	Ich mag meine älter**e** Schwester.	Ich mag mein braun**es** Pferd.	Ich mag mein**e** klein**en** Katzen.

2 **a** Was passt? Schreib den Text in dein Heft. Die Grammatik hilft dir!

ledig = hat keine Frau / keinen Mann
verheiratet = hat eine Frau / einen Mann
getrennt = wohnen nicht mehr zusammen
geschieden = sind nicht mehr verheiratet

Meine Familie + meine Haustiere

Ich habe einen jüngeren Bruder und eine ältere ____. Mein ____ ist 13 Jahre alt. Meine ____ ist verheiratet. Ich habe auch einen älteren ____. Mein älterer ____ ist verheiratet, aber er ist von seiner ____ getrennt. Er hat eine weiße ____ und ein schwarzes ____. Meine ____ sind geschieden. Mein ____ hat ein großes ____ in München und meine ____ hat eine schöne Wohnung hier in Berlin.

b ***TRANSFER!*** >> Diese Grammatik mit anderen Themen:
- Schreib diese drei Sätze auf Deutsch.
- Schreib auch drei weitere Sätze mit Adjektiven.

1 I have an old bike. **2** I have a new computer. **3** My mum has a red car.

3 Sind sie ledig, verheiratet, geschieden oder getrennt?

1 Er ist ... 2 Sie ist ...

1 Mein Cousin war mal verheiratet.
2 Meine Cousine hat nie geheiratet.
3 Meine Schwester hat einen Mann.
4 Meine Nichte hat keinen Mann.
5 Meine Tante ist verheiratet, aber sie wohnt nicht mehr mit ihrem Mann zusammen.

4 Was meinst du: Was sind die Vorteile/Nachteile von kinderreichen Familien?
Vorteile (= das ist gut): Man ist nie allein, man ...
Nachteile (= das ist nicht gut): Man hat kein eigenes Zimmer, man ...

2 Bei Müllers

VOR DEM START

✔ Lektion 2 is about hobbies and interests and a typical day.

✔ You can't talk about a typical day without mentioning times, so let's start with that ...

1 **Grammatik: „vor"** ***(before)*****, „nach"** ***(after)*** >> C

7.45: Viertel vor acht
7.50: zehn **?** acht
7.55: **?** vor acht

8.05: fünf nach acht
8.10: **?** nach acht
8.15: **?** **?** acht

! **8**.30 = halb **neun**
10.30 = **?**

2 **a** **V** Wie spricht man diese Wörter aus? Hör zu. War es richtig?

vier Uhr vierzig — Viertel vor — vor der Schule

b Wie spät ist es?

Es ist zwanzig vor eins.

1 
2 
3 
4 
5 
6 
7 
8 

TRANSFER! >> Write three more words with the letter **V**, then say them.

3 **Grammatik: „vor", „nach" + Dativ** >> Seite 68

vor		nach
vor **der** Schule	die Schule	nach **?** Schule
vor **?** Mittagessen	das Mittagessen	nach **dem** Mittagessen
vor **?** Frühstück	das Frühstück	nach **?** Frühstück

4 Schau die Bilder an. **Wann** ist das: **vor** oder **nach**?

1 vor d... Frühstück

1 

2 

3 

4 

5 **Fernsehen und Filme** Schreib einen Namen für jede Kategorie.

The Simpsons ist ein Trickfilm.

der Trickfilm(e)	die Musiksendung(en)
die Show(s)	die Sportsendung(en)
die Gameshow(s)	die Comedyserie(n)
der Krimi(s)	die Fernsehserie(n)
die Talkshow(s)	die Nachrichten *(pl)*

Extra! Abenteuerfilm(e)
Liebesfilm(e)
Kriegsfilm(e)
Sciencefictionfilm(e)
Horrorfilm(e)
die Komödie(n)

Here's a tip
der Film is a masculine word, so all words ending with **-film** are masculine too.
➔ **der** Trick**film**,
der Liebes**film**, *etc.*

A Oskars tägliche Routine

1 **a** **Die tägliche Routine** Was ist die richtige Reihenfolge in A–F? A: 2, 1

b Ordne die Kästen A–F.

A
1 Nach dem Abendessen sehe ich fern.
2 Ich esse um halb sieben zu Abend.

B
1 Ich esse um halb zwei zu Mittag.
2 Ich gehe zur Schule.

C
1 Ich stehe um fünf nach sieben auf.
2 Ich wache um fünf vor sieben auf.

D
1 Ich frühstücke um Viertel nach sieben.
2 Ich verlasse um halb acht das Haus.

E
1 Vor dem Abendessen rufe ich Freunde an.
2 Ich komme nach Hause zurück.

F
1 Ich mache meine Hausaufgaben.
2 Ich gehe ins Bett.

G
1 Nach dem Mittagessen gehe ich aus.
2 Ich gehe zu einem Freund oder einer Freundin.

2 **Comic** Hör zu und mach Notizen.

Oskar möchte ...

(1) ____ Freunde einladen. (2) ____ zu Abend essen. (3) ____ sehen. im Garten (4) ____.

Extra! Drei weitere Details, bitte:
Oskar möchte auch ...

3 **P** Du bist A, B oder C. Dein Partner oder deine Partnerin stellt dir die Fragen 1–8.

1 Wann wachst du auf?
2 Wann stehst du auf?
3 Wann frühstückst du?
4 Wann verlässt du das Haus?
5 Wann isst du zu Mittag?
6 Wann kommst du nach Hause zurück?
7 Was machst du nach der Arbeit?
8 Wann isst du zu Abend?
9 Was machst du nach dem Abendessen?
10 Wann gehst du ins Bett?

A Du arbeitest nachts in einem Krankenhaus.

B Du bist eine Katze.

C Du bist DJ in einer Disko.

Grammatik: Wortfolge *(word order)* >> Seite 120

Ich stehe um 7.00 Uhr auf.

Während der Ferien / Am Wochenende } stehe ich um 10.00 Uhr auf.

RICHTIG ODER FALSCH?

Die Schulferien

Deutsche Schüler haben lange Winterferien, weil sie Ski fahren wollen.
Sie haben aber im Sommer nur zwei Wochen frei.

4 Schreib Sätze. **Extra!** Vier weitere Sätze, bitte.

1 Ich wache um 7.00 Uhr auf. Aber in den Ferien → 9.00 Uhr
2 Ich stehe um 8.00 Uhr auf. Aber am Wochenende → 10.00 Uhr
3 Ich frühstücke um 8.15 Uhr. Aber samstags → 10.30 Uhr
4 Ich gehe um 9.00 Uhr ins Bett. Aber manchmal → 10.15 Uhr

5 Lisa hat einen Artikel für eine Schülerzeitschrift geschrieben.
Lies den Artikel und beantworte die Fragen unten.

Schultage in Großbritannien und in Deutschland

Lisa Baker, britisches Aupairmädchen, gibt ihre Meinung

Deutsche Schüler müssen sehr früh aufstehen, weil die erste Stunde schon um acht Uhr beginnt. Ich persönlich hasse früh aufstehen! In Schottland stehe ich um halb acht auf. Meine Schule beginnt um zehn vor neun.

Aber in Deutschland haben die Schüler nachmittags frei. Das finde ich sehr gut. In Großbritannien sitzen alle Schüler den ganzen Tag in der Schule. Ich finde es toll, dass deutsche Schüler nachmittags in die Stadt gehen oder Sport treiben oder Freunde treffen können. Sie sind freier: Sie sind zu Hause, während ihre Eltern arbeiten. Sie können machen, was sie wollen.

Für mich gibt es ein großes Problem hier in Deutschland. Man muss früher ins Bett gehen. Der Abend ist sehr kurz und man hat keine Zeit, abends in die Stadt zu gehen.

Meiner Meinung nach ist das deutsche System besser als das schottische System.

1 Wann beginnt die Schule in Deutschland? **a** um 8.00 Uhr **b** um 8.50 Uhr
2 Wann steht Lisa in Schottland auf? **a** um 7.30 Uhr **b** um 8.30 Uhr
3 Nachmittags gehen die deutschen Schüler nicht in die Schule. Lisa findet das **a** gut **b** nicht gut
4 Lisa findet, der Abend in Deutschland ist **a** zu lang **b** nicht lang genug

Extra! 5 Steht Lisa in Deutschland **früher** oder **später** als in Schottland auf?
6 Was mag Lisa am deutschen Schultag? Was mag sie nicht?
7 Und du? Was magst du lieber: den deutschen oder den britischen Schultag?

TRANSFER! >> Erfinde Sätze:
Meiner Meinung nach ist/sind ... besser als ...

Film Musik Sport

6 Brigitta ist ein deutsches Aupairmädchen in England. Hör zu.

1 Wann beginnt die Schule?
2 Wann steht Brigitta auf?
3 Wann ist die Schule aus?
4 Wann kommen Annie und Sarah nach Hause?

Extra! Mag Brigitta lieber das deutsche oder das britische Schulsystem? Warum?

7 Dein(e) Brieffreund(in) hat dich nach deiner täglichen Routine gefragt. Schreib einen Brief.

Tipp Die Sätze im Brief auf Seite 15 helfen dir!

B Magda

1 **Comic** Hör zu. Schreib Informationen über Magdas Freizeit. Sie spielt Federball, ...

2 **Grammatik: der Dativ** >> Seite 68

		Mask. **-m**	*Fem.* **-r**	*Neut.* **-m**	*Plural* **-n**
wo?	neben ...	d**?** Dom	d**?** Kirche	d**?** Kino	d**?** Läden
mit wem?	mit ...	mein**?** Bruder	mein**?** Schwester	mein**?** Kind	mein**?** Freunde**?**
seit wann?	seit ...	ein**?** Monat	ein**?** Woche	ein**?** Jahr	zwei Jahre**?**

3 Ändere die roten Wörter. 1 Ich gehe mit meinen Freunden schwimmen.

Extra! Ändere auch die blauen Wörter. 1 Ich gehe mit meinem Opa schwimmen.

1 Ich gehe mit meinen Freunden angeln.
2 Ich spiele seit einem Jahr Tischtennis.
3 Ich höre im Wohnzimmer Kassetten.
4 Ich fahre samstags Ski.
5 Ich lese dreimal in der Woche ein Buch.
6 Mein Bruder geht mit seinem Freund joggen.
7 Meine Schwester spielt in ihrem Zimmer Geige.
8 Mein Opa sammelt seit zwei Monaten Briefmarken.

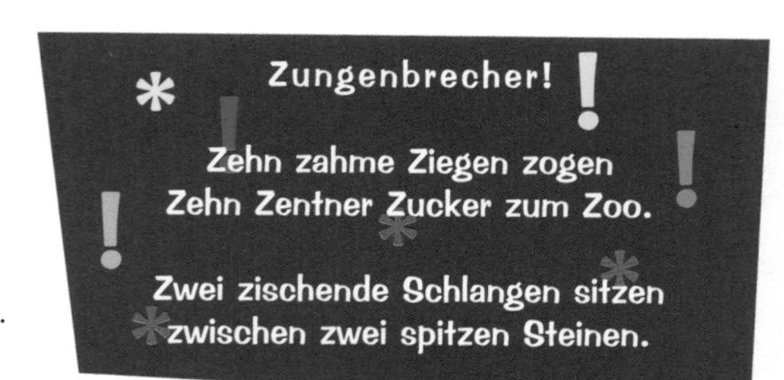

4

a Erfinde Fragen für die Sätze 1–5 in Übung 3.

1 Mit wem gehst du angeln?
Ich gehe mit meinen Freunden angeln.

a Wie oft	fährst du	Kassetten	
b Wo	liest du	Tischtennis	
c Seit wann	spielst du	Ski	?
d Mit wem	hörst du	angeln	
e Wann	gehst du	ein Buch	

b Übt eure Fragen und Antworten aus Übungen 3 und 4a.

5

a Hör zu (1–5). Welche Frage-Wörter aus Übung 4 hörst du?

1 e (wann?), ...

Extra! Schreib die Antworten auf.

Ehrlich? Ich auch!

He! Das ist interessant!

Ich gehe sehr gern wandern. Ich finde, wandern ist toll.

Ich spiele Tennis. Du auch?

Here's a tip

Want to be a smooth talker too? Top tips:

1 Sound interested.

2 Don't just grunt yes or no – give some details!

3 Ask questions in return.

b Seht euch die Tipps an. Übt die Tipps in vier Dialogen. So beginnt ihr:

1 Spielst du in einem Orchester?
2 Ich bin Mitgleid im Fußballverein.
3 Was machst du in deiner Freizeit?
4 Ich mache viele Fotos.

6

Grammatik: Verben mit „zu" >> F9

Ich versuche, Tennis **zu** spielen.	*I try to play tennis.*
Ich habe Lust, Bungeejumping **?** probieren.	*I'd like to try bungee jumping.*
Ich bin dabei, Snowboarden **?** lern**?**.	*I'm (in the process of) learning to snowboard.*

7

Extra! Schreib Sätze.

1 „Ich spiele Federball, du auch?" (versuchen) „Ich versuche, ..."
2 „Ich fahre Skateboard, du auch?" (versuchen) „Ich versuche, ..."
3 „Ich möchte Basketball spielen." (Lust haben) „Ich habe Lust, ..."
4 „Ich möchte Kanu fahren." (Lust haben) „Ich habe Lust, ..."
5 „Ich lerne Klavierspielen." (dabei sein) „Ich bin dabei, ..."
6 „Ich lerne Snowboarden." (dabei sein) „Ich bin dabei, ..."

8

Dialog Du triffst einen Deutschen oder eine Deutsche in der Disko. Wie viele Fragen und Anworten habt ihr in eurem Dialog?

Don't forget your smooth-talking tips!

C Filme und Fernsehen

1

a **Comic** Hör zu und ordne die Sätze A–J.

b Richtig oder falsch?

1 Stefan will mit Magda ausgehen.
2 Magda will mit Stefan ausgehen.
3 Am Ende ist Magda glücklich.

FERNSEHEN: Was sehen Sie gern?

„Ich mag Trickfilme. Ich finde, sie sind lustig. Aber ich mag Sportsendungen nicht – ich mag Sport überhaupt nicht." – Gerald Höpper

„Ich mag Fernsehserien, aber ich mag keine Sportsendungen. Sie sind wirklich langweilig! Und ich finde, Gameshows sind Quatsch!"

„Filme gefallen mir sehr. Meine Lieblingsschauspielerin ist Anna Henzen. Sie ist in Ordnung. Evi Holt ist auch nicht schlecht. Meine Lieblingssendung ist *Tage und Nächte*. Das ist eine Show. Sie ist fantastisch!"

Rea Böhm

Irma Jakobs

„Mein Mann findet Krimis sehr spannend. Aber ich persönlich kann Krimis nicht leiden. Sie sind immer zu kompliziert. Ich finde Talkshows besser. Normalerweise sind sie sehr gut. Gameshows gefallen mir auch."

„Ich sehe jeden Tag fern. Ich sehe sehr oft Musiksendungen, weil sie interessant und informativ sind. Ich finde Comedyserien gut. Mein Lieblingsschauspieler ist Freddi Fischer, weil er so lustig ist. Er ist zum Kaputtlachen!"

2

a Was ist das Gleiche? Such die Wörter im Text. das Gleiche = *the same*

1 ziemlich gut = nicht schlecht

1 ziemlich gut
2 ich mag Krimis überhaupt nicht
3 ich mag lieber Talkshows
4 ich mag Comedyserien
5 O.K., cool
6 ich mag Gameshows

b Was ist das Gegenteil? Such die Wörter im Text. das Gegenteil = *the opposite*

1 spannend ≠ langweilig

1 spannend
2 fantastisch
3 sehr schlecht
4 traurig
5 sehr selten
6 unkompliziert
7 nichts sagend
8 finde ich doof

c Was mögen die Leute in der Zeitschrift? Was mögen sie nicht?

Irma Jakobs mag Krimis nicht. Sie mag ...

3 (P)

Stellt Fragen:
- Was ist deine Lieblingssendung?
- Wer ist deine Lieblingsschauspielerin?
- Wer ist dein Lieblingsschauspieler?

Meine Lieblingssendung ist *Blind Date*.

4

Was passt zusammen?

Video – *Bleib Fit!*

Video(s) *nt* Comic(s) *m*
Film(e) *m* Theaterstück(e) *nt*
Zeitung(en) *f* Roman(e) *m*
Schulbuch(¨er) *nt* Zeitschrift(en) *f*
Musical(s) *nt*

Harry Potter *Hello*
Daily Mail *Cats*
Mach mit! *Macbeth*
Viz *Casablanca*
Bleib Fit – morgens und abends!

5

a Was liest man? Was sieht man? Mach zwei Listen.
Schreib die Wörter von Übung 4 in der Pluralform.

Man **liest** ...	Man **sieht** ...
Comics	Videos

b Hör zu (1–5). Wer spricht über ...?
Schreib die Nummer von der Person neben das richtige Wort auf deinen Listen.
Zum Beispiel, du hörst: „Nummer 1“ und „Ich lese sehr gern Zeitschriften.“

Zeitschriften 1

Extra! Schreib auch die Meinung: ☺ = mag / ☹ = mag nicht

Zeitschriften 1 

Grammatik: „weil“ >> Seite 120

Ich mag *Blind Date*, weil **es** lustig **ist**.
Ich mag Comics, weil **sie** komisch **sind**.

Note: **1** the comma before **weil**
2 the verb at the end.

6 (P)

a A stellt Fragen über sechs Fernsehsendungen, zum Beispiel:

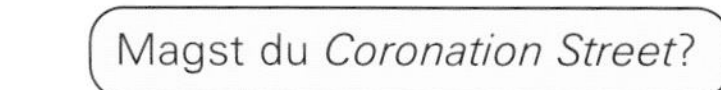

B antwortet, zum Beispiel:

Ja, ich mag ..., Ja, ich finde ... gut, Nein, ich finde ... nicht gut, Ja, ... ist in Ordnung,	weil es	lustig komisch doof Quatsch *usw.*	ist.

Extra! A fragt auch:
Magst du ...?
Zeitungen
Abenteuerfilme
Zeitschriften
Romane
usw.

B antwortet:
Ja/Nein, weil sie ... sind.

b ***TRANSFER!*** **>>** Schreib sechs Sätze mit **weil** über Schule und Hobbys.

Ich mag Biologie, weil es lustig ist.
Ich mag Abenteuerfilme, weil sie spannend sind.

7

Extra! **a** Spricht man hier über **Videos** oder **Kino**?

1 Sie sind billiger. **2** Ich mag die Stimmung. **3** Es ist teurer.
4 Der große Bildschirm gefällt mir. **5** Ich kann die Werbung nicht leiden.

b Was ist deine Meinung? Schreib drei Sätze:
Ich gehe lieber ins Kino, weil ... / Ich mag Videos lieber, weil ...

Projekt

Assignment: Your task is to carry out a survey on leisure activities and write up the results.

Step 1: Choosing a topic

Choose a topic on which many people will have something to say – for example, in most classes people will have lots to say about TV, but not much about playing the clarinet.

You get more marks for assignments which show that you can use the past tense – so choose some questions which will allow you to do this!

Make sure your survey produces enough material to write up in at least 80 words.
For example:
- ask several questions
- pick a topic that lets you make comparisons between different groups, e.g. boys/girls, younger/older pupils, town/country.

Step 2: Designing the questionnaire

Asking open-ended questions (e.g. **Was hast du gestern Abend gemacht?**) will mean you have to write a lot when people answer, and will make it more difficult to extract, analyse and compare the results. You can avoid this by giving set categories (but remember to allow a line for 'other' answers).

Fernsehen

1 Was für Sendungen magst du am liebsten (✔)? (Nur eine Antwort, bitte!)

a Fernsehserien ☐
b Talkshows ☐
c Sportsendungen ☐
d Komödien ☐
e Nachrichten ☐
f Krimis ☐
g Gameshows ☐
h andere Sendungen: welche? ....

2 Was für Sendungen hast du gestern Abend gesehen (✔)?

a Fernsehserien ☐
b Talkshows ☐
c Sportsendungen ☐
d Komödien ☐
e Nachrichten ☐
f Krimis ☐
g Gameshows ☐
h andere Sendungen: welche? ....

3 Wie viele Stunden pro Woche siehst du fern? 0–7 8–14 15–21 22–28 29+

4 Hast du deinen eigenen Fernseher? ja / nein

5 Was hast du gestern Abend gemacht?

a Hast du gelesen? ja / nein
b Bist du mit Freunden ausgegangen? ja / nein
c Hast du deine Hausaufgaben gemacht? ja / nein
d Hast du Computerspiele gespielt? ja / nein
e Hast du ein Musikinstrument gespielt? ja / nein
f Hast du etwas anderes gemacht? Was? ....

Step 3: Carrying out the survey

- Will you ask the questions yourself or will you give pupils a written questionnaire?
- Consider giving your questionnaire to pupils in other classes – you would get a larger sample of answers, and you might find differences in their answers which you could comment on.

Step 4: Analysing the results

- You don't need to write about everything! Write up the most interesting results in about 80–100 words, including some which will allow you to show you can use the past tense, e.g. what programmes people watched yesterday.
- Decide how you can express the results: as percentages or as actual numbers; as bar charts, pie charts or other visuals.

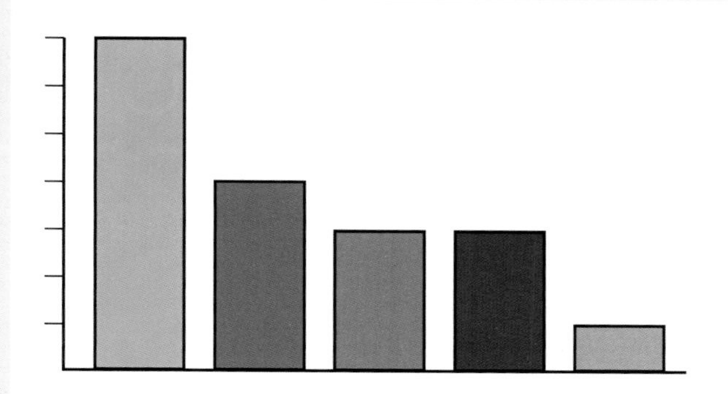

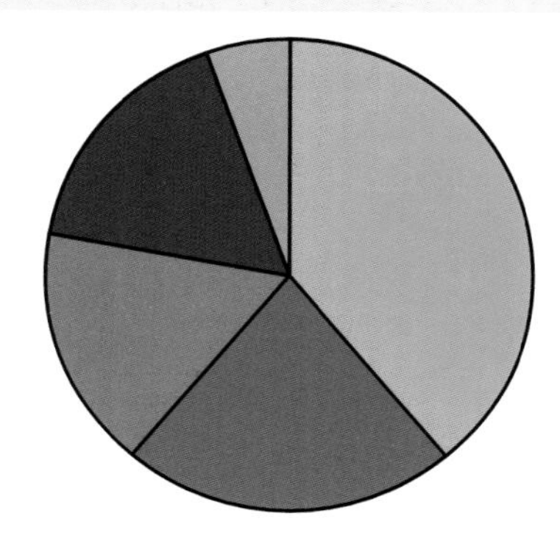

Legende
orange = Fernsehserien **blau** = Sportsendungen **rot** = Talkshows **braun** = Komödien **grün** = andere Sendungen

Step 5: Writing up the results

- A list with the same structure repeated is boring!

```
90 Prozent haben gestern Abend ihre Hausaufgaben gemacht.
80 Prozent haben gestern Abend ferngesehen.
50 Prozent haben gestern Abend
```

- Varying the way you report the information makes more interesting reading, and gets you more marks because you show that you can use different structures.

Sind die Jungen in unserer Klasse faul?
Alle Jungen in unserer Klasse haben gestern Abend ferngesehen und über 50 Prozent waren über zwei Stunden vor dem Fernseher. Bei den Mädchen war es anders. Nur 80 Prozent

- Remember that the verbs in your report will be in the 3rd person:
  Ein Mädchen *hat* ... gesehen. Zwei Jungen *haben* ... gesehen.
- Make sure you give an opinion – you'll get more marks for using more complex language. For example:
  some marks for: **Ich finde, es ist interessant.**
  more marks for: **Meiner Meinung nach ist es interessant.**
  even more for: **Meiner Meinung nach ist es interessant, weil ...**

TRANSFER! >>

- Go through this process with any survey you carry out, whether on this topic or on any other. You'll soon develop some techniques of your own, too.
- You can refer to the results of a survey you've carried out in any written or speaking assignments – not only when you're specifically asked to carry out a survey!

1 Das Sport- und Hobby-Alphabet

Kannst du ein Hobby für **A** schreiben, ein Hobby für **B** schreiben ... eins für **Z** schreiben?

A – Angeln
B – Boxen
C – Cricket

2

a Was hat Hans am Wochenende gemacht? Finde für jedes Bild oben einen Satz unten.

1 C Ich habe am Computer gespielt.

- **A** Ich habe eine Zeitschrift gelesen.
- **B** Ich bin ins Kino gegangen.
- **C** Ich habe am Computer gespielt.
- **D** Ich bin bergsteigen gegangen.
- **E** Ich habe Musik gehört.
- **F** Ich bin angeln gegangen.
- **G** Ich bin Rad gefahren.
- **H** Ich bin zu meinen Großeltern gegangen.
- **I** Ich habe meine Hausaufgaben gemacht.
- **J** Ich habe ferngesehen.

b Schreib die anderen vier Sätze auf Englisch.

B Ich bin ins Kino gegangen. – I went to the ...

3

Ändere die roten Wörter in den Sätzen A–H von Übung 2a.

A Ich habe ein Buch gelesen.

Radio **wandern** **Ski** **Federball** **spazieren** **meinen Freunden** **in ein Konzert** **ein Buch**

4

Gegangen oder **gefahren**? Schreib die Sätze auf.

ich bin ... gegangen = *I went on foot*
ich bin ... gefahren = *I went by transport*

1 Ich bin ins Bett **?**.
2 Albert ist in sein Zimmer **?**.
3 Im August bin ich nach Berlin **?**.
4 Wir sind mit dem Auto in die Stadt **?**.
5 Gestern bin ich mit dem Bus in die Schule **?**.
6 Frau Holz, die Lehrerin, ist ins Klassenzimmer **?**.

Perfekt Wie viele Beispiele findet ihr für jede Kategorie?

A ich habe ge___t
B ich habe ge___en
C ich bin ge___en
D ich habe/bin __ge___t/en
E ich habe ___t/en *(no* ge-*)*

Beispiele: ich habe ... gehört
ich habe ... gegessen
ich bin ... gegangen
ich bin ... ausgegangen
ich habe ... besichtigt

Bergsteigen in Mexiko

Popocatepetl ... was für ein fantastischer Name! Ich war zwölf Jahre alt und ich war in einer Mathestunde. Ich (1 hören) den Lehrer nicht. Ich (2 lesen) ein Buch. Ein Buch über Mexiko. Ein Buch über die Berge in Mexiko. Berge mit magischen Namen. Popocatepetl ...

Zehn Jahre später (3 fliegen) ich nach Mexiko. Ich (4 ankommen) in Mexico City und ich (5 bleiben) vier Tage dort. Ich (6 kaufen) ein paar Sachen und ich (7 treffen) andere Bergsteiger. Dann (8 abfahren) ich mit dem Bus und ich (9 fahren) in die Berge. Sie waren so wunderschön wie in dem Buch.

Nachts (10 schlafen) ich in einem Zelt. Es war sehr kalt, aber ich hatte einen guten Schlafsack. Nach ein paar Tagen (11 sehen) ich den Popocatepetl!

An einem Sonntag (12 steigen) ich lang bergauf und gegen elf Uhr war ich oben! Ich (13 machen) ein paar Fotos und ich (14 essen) ein Stück Schokolade. Ich war so glücklich!

fliegen (ich bin geflogen)	= *to fly*
ein paar Sachen	= *a few things*
schlafen (ich habe geschlafen)	= *to sleep*
steigen (ich bin gestiegen)	= *to climb*

2 Schreib die richtige Form der Verben in dein Heft.

1 Ich habe den Lehrer nicht gehört.
2 Ich habe ...
3 Ich bin ...

Kino-Hits und Buchtipps

Selima – Weg in die Freiheit
Dieser Roman ist die Geschichte von einem Mädchen in Marokko. Selima hat ihre Eltern verloren und wohnt bei ihren Stiefeltern. Ihr Stiefvater ist sehr streng und Selima sehnt sich nach Freiheit. Oft geht sie heimlich ans Meer. Am Strand lernt sie einen Jungen, Sahir, kennen. Selima und Sahir verlieben sich, aber Selimas Stiefeltern sind natürlich dagegen. Bleiben am Ende des Buches Selima und Sahir zusammen?

Ein total spannendes, dramatisches Buch.

Keine Zeit
Keine Zeit ist eine Abenteuergeschichte über einen Verbrecher, Friedrich Losert. Vor zehn Jahren hat Friedrich eine Bank ausgeraubt, aber jetzt versucht er, ein normales Leben zu leben. Er arbeitet in einem Restaurant. Mit Bankräubern will er nichts zu tun haben. Aber eines Tages kommt ein Mann ins Restaurant ...

Dieses Buch ist nicht schlecht. Am Anfang geht es aber sehr langsam los.

Mister Bean
Er heißt in Wirklichkeit Rowan Atkinson, doch alle kennen ihn nur als Mister Bean. Jetzt kann man das Video *Bean – der ultimative Film* kaufen.

Es ist ein sehr lustiger Film. Wie immer gerät Mr Bean in tausend lustige Situationen. Zum Kaputtlachen.

2099
Im Jahr 2099 gibt es zu viele Leute auf der Erde. Sie wohnen zu nah zusammen und streiten sich. Es gibt nicht genug Wasser und nicht genug zu essen. Frank Hals hat eine Idee ...

Dieser Film ist nichts Besonderes. Die Schauspieler sind in Ordnung, aber die Geschichte ist zu kompliziert und es gibt zu viel Gewalt.

1

a Lies die Artikel und beantworte diese Fragen.

1 Wie heißt der Liebesroman?
2 Was sind die Probleme im Jahr 2099?
3 Wie heißen die zwei Bücher?
4 Welche Artikel ist/sind ...?
 a sehr positiv **b** ziemlich positiv
 c negativ

b Wie heißt es auf Deutsch? Such diese Ausdrücke in den Artikeln.

1 at the beginning
2 a really exciting book
3 this film is nothing special
4 she gets to know a boy
5 they fall in love
6 at the end of the book
7 about a criminal
8 the story of a girl
9 is a very funny film

2

Schreib Sätze in dein Heft.

1 Es ist ein guter Film.

1 Film (gut)
2 Buch (interessant)
3 Geschichte (spannend)
4 Buch (traurig)
5 Film (langweilig)
6 Geschichte (komisch)
7 Film (lustig)
8 Buch (informativ)

Grammatik: Adjektive >> D5

m	ein	___**er** Film
f	eine	___**e** Geschichte
nt	ein	___**es** Buch

3

Schreib einen Artikel über einen schrecklichen Film oder ein schreckliches Buch!

Here's a tip

- Remember to put the right endings on words you look up!

boxer *n* Boxer *m* → die Geschichte von einem Boxer

- If you're not sure which word to use, check in the German–English section.

ring *n* Ring *m*; Manege *f*

Ring *m* *(jewellery)* ring

Manege *f* ring (circus)

→ Der Clown geht in die Manege.

3 Die Stadt

Vor dem Start

✔ Lektion 3 is all about towns: places in town, asking the way and giving directions.
✔ And maybe you'll learn something new about Berlin, too.

Here's a tip
Some words just don't seem to stick, do they? Well, many people find it helps to *do* something with the words, like putting them into categories. Try it in Exercise 1 – see if it helps you!

der		die		das	
Bahnhof	Dom	Schule	Diskothek	Restaurant	Café
Jugendklub	Laden	Kirche	Burg	Kaufhaus	Kino
Marktplatz	Park	Tankstelle	Bushaltestelle	Museum	Schloss
Parkplatz	Supermarkt	Brücke		Verkehrsamt	Stadion
				Schwimmbad	Theater
Extra!		**Extra!**		**Extra!**	
Briefkasten	Fluss	Fußgängerzone	Bank Post	Freizeitzentrum	Freibad
Flughafen	Tiergarten	Einkaufspassage	Gaststätte	Krankenhaus	Hallenbad
		Telefonzelle	Bibliothek	Parkhaus	Rathaus

1

a Schau die Tabelle an. Schreib in dein Heft vier Orte

A für Touristen
B für Sport
C für junge Leute
D für Transport

A: der Dom, das Schloss, ...

b Kennst du auch andere Orte in der Stadt? Schreib sie in dein Heft.

der Hafen(-)

2

A Wie spricht man diese Sätze aus? Hör zu. War es richtig?

In der Stadt gibt es einen Supermar**k**t, eine Ba**n**k und ein Ha**ll**enbad.
Wir ha**b**en **a**ber keinen Par**k**, keinen Tierg**a**rten und keinen Flugh**a**fen.

3

Richtig oder falsch?

vor

hinter

zwischen

neben

gegenüber

1 Alma sitzt neben Evi.
2 Max sitzt hinter Jan.
3 Sven sitzt zwischen Jan und Rea.
4 Der Lehrer ist gegenüber Jan.
5 Sven sitzt hinter Max.
6 Birte sitzt vor Jens.

A Berlin für Touristen

1 **Comic** Wohin möchte Stefan mit Lisa gehen? Schreib eine Liste.

A

B

Berlin für Teenager
Was können Teenager in Berlin machen? Tja, das Angebot ist enorm! In der Stadtmitte findest du natürlich viele berühmte Sehenswürdigkeiten, wie zum Beispiel das Brandenburger Tor. Mit dem Bus kannst du bequem eine Stadtrundfahrt oder aber auch Ausflüge in die Berliner Gegend machen. In Berlin gibt es auch unzählige Sporteinrichtungen, wie zum Beispiel Freibäder, Hallenbäder, Sportzentren oder Fitnesszentren. Geh mal in den Zoo oder mache auf dem Müggelsee einen Segelkurs! Und vergiss nicht die vielen tollen Gaststätten überall in Berlin!

2 Lies Broschüre A. Kannst du die passenden Sätze finden? Schreib sie in dein Heft.

1 Tiere sehen – Man kann in den Zoo gehen.

Man kann ...

1 Tiere sehen.
2 Filme sehen.
3 tanzen gehen.
4 schwimmen gehen.
5 einkaufen gehen.
6 in eine sehr große Kirche gehen.

Extra! Finde in Broschüre B:

7 Orte, wo man Sport treiben kann
8 Restaurants
9 berühmte Gebäude
10 kurze Fahrten
11 die Stadt mit dem Bus besichtigen
12 Städte und Dörfer in der Nähe von Berlin besichtigen

3 (P) **In der Stadt** Wie viele Alternativen findet ihr in drei Minuten?

Man kann zum Beispiel	**?** besichtigen **?** gehen
Es gibt zum Beispiel	einen/eine/ein **?** *(Sing.)* drei/viele/keine **?** *(Pl.)*

! Es gibt + **Akkusativ**

Here's a tip
Checking back on page 29 is ~~cheating~~ ~~silly~~ cool!

4 Was kann man in deiner Stadt (oder in deinem Dorf) machen? Was kann man **nicht** machen? Gibt es viel für Teenager?

5 Finde zwei Alternativen für die unterstrichenen Wörter in diesem Brief.

Extra! Vier Alternativen!

Here's a tip

Write out the bare bones of a letter to a tourist office – and learn it. Then you can just change the details.

```
Sehr geehrte Damen und
Herren, im Juli möchte
ich eine Woche in Berlin
verbringen. Können Sie
...
```

Karl-Benz-Straße 37
82759 Dasing

14. März

Sehr geehrte Damen und Herren,

im August möchte ich ein paar Tage in Berlin verbringen. Können Sie mir ein paar Broschüren, einen Stadtplan und eine Liste von Campingplätzen in Berlin schicken? Wo kann man in Berlin ein Fahrrad ausleihen?

Vielen Dank im Voraus.
Mit freundlichen Grüßen,

Manuela Peschel

6 Lest die Broschüre über Berlin.
Übungen auf **Blatt 3.2**.

BERLIN ist aufregend. Keine andere europäische Hauptstadt verändert sich so schnell. Wo Sie hinschauen, entstehen neue Gebäude, neue Stadtviertel.

Machen Sie mit uns einen faszinierenden Stadtrundgang. Der Start ist vor dem Pergamonmuseum auf der Museumsinsel. Wir gehen Unter den Linden entlang und über den Potsdamer Platz bis zum Reichstag. Unterwegs erfahren Sie das Interessanteste über die Geschichte und die Zukunft dieser lebhaften Großstadt.

Stündlich von 9 bis 16 Uhr (Sa und So bis 18 Uhr). Der Rundgang dauert ca. 90 Minuten.

Preis: Erwachsene €4
Kinder €2,50
Behinderte natürlich herzlich willkommen!

Das Brandenburger Tor

am Pariser Platz ist „das" deutsche Nationalmonument und dient als Logo für Berlin. Um das **Brandenburger Tor** entstehen die Botschaften der USA, Frankreichs und Großbritanniens.

U- und S-Bahn: Unter den Linden

Rundflüge über Berlin

Helikopter-Flüge vom Flughafen Tempelhof. Fliegen Sie über das Zentrum der Hauptstadt: Funkturm, Reichstag, Potsdamer Platz und vieles mehr.

Gruppenflug, 15 Minuten, ab €390. Flüge auch in einem Oldtimer-Doppeldecker-Flugzeug oder in einem komplett restaurierten DC-3 möglich.

Sa und So ab 13 Uhr alle halben Stunden und in der Woche auf Anfrage
Auskunft 0190–75 40 40 (€1,20/Min)

Fernsehturm am Alexanderplatz

- 365 m hoher Aussichtsturm mit Drehcafé
- Einmalige Aussichten über die Stadt
- Täglich 10–24 Uhr geöffnet

U- und S-Bahn: Alexanderplatz

Fernsehturm am Alexanderplatz

B Weg von Stefan?

A

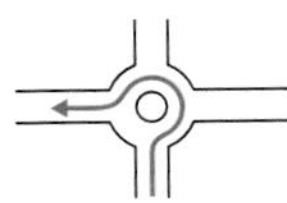

Am Kreisverkehr gehen Sie links.

B

Dann gehen Sie **über die Brücke**.

C

Gehen Sie **über den Platz**.

D

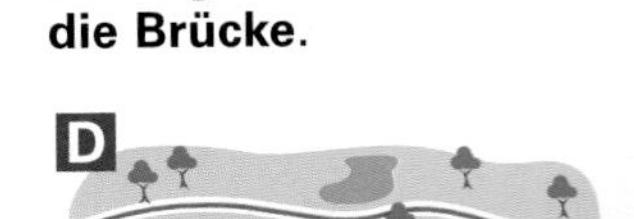

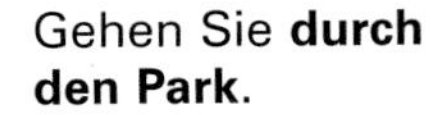

Gehen Sie **durch den Park**.

E

Dann gehen Sie **die Straße entlang**.

F

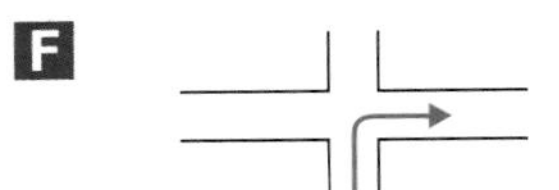

An der Kreuzung gehen Sie rechts.

G

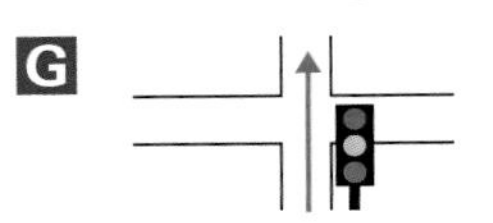

An der Ampel gehen Sie geradeaus.

H

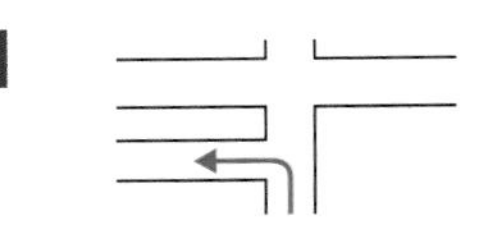

Dann nehmen Sie die erste Straße **links**.

1 **Comic** Hör zu. Ordne die Sätze A–H.

Here's a tip

A If you're asking for a specific place, use:
Wo ist ...?
Wie komme ich zum ...? *(Mask./Neut.)*
zur ...? *(Fem.)*

! zu + **Dativ**

Beispiel: Wo ist der See? / Wie komme ich zum See?

B If you're asking if there *is* a place, use:
Gibt es einen/eine/ein ... hier in der Nähe?

! Gibt es + **Akkusativ**

Beispiel: Gibt es eine Post hier in der Nähe?

2

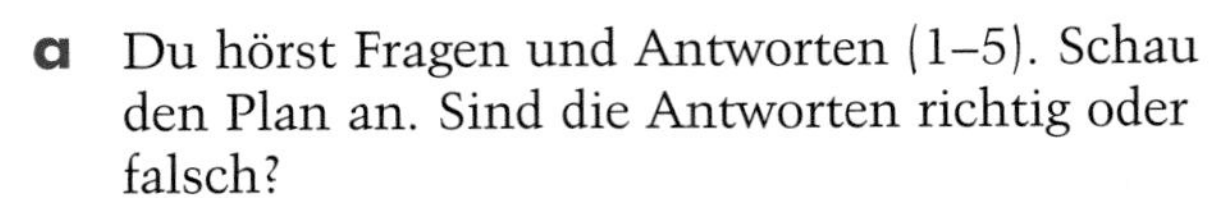

a Du hörst Fragen und Antworten (1–5). Schau den Plan an. Sind die Antworten richtig oder falsch?

P

b Übt Fragen und Antworten. Auf dem Plan beginnt ihr immer hier: ⋂

Entschuldigen Sie bitte. Wo ist die Mozartstraße?

1 die Mozartstraße
2 das Hotel Roma
3 ein Eiscafé *(nt)*
4 das Verkehrsamt
5 ein Musikladen *(m)*
6 ein Supermarkt *(m)*

Extra!
7 ein Briefkasten *(m)*
8 der Potsdamer Platz
9 Telefonzellen *(pl)*
10 ein Burger-Restaurant *(nt)*
11 der Flughafen

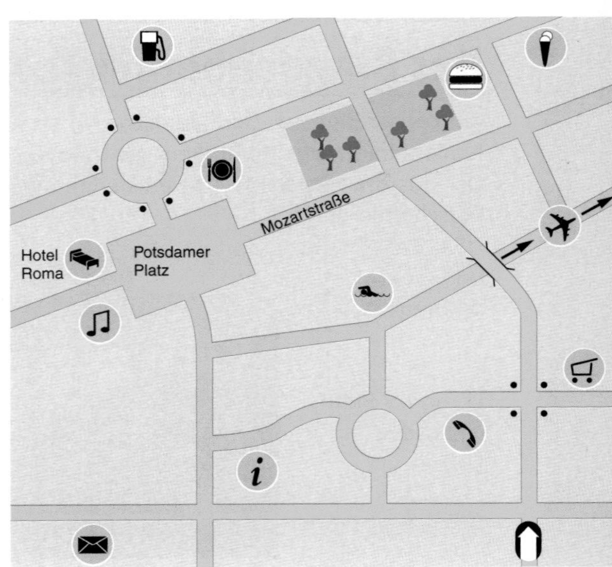

3

Grammatik: „vor, hinter, neben, zwischen, gegenüber" + Dativ >> Seite 68

Mask.	*Fem.*	*Neut.*	*Plural*
vor **?** Dom	neben **?** Kirche	hinter **?** Kino	vor **?** Läden

4

Schau den Stadtplan von Berlin an. Sind die Sätze richtig oder falsch?

1 Das Brandenburger Tor steht am Potsdamer Platz.
2 Vom Potsdamer Platz zum Reichstag nimmst du die Ebertstraße.
3 Das Pergamonmuseum steht hinter dem Reichstag.
4 Die nächste S-Bahn-Station nördlich vom Potsdamer Platz heißt Unter den Linden.
5 Der Fernsehturm steht neben der S-Bahn-Station Alexanderplatz.

Extra! Schreib fünf weitere „richtig oder falsch"-Sätze für deinen Partner oder deine Partnerin.

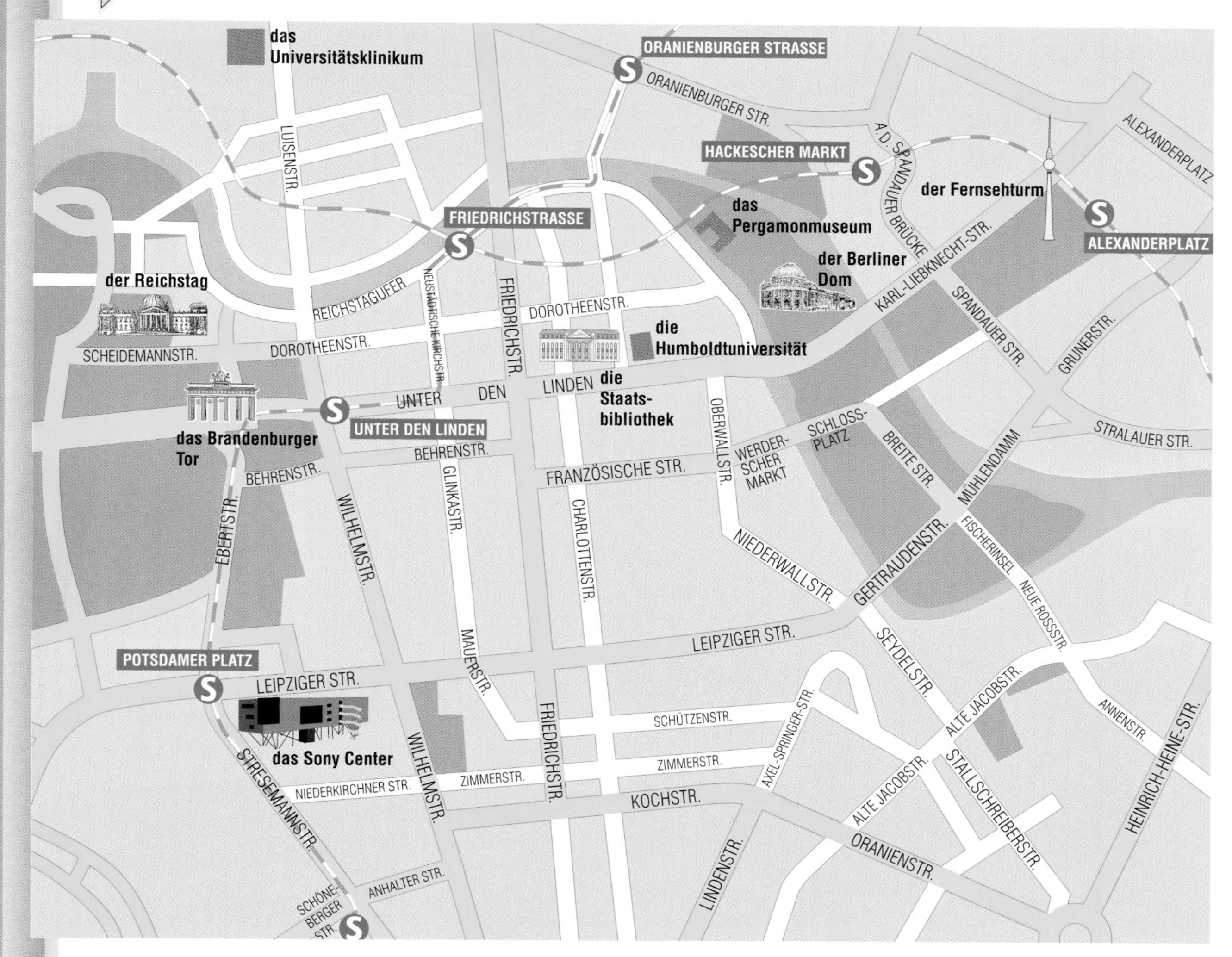

5

P

A stellt Fragen, zum Beispiel:

Ich bin am Reichstag. Wie komme ich zum Dom?

B antwortet.

Extra! die Straße hinauf = *up the road*
die Straße hinunter = *down the road*

Grammatik: „du/Sie" >> A5

„Gehen Sie" oder „Geh"?
„Nehmen Sie" oder „Nimm"?

C Mein Berlin

Gisela

Der Grunewald ist meine Lieblingsecke in Berlin. Die Großstadt ist so laut und hektisch, und ich komme gern in den Wald, um ein bisschen Stille zu finden. Hier kann man kilometerlang im Wald spazieren gehen. Manchmal setze ich mich auf das Gras und ich sehe mir einfach den See, die Bäume, die Vögel und die Blumen an. Ich liebe diesen Wald, aber hierher komme ich fast immer allein. Es ist mein Geheimort.

Max

Meine Lieblingsecke in Berlin ist hier in Kreuzberg. Abends nach der Arbeit komme ich nach Kreuzberg, um meine Freunde zu treffen. Mir gefallen die kleinen Läden, die tollen türkischen Gaststätten und die Straßencafés. Hierher kommen fast keine Touristen, aber hier wohnen Menschen aus aller Welt: Türken, Albaner, Serben, Marokkaner, Engländer. Es macht Spaß, einfach die Straßen entlang zu gehen. Alles ist so bunt!

Muzaffer

Berlins junge Szene trifft sich in der Oranienburger Straße. Hier gibt es Kiosks und Würstchenbuden, wo man etwas zu essen kaufen kann. Ich komme hierher, um Bücher, Klamotten, Schmuck, Musik, Geschenke zu kaufen, um Straßenmusikanten zu hören oder um eine Pizza zu essen. Die Stimmung gefällt mir! Es ist immer was los!

Corinna

Meine Lieblingsecke in Berlin ist der Wittenbergplatz. Hier treffe ich meine Freunde und hier ist Berlin noch wie ein Dorf. Ältere Leute kommen, um die Zeitung zu lesen, Teenager kommen, um Rollschuh zu laufen, andere setzen sich, um ein Eis zu essen. Wenn man Hunger hat, gibt es Buden, wo man eine Bratwurst mit Ketschup kaufen kann. Ich kenne die Leute und sie kennen mich, so fühle ich mich ganz sicher. Und den Verkehr auf der großen Straße kann man einfach ignorieren.

1

a Lies den Artikel „Mein Berlin".

1 Wo trifft man Menschen mit vielen verschiedenen Staatsangehörigkeiten?
2 Wo ist es schön ruhig?
3 Wo gibt es viele Autos?
4 Wo kann man Musik hören?

im Grunewald **am Wittenbergplatz** **in der Oranienburger Straße** **in Kreuzberg**

b Such im Artikel Wörter zu den drei Themen. Mach damit Wortnetze.

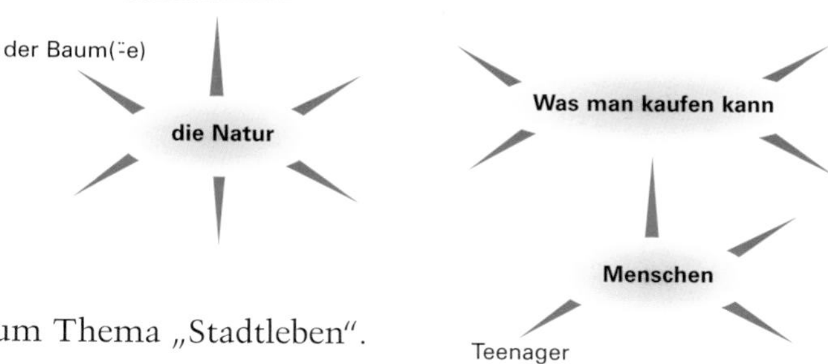

Extra! Mach auch ein großes Wortnetz zum Thema „Stadtleben".

c Wie kann man auf Deutsch *I like / I enjoy* ... sagen? Such fünf Beispiele im Artikel.

d Finde im Artikel zwei Wörter für „Personen".

e Finde im Artikel andere Wörter für:

1 Ruhe 2 ohne andere Menschen 3 die fantastischen Restaurants
4 Kleidung 5 Ringe, Juwelen, Gold usw. 6 Hier kann man immer etwas sehen oder hören.
7 die vielen Autos, die Busse und die Lastwagen 8 vergessen

f Kannst du die Fragen beantworten?

1 Was macht Gisela im Grunewald? — Sie geht ... und sie schaut ...
2 Warum kommt Max gern nach Kreuzberg? — Weil er ... mag.
3 Was macht Muzaffer gern in der Oranienburger Straße? — Er hört ... und er isst ...
4 Was machen die älteren Leute auf dem Wittenbergplatz? — Sie lesen ...

Extra! **g** Hör zu und schau den Artikel an. Vier andere Teenager sprechen über den Grunewald, über Kreuzberg, über die Oranienburger Straße und über den Wittenbergplatz. Sie mögen diese Orte nicht. Warum nicht?

2

Grammatik: „um" + Akkusativ + „zu" + Infinitiv >> F9

Ich gehe in die Stadt, **um** meine Freunde **zu treffen**.
I go into town (in order) to meet my friends.
Viele Touristen kommen in den Laden, um **?** Stadtplan zu **?** .
Many tourists come into the shop (in order) to buy a town plan.

3

Wohin gehst du in der Stadt und warum? Ergänze die Sätze.

1 Ich gehe in die Schule, ...
2 Ich gehe ins Sportzentrum, ...
3 Ich gehe ins Kaufhaus, ...
4 Ich gehe in Konzerte, ...
5 Ich gehe ins Reisebüro, ...
6 Ich gehe in die Pizzeria, ...

um	Musik Pizza Federball Klamotten Deutsch Flugtickets	zu	kaufen lernen essen spielen hören bestellen

Extra! Warum gehst du in die Stadt? Schreib zwölf Antworten mit **um ... zu**.

1 Ich gehe in die Stadt, um meine Freunde zu treffen.

4

TRANSFER! >> Warum fährt man nach London?
Um Fußballspiele zu sehen? Um tolle Klamotten zu kaufen? Um ... zu ... ?

5

Beschreib deine Lieblingsecke in deiner Stadt oder in deinem Dorf.
Gehst du allein oder mit Freunden dorthin? Was machst du da? Wie oft gehst du hin? *usw.*

SPEZIAL!

Lesepause

BERLIN

- 1945 lag die Stadt in Ruinen.
- 1961–89 war die Stadt durch die Berliner Mauer in zwei Teile geteilt.
- Seit 1991 ist Berlin wieder die Hauptstadt von Deutschland.

Herzlich willkommen zum alten-modernen, jungen-alten Berlin!

Der Reichstag

Eine neue Hauptstadt braucht ein Parlamentsgebäude. Der restaurierte Reichstag (die Restaurierung, 1995–99 nach Plänen vom Engländer Sir Norman Foster, hat 300 Millionen Euro gekostet) ist ein architektonisches Meisterstück.

Die moderne Kuppel aus Glas und Stahl (23,5 Meter hoch) ist ein Symbol für das neue Berlin. Berliner und Touristen können kostenlos die Kuppel besichtigen, um den Blick über die Stadt zu sehen oder um im Restaurant zu essen. Die Kuppel kann man täglich von 8 bis 24 Uhr besichtigen. Nachts ist die Kuppel dank den zwölf enormen Scheinwerfern (je 1000 Watt) von weitem sichtbar.

S-Bahn Unter den Linden Bus 100
Eintritt zur Kuppel: kostenlos

Hertha BSC ist Berlins berühmte Mannschaft in der Fußball-Bundesliga. Die Farben der Mannschaft sind blau und weiß. Karten für die Bundesligaspiele kosten ab 7 Euro. Anmeldeschluss ist 14 Tage vor dem Spiel.

Neuer Hauptbahnhof

In vier Ebenen **unter** einer S-Bahn-Station entsteht der neue zentrale Berliner Bahnhof. Er wird der modernste Hauptbahnhof Europas und der größte Bahnhofsbau des Kontinents sein. Berlins Fahrgäste werden nicht wie in London oder Paris von einem Bahnhof zum anderen mit Taxi, Bus oder U-Bahn fahren müssen. In einem Bahnhof werden sie Zugang zu allen ICE-, Fern- und Regionalbahnen haben. Täglich werden 764 Züge im Bahnhof starten, jährlich werden 136 Millionen Fahrgäste den Bahnhof nutzen. Eröffnung 200

Ideal für Besucher nach Berlin!
Mit einem AB-Tagesticket (€4 für Erwachsene) fahren Sie mit Bus, Straßenbahn, S-Bahn und U-Bahn so viel Sie wollen. Die Karten sind bei den Tourist-Informationen im Europa-Center und am Brandenburger Tor erhältlich.

Machen Sie eine Schiffsfahrt mitten durch Berlin!

Eine dreistündige Rundfahrt kostet nur €10 pro Person.

Ermäßigungen: Kinder 50 Prozent, Senioren und Studenten bezahlen nur €2.

Die Karten bekommen Sie direkt am Schiff. Kaffee, Kuchen, Eis und Getränke sind an Bord erhältlich.

Reederei Bruno Winkler, Mierendorffstraße 16,
10589 Berlin
Telefon: 030 / 3 49 95 95
Internet: http://www.ReedereiWinkler.de

Der Potsdamer Platz

1920 war er der verkehrsreichste Platz Europas. Hier war auch die erste Ampel.

1945–90 war hier gar nichts, weil die Mauer mitten durch den Platz ging.

1997–2000 war er die größte Baustelle Europas.

Und heute steht hier eine Stadt in einer Stadt:

- über 120 Läden
- ein Musical-Theater
- das Hotel Grand Hyatt Berlin
- Bürogebäude für 6000 Menschen
- das Imax-Kino mit der höchsten Besucherfrequenz aller Imax-Theater weltweit (mehr als 1000 verkaufte Tickets pro Tag)
- das Sony Center mit Kaufhaus, Multiplex-Movie-Center, Music Box, Filmmuseum und Piazza mit Entertainment.

RICHTIG ODER FALSCH?

Die Berliner Mauer

Von 1961 bis 1989 hat die Berliner Mauer die Stadt geteilt. Berliner in Ost und West durften sich lange Zeit nicht besuchen. Das Ende der Mauer im November 1989 war das Signal für einen neuen Start für die Stadt. Heute gibt es kaum noch Reste von der Mauer.

die Mauer = *wall*
teilen = *to separate*
das Gebäude(-) = *building*
die Kuppel = *dome*
der Scheinwerfer(-) = *floodlight*
die Ebene(n) = *level*
fertig = *finished, ready*
der Fahrgast(¨e) = *passenger*

der Anmeldeschluss = *close of sale*
erhältlich = *available*
die Ermäßigung(en) = *price reduction*
bekommen = *to get*
der Verkehr = *traffic*
die Baustelle(n) = *building site*
kaum = *hardly*

1 Was passt zusammen?

a Wort (1–8) und Bild (A–H)

1 das Hallenbad
2 das Verkehrsamt
3 der Fluss
4 die U-Bahn-Station
5 der Busbahnhof
6 der Hauptbahnhof
7 der Flughafen
8 die Fußgängerzone

b Wort (1–8) und Definition (a–h)

a Hier dürfen keine Autos fahren.
b Hier halten die Untergrundzüge.
c Hier landen Flugzeuge.
d Hier kann man auch im Winter schwimmen gehen.
e Hier bekommen Touristen Informationen.
f Hier halten Busse und Reisebusse.
g Hier befindet sich viel Wasser.
h Hier kann man in Züge zum Beispiel nach Berlin, Köln oder München einsteigen.

2 **a** Hör zu und sieh dir den Plan an. Du stehst neben dem X auf dem Plan. Was haben die fünf Leute gefragt?

1 Wo ist der Hafen?

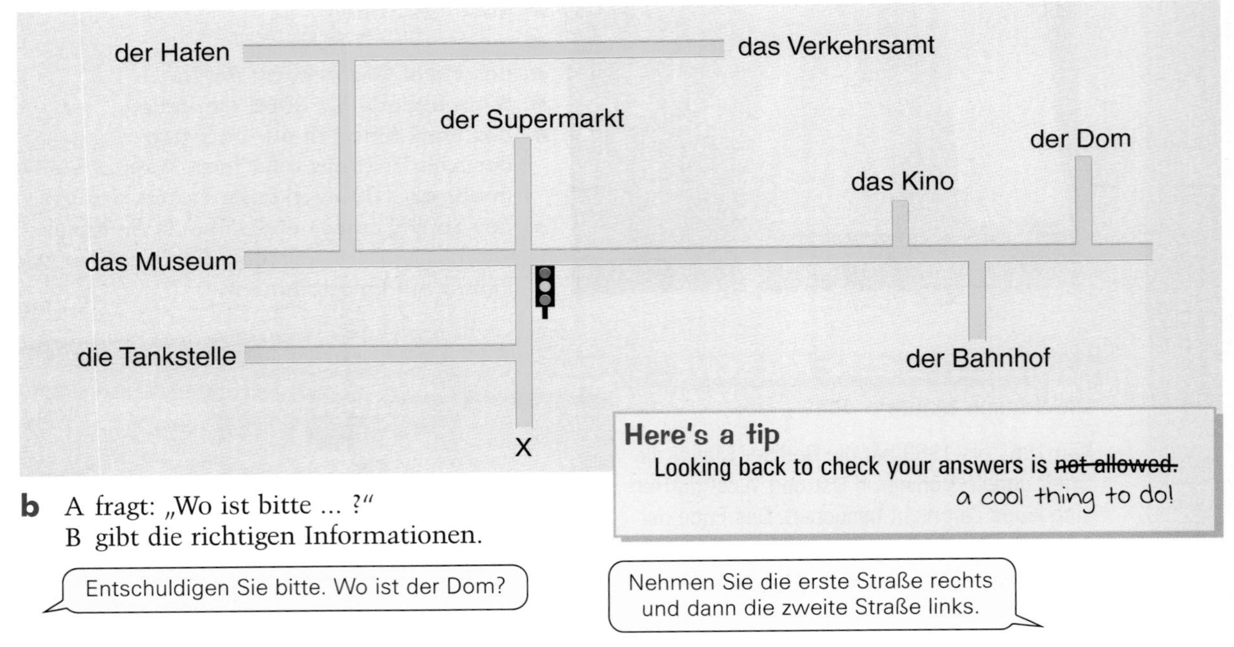

Here's a tip
Looking back to check your answers is ~~not allowed.~~ a cool thing to do!

b A fragt: „Wo ist bitte ... ?"
B gibt die richtigen Informationen.

Entschuldigen Sie bitte. Wo ist der Dom?

Nehmen Sie die erste Straße rechts und dann die zweite Straße links.

3 Richtige und falsche Kombinationen: Schreib die richtigen Kombinationen in dein Heft.

1 Die Stadt ist modern / sehr groß / nicht weit weg von der Autobahn.

1 Die Stadt ist modern sehr groß rot nicht weit weg von der Autobahn gut gelaunt
2 In der Stadt gibt es viele Läden Parkplätze Badezimmer Äpfel Fabriken
3 Du gehst über den Platz an der Ampel die Straße entlang links geradeaus
4 Der Parkplatz ist geöffnet hinter dem Krankenhaus im See in der Gaststätte
5 Das Museum ist interessant geschlossen zwischen der Post und dem Kino glücklich

Kannst du eine Minute lang über deine Stadt reden?

Here's a tip

A common mistake is to try to say everything in the first sentence. If you do, you'll have nothing left to say – and you'll dry up pretty quickly!
Instead, think of three or four different aspects of the town which you could talk about, for example:

- where it is
- some famous buildings
- what there is (or isn't!) for teenagers
- where people work.

Then think of two sentences for each of these sub-topics.
That will probably give you enough sentences to keep going for nearly a minute!

Exercises 1 and 2 will help you to try it out.

1 Vier Themen und acht Sätze: Was passt zusammen?

A Wo die Stadt liegt
B für Touristen
C für junge Leute
D Arbeitsplätze

1 Meine Mutter arbeitet bei Mercedes-Benz.
2 Man kann die Burg besichtigen oder ins Museum gehen.
3 Man kann Ausflüge an die Küste machen.
4 Die Stadt liegt nicht weit entfernt von der Autobahn nach London.
5 Es gibt nicht genug Fabriken und Büros.
6 Es liegt im Nordwesten von England.
7 Es gibt viele Läden, aber keinen guten Computerladen.
8 Es gibt Jugendklubs, aber man muss mit dem Bus hinfahren und die Busse sind teuer.

2 **a** Ergänze die zwei Texte.

meine **wohne** **Leute** **groß** **gibt** **Kinos**

A

Ich (1)____ in Berlin. Berlin ist sehr (2)____. Es gibt viele (3)____ und Diskos. Ich mag Berlin.

B

Ich (4)____ in der Stadtmitte von Berlin. Berlin ist sehr (5)____ und es (6)____ zu viele Autos! Es gibt aber sehr viel für junge (7)____: Es gibt zum Beispiel viele (8)____, Diskos und tolle Läden. Es ist immer viel los! Ich mag Berlin, weil (9)____ Freunde hier wohnen.

b Lies jetzt die zwei Texte. Wie lang dauert Text A? Und Text B?

3 **a** Uwe, Karl, Anne und Ina beschreiben ihre Stadt. Über welche Themen reden sie?

b Hör noch einmal zu. Wer spricht besser: Uwe oder Karl? Anne oder Ina? Warum?

A Busse **B** nicht viel los **C** Schule
D Sport **E** Altstadt **F** Läden

4 Jetzt bist du dran. Sprich eine Minute lang über deine Stadt.

Extra! Sprich zwei Minuten lang!

5 Du möchtest im Winter eine Woche in Salzburg verbringen. Schreib ans Verkehrsamt in Salzburg. Frag nach Broschüren, Stadtplan und nützlichen Informationen. Gib auch die Daten deines Besuchs an.

Grammatik: Adjektive im Akkusativ >> D5

m	**einen -en** **den -en**	In Köln habe ich **einen** toll**en** Musikladen gefunden. In Köln habe ich **den** groß**en** Dom gesehen.
f	**eine -e** **die -e**	In Bremen bin ich in **eine** gut**e** Diskothek gegangen. In Bremen habe ich **die** historisch**e** Altstadt besichtigt.
nt	**ein -es** **das -e**	In Augsburg bin ich in **ein** toll**es** Museum gegangen. In Augsburg habe ich **das** alt**e** Rathaus gesehen.
pl	**-e** **die -en**	Im Rheinland habe ich nett**e** Leute getroffen. Im Rheinland habe ich **die** berühmt**en** Burgen gesehen.

Here's a tip

You may find it easier to learn the endings as part of a phrase, e.g.

den großen Dom die große Brücke das große Haus die großen Läden

1 Du hast eine große Deutschlandtour gemacht. Was hast du gesehen? Was hast du gemacht?

In Hamburg habe ich den interessanten Hafen und ... gesehen.

Hamburg: interessant – Hafen *(m)* – groß – Tiergarten *(m)*
Frankfurt: groß – international – Flughafen *(m)* – toll – Freibad *(nt)*
Berlin: berühmt – Brandenburger Tor *(nt)* – interessant – Museen *(pl)* – toll – Läden *(pl)*
Neuschwanstein: exotisch – Schloss *(nt)* – fantastisch – Café *(nt)* – toll – Berge *(pl)*
Regensburg: alt – Brücke *(f)* – historisch – Altstadt *(f)* – schön – Dom *(m)*

2 Auf deiner Tour warst du auch in Köln, Koblenz, Ulm und München.
Schreib einen Brief an eine Freundin in Österreich. Beschreib, was du gemacht hast.

Here's a tip

Think about what words or phrases will earn you bonus points – then get them into your letter!

Ich bin nach Köln gefahren, um den berühmten Dom zu sehen. Ich liebe Städte, weil ich die tollen Cafés mag!

um ... zu ...
den -en
weil + Verb am Ende

Koblenz
am Rhein: viele Schiffe auf dem Fluss
Weißwein (berühmt)
Freunde dort

Ulm
Dom (Turm – hoch)
an der Donau
Altstadt (klein)
Cafés

Köln
Dom (groß, gotisch)
Seilbahn über den Rhein
Freizeitpark Fantasialand in der Nähe

München
Marktplatz (schön, voller Leute)
Kunstgalerien (interessant)
Ausflug in die Berge: Schnee!

Here's a tip

Mark your own letter: put a red tick against each phrase in your letter which you think should earn you bonus points. How many ticks did you give yourself?

4 Ach! Die Schule

Vor dem Start

✔ Lektion 4 is your chance to say everything you ever wanted about school!

1

Das Schulzeugnis

a Welche Bilder passen zu welchen Fächern im Zeugnis?

A Mathematik

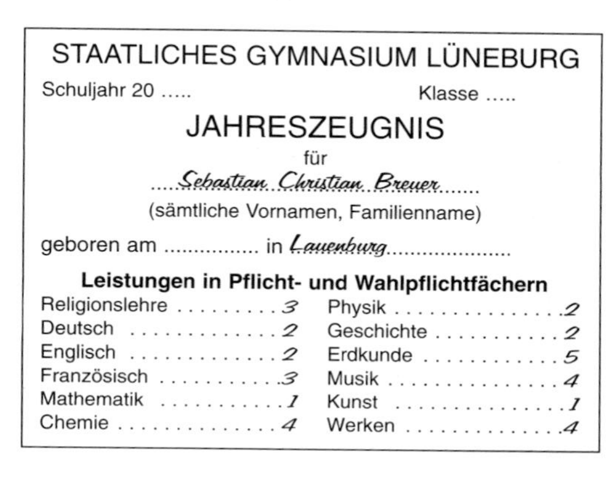

STAATLICHES GYMNASIUM LÜNEBURG

Schuljahr 20 ..... Klasse .....

JAHRESZEUGNIS

für

.....*Sebastian Christian Breuer*.......

(sämtliche Vornamen, Familienname)

geboren am .... in *Lauenburg*....................

Leistungen in Pflicht- und Wahlpflichtfächern

Religionslehre	3	Physik	2
Deutsch	2	Geschichte	2
Englisch	2	Erdkunde	5
Französisch	3	Musik	4
Mathematik	1	Kunst	1
Chemie	4	Werken	4

b In welchen Fächern ist Sebastian gut?

c Und du?

1 Welche Fächer findest du einfach/leicht?
2 Was findest du schwierig?
3 In welchen Fächern hast du eine Lehrerin?
4 Welche Fächer hast du am Montag?
5 Welche drei Fächer magst du am liebsten?

Die Noten in Deutschland

sehr gut 1 → mittelmäßig → schlecht 6

2

Lehrer und Lehrerinnen: Was sind die Gegenteile?

Sie sind laut/leise.

laut **zu streng** **groß** **ordentlich** **sympathisch** **jung** **alt** **unfreundlich** **unordentlich** **klein** **nicht streng genug** **leise**

3

a **EU** Wie spricht man diese zwei Sätze aus? Hör zu. War es richtig?

He**u**te haben wir um n**eu**n Uhr D**eu**tsch.
Sind **eu**re Lehrer fr**eu**ndlich oder unfr**eu**ndlich?

b ***TRANSFER! >>*** Hör zu. Du hörst acht Familiennamen mit **eu** oder **au**. Schreib sie in dein Heft.

1 Breuer

4

Die vier Jahreszeiten Was ist die richtige Reihenfolge?

der Herbst — der Sommer — der Winter — der Frühling

Herbst is linked to our word *harvest*. And which season is harvest time in?

A Oskars Schule

1

Es ist halb zwei. Oskar und sein Freund Alex sind von der Schule zurückgekommen.

Lisa Wie war's heute in der Schule, Oskar?
Oskar Ach, Geschichte war doof!
Lisa Wie ist eure Geschichtslehrerin?
Oskar Viel zu streng! Unser Mathelehrer ist viel besser. Er ist lustig. Er sagt immer „O.K." „Macht eure Bücher auf, O.K.?" „Seite 92, O.K.?" „Gebt mir eure Hefte, O.K.?" (...) Also, los! Wir gehen jetzt in die Stadt, Alex, oder?
Lisa Nein, zuerst macht ihr eure Hausaufgaben!

1 **Comic** Hör zu und lies. Haben die Jungen in Geschichte, Mathe, Kunst und Erdkunde einen Lehrer oder eine Lehrerin?

Extra! Weitere Informationen, bitte!

2 **Fragen per E-Mail von Schülern in eurer Partnerschule in Hamburg**

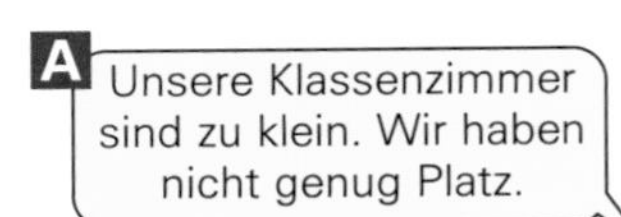

A Unsere Klassenzimmer sind zu klein. Wir haben nicht genug Platz.

B Das Hauptgebäude ist 50 Jahre alt, aber unser Hallenbad und unsere Turnhalle sind neu.

C Unsere Schule hat fast zweitausend Schüler.

1 Wie groß ist eure Schule?
2 Wie sind eure Klassenzimmer?
3 Habt ihr eure Lehrer gern?
4 Wie alt ist euer Schulgebäude?
5 Ist euer Stundenplan fair oder zu voll?

D Ach, viele Lehrer sind fair, aber manche Lehrer sind zu streng.

E Wir haben zu viele Fächer und zu viele Hausaufgaben.

a Welche Antworten passen auf welche Fragen?

b Schreib weitere Beispiele.

1 Lehrer: manche sind **fair**, manche sind **streng**, manche sind ... , manche sind ... .
2 Die Schule: **das Hauptgebäude** ist groß, **die Turnhalle** ist neu, ... ist ... , ... ist ... .

3 **a** **Zusammengesetzte Wörter** Wie heißen sie auf Englisch?

1 die Schule = *school*	die Schultasche = **?**	die Schulferien = **?**	die Fahrschule = **?**
2 das Gebäude = *building*	das Schulgebäude = **?**	das Hauptgebäude = **?**	
3 die Halle = *hall*	die Turnhalle = **?**	das Hallenbad = **?**	die Markthalle = **?**
4 die Stunde = *hour*	die Schulstunde = **?**	der Stundenplan = **?**	

b ***TRANSFER! >>*** Think of five words that go with 'school' in English, e.g. 'school friend'. Then work out what the words would be in German.

4 Eine Schülerin in Hamburg beschreibt ihre Schule. Was findet sie gut / nicht gut?

Grammatik: „unser" *(our)*, „euer" *(your)* >> D4

Mask.	*Fem.*	*Neut.*	*Plural*
unser	unsere	unser	unsere
euer	eure	euer	eure

Akkusativ:
Habt ihr **euren** Musiklehrer gern?
Ja, wir haben **unseren** Musiklehrer gern.

you	*your*
du	dein
ihr	euer
Sie	Ihr

Do you remember when to use the different words for *you/your*?

5

a Beschreib deine Schule.

Ich finde,
1 unsere Turnhalle ist ...
2 unser Schulgebäude ist ...
3 unsere Lehrer sind ...
4 unsere Schulkantine ist ...
5 unsere Schulbücher sind ...
6 unser Klassenzimmer ist ...

zu klein · zu laut · interessant · schwierig · freundlich · langweilig · zu streng · zu kalt · total super · zu teuer · enorm · schön

Extra! b Schreib Fragen zu diesen Themen.

Wie sind eure Sporteinrichtungen?

Schule · Schulcomputer · Stundenplan · Lehrer/Lehrerinnen · Direktor/Direktorin · Sporteinrichtungen

c Schreib die Antworten auf deine Fragen.

d ***TRANSFER!*** >> Du bist in dieser Familie.
Schreib sechs Sätze mit **unser**.

Unsere Katze heißt Mitzi.

RICHTIG ODER FALSCH?

Gymnasium

Das Wort „Gymnasium" kommt aus dem Griechischen und heißt: eine Halle, wo man nackt trainiert. Ein Gymnast war ein Athlet, der nackt trainiert hat. (Frauen durften nicht ins Gymnasium gehen, weil dort die Männer nackt waren.) In diesen Turnhallen hat man später auch gelernt, also hat dieses Wort später auch „Schule" geheißen.
Der Sport ist also älter als das Lernen!

gumnos (Griechisch) = nackt *(naked)*

6

Schreib eine E-Mail über deine Schule.
Beschreib:
- deine Schulferien (im Winter, im Frühling, im Sommer, im Herbst)
- deine Schuluniform.

Liebe Hamburger,

vielen Dank für eure E-Mail. Wie geht es euch?

Es ist unsere letzte Woche vor den Schulferien. Zu Weihnachten haben wir zwei Wochen, im Februar haben wir eine Woche und im Frühling (zu Ostern) haben wir zwei Wochen. Wann habt ihr Schulferien? Wie lang sind eure Ferien?

Gibt es in eurer Schule eine Schuluniform? Wir müssen eine rote Krawatte und einen blauen Pulli tragen. Das finden wir total doof!

Schreibt bitte bald.

Eure

Karen und Tom

Bonuspunkte!

eine Jacke → eine **blaue** Jacke
Learn the phrases which you need for *your* uniform!

B Stefan, der Fußballspieler

1 **Comic** Hör zu und lies. Welche Mannschaft hat gewonnen? Und wie viele Tore hat Stefan geschossen?

2 Lies Daniels Text.

1 Wie lang sind die Stunden in Deutschland und in England?
2 Wie kommen die Schüler in Deutschland und in England zur Schule?
3 Was schreibt er über Schuluniform in England?
4 Was schreibt er über die Mittagspause?

Here's a tip

The text below looks rather long, doesn't it? Don't panic! These steps will help you to find information in a long text:

Step 1 Skim through the text quickly to get an initial idea of what it is about. Look for words you already know and words that look like English.

Step 2 Now let your eye go over the text quickly until you find the part that you need: don't get bogged down trying to understand every word. Which paragraphs deal with which of the questions 1–4?

Step 3 Once you've found the right part of the text, read it closely for the answers you need.

Daniel Köhler: Die Schule in England und in Deutschland

A In Deutschland gehen fast alle Kinder ohne ihre Eltern zur Schule – zu Fuß, mit dem Rad oder mit dem Bus. Hier in England dürfen aber viele junge Kinder nicht allein zu Fuß oder mit dem Bus zur Schule kommen. Die Eltern bringen sie mit dem Auto! Sie sagen, die Straßen sind gefährlich. So ein Quatsch!

Daniel ist zwei Wochen lang Gastschüler in einer englischen Schule.

B In England sind die Stunden sehr lang, finde ich. Viele Stunden sind Doppelstunden. Bei uns dauern die Stunden 40 Minuten, und mehr als 40 Minuten finde ich zu lang! Man kann doch nicht 80 Minuten lang Deutsch lernen, oder?

C In Deutschland haben wir keine Mittagspause. Nach der Schule gehen wir direkt nach Hause. In England haben wir 40 Minuten Mittagspause. Unsere Pause beginnt um Viertel vor eins. Man kann Butterbrote mitbringen, aber ich esse in der Schulkantine. Das Essen in der Kantine schmeckt toll, finde ich! Dann haben wir Zeit zusammen: Wir reden ein bisschen, wir spielen ein bisschen, wir machen uns über die Lehrer lustig ... Es macht Spaß.

D In unserer Schule in England müssen die Schüler eine Schuluniform tragen – eine bonbonrote Jacke, eine giftgrüne Krawatte und eine weiße Bluse oder ein weißes Hemd. Viele Leute schimpfen über die Uniform, aber ich finde die Idee überhaupt nicht blöd. In Deutschland darf man tragen, was man will, aber es gibt oft Streit über die Klamotten (zum Beispiel: Markenklamotten oder nicht?). Mit Schuluniform gibt es diese Probleme nicht!

3 Lies den Text noch einmal. Sind diese Sätze richtig oder falsch – oder sind die Informationen nicht im Text?

1 Daniel findet die englischen Straßen sehr gefährlich.
2 In Deutschland gibt es zu viele Stunden pro Tag.
3 In England bringt Daniel keine Butterbrote mit zur Schule, weil er in der Kantine isst.
4 Die Farben der englischen Schuluniform sind rot, grün und weiß.
5 Die Schüler in Daniels Schule in England finden ihre Schuluniform ganz toll.

Extra! 6 Was ist in der Schule in England anders als in Deutschland? Gib vier Beispiele.

4 **Grammatik: „können, müssen, dürfen, wollen"** >> F6
Was sind hier die Probleme?

1	2	3	4
könn- → **kann** müss- → **muss** dürf- → **darf** woll- → **will**	ich kann~~e~~ er kann~~t~~	**Der Infinitiv am Ende:** Ich kann ... sprechen. Wir müssen ... tragen.	Wie heißen **kann** und **darf** auf Englisch?

5 **a** Wie ist es in eurer Schule? Schreib sechs Sätze.

Man darf keine Ohrringe tragen.

Muss man Darf man	eine Uniform, Make-up, einen Nasenring, Ohrringe, eine Krawatte, Kontaktlinsen, Turnschuhe, blaue Socken	tragen?

Extra! **b** Ändere diese Sätze.

1 Ich muss sehr früh zur Schule gehen.

1 Ich gehe sehr früh zur Schule. (müssen) → Ich ...
2 Simone raucht nicht. (dürfen) → Sie ...
3 Wir haben längere Ferien. (wollen) → Wir ...
4 Schwimmst du? (können)
5 Habt ihr Feste in der Schule? (dürfen)
6 Paul und Eva essen Äpfel. (müssen)

6 Beantworte diese Fragen über deine Schule mit Ja oder Nein.

1 Nein.

Extra! Antworte mit ganzen Sätzen.

1 Es kommt darauf an. *it depends*
Die Schüler in Klassen 7, 8 und 9 , müssen ... die älteren Schüler dürfen ...

1 Dürft ihr in der Mittagspause in die Stadt gehen?
2 Dürft ihr nach Hause gehen, wenn ein Lehrer / eine Lehrerin krank ist?
3 Müsst ihr jeden Tag Hausaufgaben machen?
4 Müsst ihr in allen Schulstunden still sein?
5 Wollt ihr wie in Deutschland um 8 Uhr beginnen und um 13 Uhr nach Hause fahren?
6 Könnt ihr in eurer Schule mit den Lehrern über Probleme reden?

7 In dieser Schule ist alles anders. Schreib sechs Regeln.

In unserer Schule muss man drei Nasenringe haben. Die Lehrer dürfen kein Kostüm tragen. Sie müssen Jeans und T-Shirt tragen.

Extra! Schreib zwölf Regeln.

SPEZIAL!

Projekt

Assignment: Your task is to write 80–100 words comparing your school with school life in Germany.

Step 1: Getting the information

- Use your textbook: look for example at page 30 in Lektion 3, and at pages 41 and 44 in this unit.
- Listening texts can help too: for example, the one in exercise 4 on page 42.
- Ask a partner class (via e-mail?), a penfriend or any German person you know.
- Look in the library: your school library, or your nearest public library. (Tip: books with this sort of information are often in the children's section.)
- Having to write in German doesn't mean that the information you use has to be in German!

Step 2: Choosing your focus

You can't write about everything, so decide which parts of the topic you'll focus on. For example:

die Schuluniform	der Schultag	die Schulfächer	das Schulgebäude
die Noten	die Schulregeln	die Schultypen	die Prüfungen

Step 3: Including reference to the past or future

You get marks for using the past or future tenses, so choose topics which will allow you to show that you can use them. For example:

Schuluniform

Meiner Meinung nach ist die Schuluniform blöd. Mädchen müssen einen Rock tragen. Gestern habe ich einen Rock getragen. Es war furchtbar kalt.

Nächsten Monat werden wir einen „Ohne-Uniform-Tag" haben. Dann werden wir normale Klamotten tragen. Dafür werden wir aber Geld bezahlen.

Step 4: Using German texts

On the one hand, you'll want to use language which you've learnt and base your work on texts which you've read. On the other hand, you'll be penalised for copying chunks of text. Getting this balance right is the secret of a good written assignment.

The trick is to alter, manipulate and recombine structures from the texts you read, in order to convince the examiner that you are in control. Here are some examples:

a *Using your own words*
If you're writing about lunch breaks you might use this text on page 44:

In Deutschland haben wir keine Mittagspause.

You don't need to change the information, but you can express it differently:

In Deutschland haben die Schüler keine Mittagspause.
In deutschen Schulen gibt es keine Mittagspause.

b *Giving your own examples*
In the same text on page 44 you'll find this:

Dann haben wir Zeit zusammen: Wir reden ein bisschen, wir spielen ein bisschen, wir machen uns über die Lehrer lustig

You can use the same structure but give different examples.

c *Transferring useful phrases from other topics*
In Lektion 3 on page 34 you'll find:

Mir gefallen die kleinen Läden.

You could use this structure in the new context:

Mir gefallen die Sportstunden.

Step 5: Writing your first draft

This is your opportunity to show off the best German you can write. Make full use of the writing tips listed on the right.

It's usually best to have different paragraphs for each new topic.

Remember to include:
- past or future tenses
- opinions (see Lektion 2, page 22).

The fuller your answers, the better your marks:
- simple answers/sentences ➔ basic marks
- more information ➔ more marks
- lots of information; complex sentences ➔ top marks

For example:

Wir haben eine Uniform.

Wir tragen eine Uniform. Der Pulli ist dunkelrot und die Hose ist schwarz.

Wir tragen eine Uniform. Ich hasse sie. Wir müssen zum Beispiel einen dunkelroten Pulli tragen – und ich hasse Rot!

Step 6: Checking your first draft

It's easy to spot mistakes in other people's work – not so easy to spot mistakes in your own! That's why it's a good idea to check your work for specific things. For example:
- check all verb endings
- check all accusative and dative endings
- check the position of the verb in each sentence
- check that you've included your own opinions, and examples of the past or future tense.

Step 7: Now write the final version!

TRANSFER! >> Go through this process with all your written assignments, whether about school or any other topic.

Tips for writing German

Want to improve your written work? Here are some tips to help you.

- The fuller your answers and the more varied your language, the more marks you'll get.
- Show command of present, past and future tenses. You'll lose marks if you don't. Get into the habit of deliberately working them into any longish piece of writing.
- In the same way, get used to always including your own opinions.

- Learn set phrases which apply to *you* (e.g. your own school uniform) and show off grammatical points.
- An exam isn't the place for trying to say something you don't know. Play safe: stick to what you do know.
- Write a first draft, then check it. Check your partner's work, and get your partner to check yours: it's easier to see mistakes in someone else's work! Then write a second draft and re-read it for spelling mistakes.
- When you check your own work, you're more likely to spot any mistakes you've made if you look for specific things, e.g. verb endings, word order.

- Answer *all* the parts of a question – you'll lose marks for missing things out.
- If it's a letter, decide at the outset whether you're using **du**, **ihr** or **Sie**. Note the following lists in the margin or on rough paper before you start, then refer to the lists while writing:

du	ihr	Sie
für dich	**für euch**	**für Sie**
mit dir	**mit euch**	**mit Ihnen**
dein	**euer**	**Ihr**
(verb: **-st**)	(verb: **-t**)	(verb: **-en**)

- Learn the first and last lines of letters off by heart. Vary them as you need to for each different assignment.

- Earn marks by using linking words to make longer sentences. Remember:
  und, aber, oder don't affect word order
  dann, danach, kurz darauf etc. cause inversion ('verb second' rule!)
  weil, obwohl, dass send the verb to the end of the clause.

C Der Ausflug

1 an den Strand / nach München / in die Berge
2 mit dem Bus / mit dem Zug
3 ein Schloss / ein Stadion / eine Burg
4 interessant / fantastisch
5 ein Geschenk / ein Hemd

1 **Comic** Hör zu. Welche sind die richtigen Wörter 1–5?

Extra! Weitere Informationen, bitte!

2 Welche Wörter/Ausdrücke auf dem Autobahnschild passen in die Sätze im Reisebus?

1 zur Küste, nach Salzburg

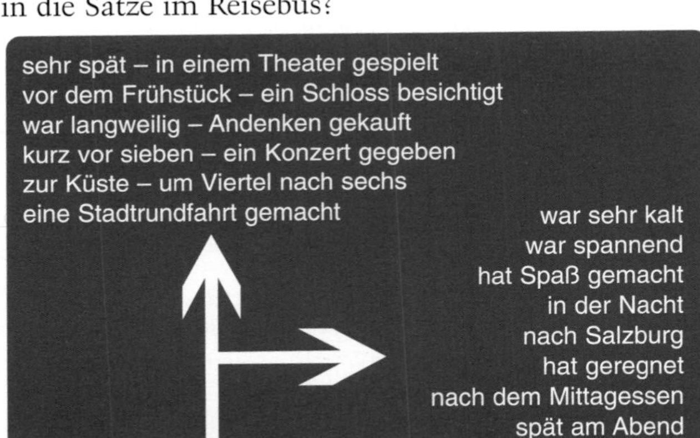

Extra! ***TRANSFER!*** **>>** Gib mehr Beispiele für die Lücken 1–5.

3 Zwei Teenager (A und B) berichten über ihre Ausflüge. Hör zu und schreib Notizen auf die Fragen 1–5.

A: 1 Alpen

1 Wohin seid ihr gefahren?
2 Wann seid ihr abgefahren?
3 Was habt ihr dort gemacht?
4 War es schön?
5 Wann seid ihr zurückgekommen?

Here's a tip

Describing a trip often follows a similar pattern – so it's worth learning the key phrases! Try this:
Note the key details about a trip. Then get a partner to ask you questions 1–5. With practice, you'll be able to answer without looking at your notes.

4 Beschreib einen Schulausflug. War es spannend? Oder war es ein Fiasko?

5 Lies den Artikel. Schreib die Sätze unten in dein Heft und ergänze sie.

Ein ganz besonderer Tag!

Letztes Wochenende habe ich zum ersten Mal in einem Theaterspiel gespielt. Mensch, habe ich Angst gehabt!

Drei Monate lang haben wir geprobt. Ich musste natürlich meine Rolle auswendig lernen: Das war ganz schön schwer! Zum Glück hat mein Vater mir geholfen.

Im Stück musste ich ein Lied singen. Das musste ich oft üben. Zweimal konnte ich nicht zur Probe kommen, weil ich krank war.

Wir mussten alle unsere Kostüme nähen. Das war nicht einfach! Ich hatte ein tolles schwarzes Kostüm. Das Programm haben wir am Computer geschrieben und in den letzten Wochen vor der Aufführung mussten wir so viele Karten wie möglich verkaufen.

In der Nacht vor der Aufführung konnte ich nicht schlafen! Wir durften im Stadttheater spielen und wir mussten schon um vier Uhr dort sein – natürlich bin ich viel zu früh dort angekommen! Ich war so aufgeregt, aber alles ist Gott sei Dank gut gegangen. Wir haben viel Applaus bekommen. Es hat Spaß gemacht und nach der Aufführung wollten wir alle das Stück noch einmal spielen. Meine Mutter ist ins Theater gekommen. Mein Vater wollte auch kommen, aber er konnte nicht. Das Stück hat er also nicht gesehen. Schade!

Elisabeth Beck

1 Die Schüler mussten ... lang proben.
2 Elisabeth hat ihre Rolle auswendig ...
3 Die Schüler mussten das ... am Computer schreiben.
4 Elisabeth ist zu ... ins Theater gekommen.
5 Vor der Aufführung war sie ...
6 Ihre Mutter konnte ... kommen.
7 Ihr Vater hat ... nicht gesehen.

Grammatik: „musste, wollte, konnte, durfte" >> F6

Ich **konnte** / Er **konnte** / Wir **konnten** nicht oft proben.	... ***could*** *not rehearse often.*
Ich **musste** / Er **musste** / Wir **mussten** ein Lied singen.	... ***had to*** *sing a song.*
Ich **durfte** / Er **durfte** / Wir **durften** im Theater spielen.	... ***were allowed to*** *act in the theatre.*
Ich **wollte** / Er **wollte** / Wir **wollten** das Stück spielen.	... ***wanted to*** *put on the play.*

6 Erfinde Sätze. Was musstest du / musstet ihr machen?

Rudi: Ich musste meine Rolle auswendig lernen.

Rudi: Theaterstück	**Anna: Sportfest**	**Arni: Konzert**
lernen, nähen, verkaufen	üben, laufen, springen	proben, spielen

7 **Ein besonderer Tag** Hör zu und schreib den richtigen Buchstaben für Miriam, Kerstin und David.

A hatte ein Examen.
B ist gut gelaufen.
C musste eine Rolle auswendig lernen.
D hat nicht genug geprobt.

8 Beschreib einen besonderen Tag für dich:

ein Sportfest? **ein Wettrennen?** **ein Konzert?** **ein Theaterstück?** ... ?

Here's a tip
To get extra marks:
Ich hatte ein Kostüm.
➜ Ich hatte ein doofes rotes Kostüm.

1 Beschreib deine Schule. Schreib die richtigen Sätze für dich.

1 Am Montag habe ich Englisch, Erdkunde, Mathe und Sport.
2 Ich mag Erdkunde überhaupt nicht.
3 Ich finde, Chemie und Physik sind schwierig.
4 Die erste Pause beginnt um Viertel vor elf.
5 Unsere Schule hat fast tausendzweihundert Schüler.

Here's a tip
If you're not sure of a word or a spelling, look back through the unit. Checking isn't cheating!

2

a Lies die Meinungen über die Schule.

Ich habe meine Schule gern. Meine Schule gefällt mir nicht. Ich mag meine Schule.
Ich hasse meine Schule. Meine Schule ist furchtbar. Meine Schule ist schrecklich.
Ich finde, meine Schule ist toll. Meine Schule gefällt mir. Ich mag meine Schule sehr.
Ich mag meine Schule überhaupt nicht. Ich kann die Schule nicht leiden.

b Schreib die Meinungen in zwei Listen:

☺ = ich finde die Schule gut.	☹ = ich finde die Schule nicht gut.
	Meine Schule ist furchtbar.

c ***TRANSFER! >>*** Schreib **deine** Meinung zu diesen Themen.

Deutsch gefällt mir.

mein Klassenzimmer
Deutsch
das Schulgebäude

Schwimmen
Popmusik
klassische Musik

Käse
Fisch
Fleisch

3

Quiz Diese Sätze sind chiffriert. Wie heißen sie richtig? chiffriert = *in code*

1

K R E
Kirche
= ich

T H
Tasse + H
= hasse

N D N TSCH

2

T S

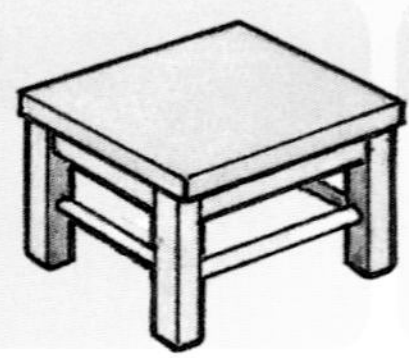

THE G

4 + 4 = 8

W M + E

OKO U AD

4 Magst du diese Witze? Welcher ist der beste?

– "Mutti, wir haben heute drei Stunden Englisch gehabt! Das ist zu viel!"
– "Aber Peter, die Schüler in England haben den ganzen Tag Englisch!"

Lehrer
Sonja, wie kannst du an einem Tag so viel Falsches schreiben?

Sonja
Ich steh früh auf!

Geschichtslehrer
Wer hat vor 1700 die meisten Reisen um die Welt gemacht?

Schüler
Der Mond!

1 Hör zu und lies das Interview mit Jürgen über seine Schule in Berlin. Was mag Jürgen an seiner Schule? Was mag er nicht? Was für Probleme gibt es da?

- ▶ Was ist dein Lieblingsfach, Jürgen?
- ▶ Ich glaube Kunst, weil ich gern zeichne, und in Kunst darf man reden – man muss nicht immer still sitzen. Aber ich mag auch Mathe sehr gern, obwohl die Mathelehrerin nicht so gut ist.
- ▶ Warum ist sie nicht gut?
- ▶ Sie ist manchmal überhaupt nicht streng, da darf man machen, was man will, und dann plötzlich ist sie schlecht gelaunt und gibt uns viel zu viele Hausaufgaben. Und oft kommt sie spät zur Stunde: Das finde ich schlecht.
- ▶ Treibt ihr in der Schule viel Sport?
- ▶ Also, sportlich bin ich nicht, obwohl ich gern schwimme. Sport haben wir einmal die Woche. Im Sommer sind wir draußen; im Winter sind wir in der Turnhalle, weil es draußen zu kalt ist. Aber Sport gefällt mir nicht besonders.
- ▶ Gibt es Probleme in der Schule – mit Drogen zum Beispiel?
- ▶ Ach, ich weiß nicht. Ich glaube, manche Schüler nehmen vielleicht Drogen, obwohl ich niemand kenne. Ein größeres Problem ist vielleicht, dass einige Schüler gewalttätig sind. Für manche Schüler ist es nicht einfach.

Grammatik: „weil", „obwohl" >> Seite 120

Ich mag Kunst**, weil** ich den Kunstlehrer **mag**.	*I like art because I like the art teacher.*
Ich mag Mathe**, obwohl** die Lehrerin streng **ist**.	*I like maths although the teacher is strict.*

- There's a comma before the clause with **weil** and **obwohl**.
- In the clause with **weil** and **obwohl**, the verb goes to the end.

2 Sind diese Sätze logisch oder unlogisch?

1 Ich mag meine Chemielehrerin, obwohl sie nett und lustig ist.
2 Ich mag Deutsch, obwohl Erdkunde mein Lieblingsfach ist.
3 Ich mag Sarah und Anne, obwohl sie meine Freundinnen sind.
4 Ich konnte nichts lernen, weil mein Buch zu Hause war.
5 Es ist kalt, weil die Sonne scheint.

Extra! Erfinde logische oder unlogische Sätze für deinen Partner oder deine Partnerin.

3 **a** Verbinde die zwei Sätze mit **weil** oder **obwohl**.

1 In der Pause habe ich mit Paul geredet, weil ich ihn mag.

1 In der Pause habe ich mit Paul geredet. Ich mag ihn.
2 Informatik finde ich interessant. Ich mag Computer.
3 Sport gefällt mir. Ich bin nicht sehr sportlich.
4 Vor einem Konzert habe ich immer Angst. Ich übe nicht genug.
5 Ich habe das Rennen gewonnen. Ich bin nicht sehr schnell gerannt.

b ***TRANSFER!*** >> Erfinde den zweiten Teil dieser Sätze.

1 Ich gehe oft in die Stadt, obwohl ...
2 Ich mag meine Familie, obwohl ...
3 Mein Haus gefällt mir, weil ...
4 ... gefällt mir, weil ...

4 Schreib einen kurzen Artikel über deine Schule.
- die Fächer? • die Lehrer? • Probleme?

Here's a tip
You'll get more marks if you include your opinions!

1

a Welcher Titel passt am besten zu welchem Text?

1 Aufstehen **2** Gewalt in der Schule **3** Schlechte Lehrer und Lehrerinnen
4 Prüfungsangst **5** Rauchen in der Schule **6** Die Sportstunde

A

In der Nacht kann ich nicht schlafen. Oft kriege ich Kopfschmerzen. Zum Frühstück kann ich nichts essen. Im Klassenzimmer sitze ich mit leerem Kopf und eiskalten Händen vor dem Blatt. Ich habe viel gearbeitet und viel gelernt, aber in den ersten fünf oder zehn Minuten kann ich das Blatt nicht lesen, und ich kann überhaupt nichts schreiben.

B

Es beginnt mit Worten. Drei oder vier Große machen einen Kleinen „runter", machen sich über ihn lustig, suchen eine Provokation. Der Grund? Der Kleine ist zu frech oder zu dick oder zu fleißig, oder er hat die falsche Hautfarbe, Haarfarbe oder Augenfarbe. Einen Grund findet man immer. Dann folgen die Schläge, mit Fuß und Faust.

der Grund = *reason*

C

Mein erster Tipp: Stell den Wecker nicht neben das Bett, sondern in die andere Ecke deines Zimmers. Wenn du ihn hörst, musst du aus dem Bett steigen und durch das ganze Zimmer gehen, um den Wecker zur Ruhe zu bringen – dann kannst du nicht weiterschlafen! Mein zweiter Tipp: Geh direkt unter die Dusche! Dusche und Gymnastik helfen immer.

D

Ich weiß nicht, warum die anderen so enthusiastisch sind! Den Unterricht finde ich so langweilig: immer rennen oder springen, drinnen oder draußen. Und nach dem Unterricht sich schnell duschen, sich anziehen und mit nassen Haaren in die nächste Stunde gehen. Und die Lehrer sagen, das sei gesund!

b Such die Gegenteile im Text. Du darfst ins Wörterbuch schauen! das Gegenteil = *the opposite*

1 heiß **2** trocken **3** nie **4** faul **5** ungesund
6 alles **7** dünn **8** langsam **9** voll **10** spannend

c Wie heißen diese Nomina auf Englisch? Nomina = *nouns*

1 wecken = *to wake:* **der Wecker = ?** (Text C)
2 schlagen = *to hit:* **der Schlag(¨e) = ?** (Text B)
3 unterrichten = *to teach:* **der Unterricht = ?** (Text D)
4 gewalttätig = *violent:* **die Gewalt = ?**

2

Melanie, aus Hartlepool, ist in Deutschland auf einem **Schüleraustausch**, das heißt: Schüler aus ihrer englischen Schule gehen ein paar Tage lang in eine deutsche Schule und die Kinder wohnen bei deutschen Familien.
Am zweiten Tag redet Melanie mit Rolf, einem Jungen in der Klasse. Sie reden über das deutsche Schulsystem. Hör zu. Kannst du die Fragen auf Deutsch beantworten?

1 Wie heißen auf Deutsch die Schultypen für Schüler im Alter von 10 bis 16?
2 Deutsche Noten: Was heißt eine Eins? Und eine Sechs?
3 Was machen deutsche Schüler an einem Wandertag?

3

In einer deutschen Zeitschrift findet Melanie dieses Rätsel. Das Wort in der Mitte passt zu den Wörtern links und rechts. Findest du die Lösungen?

das Rätsel = *puzzle*, die Lösung = *solution*

1 Straßen**bahn**; **Bahn**hof

1	STRASSEN	BAHN	HOF
2	TURN	*(pl)*	BAD
3	DEUTSCH	*(pl)*	PLAN
4	NACH		PAUSE
5	SPORT		ZIMMER
6	FERIEN		AUFGABEN
7	MOTOR		FAHRER
8	WÖRTER	*(pl)*	REGAL
9	BRAT		BROT

Lisa hat Probleme

Vor dem Start

✔ The topics in Lektion 5 are: describing your house, saying what you do to help at home, and being a guest in someone else's house.

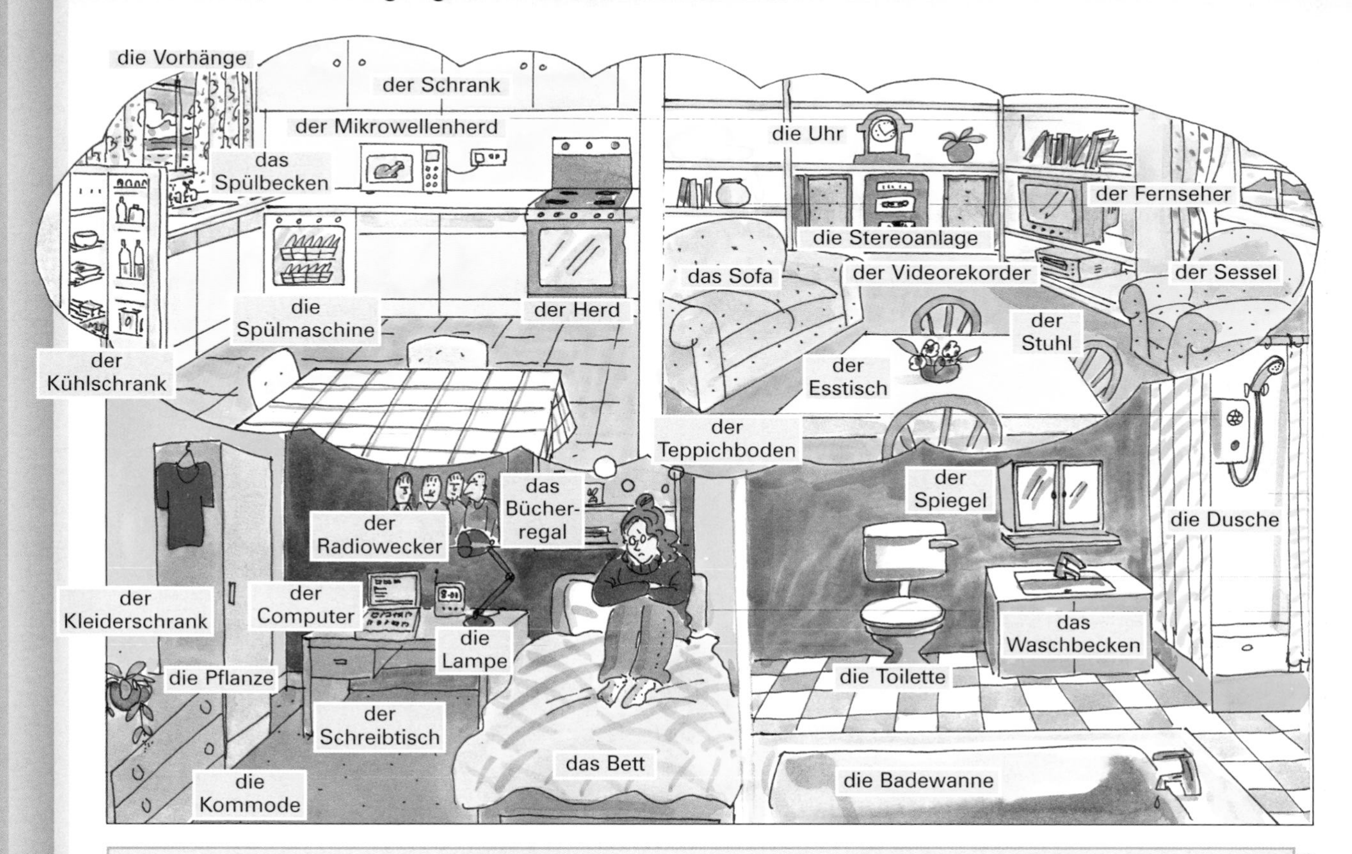

Here's a tip

What a lot of words!

1. Don't panic – you probably know most of them already. Only write out the ones you don't know.
2. To learn the new ones, cut out small cards. Write the German on one side and the English on the other. Test yourself on them in any odd moment. When you know the word on a card – chuck it out!
3. Any other words you want to learn? Look them up and make cards for them too.

1

a **Ü** Wie spricht man diese Sätze aus?

Frau M**ü**ller hat einen K**ü**hlschrank und eine Sp**ü**lmaschine.
In der K**ü**che haben wir zwei St**ü**hle.

Hör zu. War es richtig?

b ***TRANSFER!>>*** Write sentences with these words, then say them.

München   für   nützlich   im Süden

A Mein Zimmer

Lisa schreibt an ihre Deutschlehrerin und an ihre Freundin in Schottland.

Liebe Frau Smith,

wie geht es Ihnen? Jetzt bin ich seit zwei Wochen in Berlin. Es geht mir sehr gut! Ich bin Aupairmädchen bei einer sehr netten Familie.

Wir wohnen im vierten Stock. Die Wohnung ist sehr schön. Es gibt ein paar Läden und einen Park in der Nähe. Mit dem Bus kommt man ganz einfach in die Stadtmitte.

Ich habe ein kleines Zimmer. Ich habe einen Kleiderschrank und einen kleinen Schreibtisch. Ich habe meine Poster an der Wand. Es ist kalt in Berlin, aber ich habe Zentralheizung!

Jetzt muss ich im Badezimmer putzen.

Mit freundlichen Grüßen
Lisa Baker

Liebe Rachel,

hier kriegst du einen Brief auf Deutsch (ha, ha!). Dein neuer Freund klingt interessant – viel Glück!

Hier gehe ich nicht oft aus. Frau Müller ist O.K., aber sie gibt mir tonnenweise Arbeit. Ich finde das nicht ganz fair. Oskar ist frech – typisches Einzelkind!

Du hast nach meinem Zimmer gefragt. Ich habe ein kleines Zimmer. (Das Zimmer von Frau Müller ist enorm groß!) Ich habe keinen Fernseher und keine Stereoanlage – nur einen Radiowecker. Die Wände sind scheußlich blau und gelb und der Teppichboden ist eklig! In einer Ecke ist eine mysteriöse Pflanze. Und die Zentralheizung funktioniert nicht richtig!

Aber ich habe ein Mädchen aus Polen kennen gelernt. Sie heißt Magda und sie ist nett. Mit ihr komme ich sehr gut aus.

Das Problem mit Stefan ist jetzt endlich vorbei. Ich glaube, er hat jetzt verstanden, dass ich ihn mag, aber dass ich ihn nicht liebe. Eigentlich ist er recht nett.

Viele liebe Grüße, auch an deine Eltern.

Deine
Lisa

1 Hör zu und lies den Brief an Frau Smith.

1 Seit wann ist Lisa in Berlin?
2 Was sagt sie über die Familie Müller?
3 Was hat sie in ihrem Zimmer?
4 Was gibt es in der Nähe?

Extra! Hör zu und lies die zwei Briefe.

5 Mit wem ist Lisa ehrlich?
6 Sammle Wörter für:
- Beschreibungen, z.B. **eklig**
- Sachen in einem Zimmer, z.B. **eine Pflanze**

2 **P**

Spiel! Wer wohnt wo?
A studiert die Namen, macht dann das Buch zu.
B fragt: „Wo wohnt die Familie (Flüh)?"

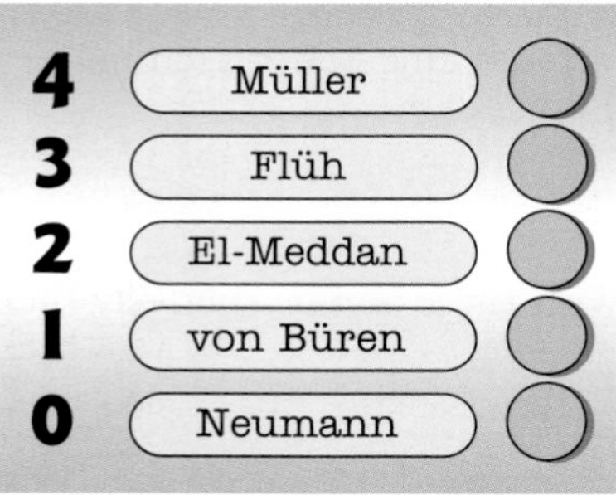

im vierten Stock	4	Müller
im dritten Stock	3	Flüh
im zweiten Stock	2	El-Meddan
im ersten Stock	1	von Büren
im Erdgeschoss	0	Neumann

auf dem Lande
Wüllner
fünf Minuten von der Stadtmitte entfernt
Rüffer
in der Stadtmitte
Schaffner
in einem Vorort

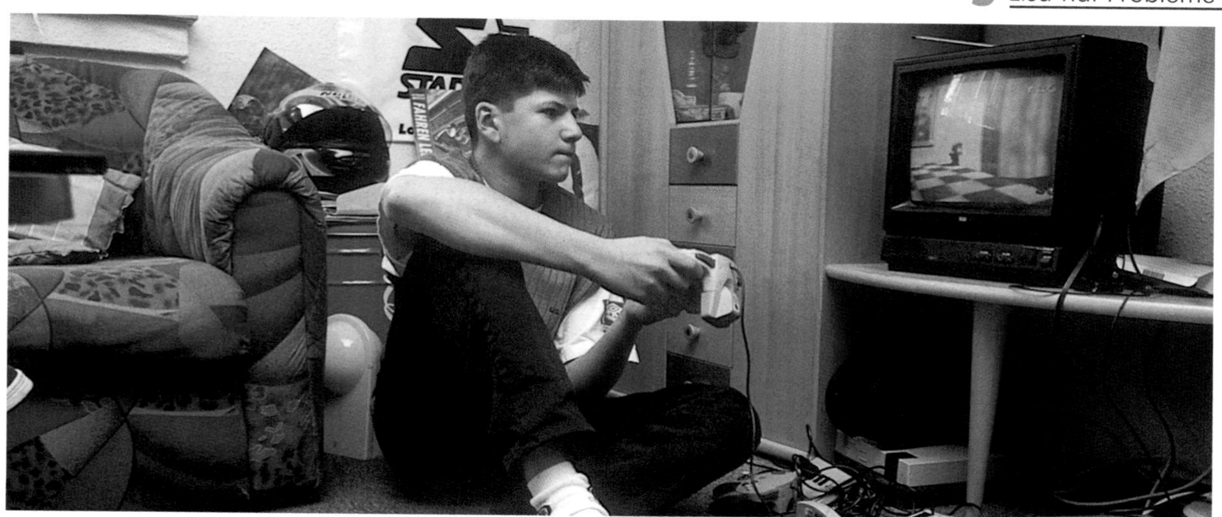

3 Uwes Zimmer Richtig oder falsch?

1 Uwes Schrank ist aus Holz. Er steht neben dem Fernseher.
2 Er hat einen Fernseher: Er steht auf einem kleinen Tisch.
3 Uwes Zimmer ist immer sehr ordentlich.
4 Das Sofa steht in der Ecke: Es ist schwarz und weiß.
5 Uwe sitzt gern auf dem Teppichboden, wenn er fernsieht.

Extra! Schreib fünf weitere Sätze über das Foto.

Er hat keine Kommode.

4

a Schreib vier Sätze über dein Zimmer.

Here's a tip
Show off your German! It's worth taking a moment to write four good sentences about your room. Ask your partner and your teacher to check them, and then ... learn them!

Ich habe ein kleines Zimmer.

- You can use them again and again.
- You can improve them from time to time.

Extra! b Schreib die Beschreibung richtig aus.

Ich habe ein ziemlich groß___ Zimmer. Ich habe ein groß___ Bett und ein___ modern___ Kleiderschrank. Neben de___ Fenster ist mein___ Kommode. Auf de___ Kommode gibt es ein___ Pflanze. In de___ Ecke sind mein___ Computer und mein___ Stereoanlage. Ich teile mein___ Zimmer mit mein___ Schwester.

5 Spiel: Beschreibungen

a Wie spielt man? Hör zu.

b Hör zu und zeichne einen Plan vom Zimmer.

c Spielt viermal zusammen.

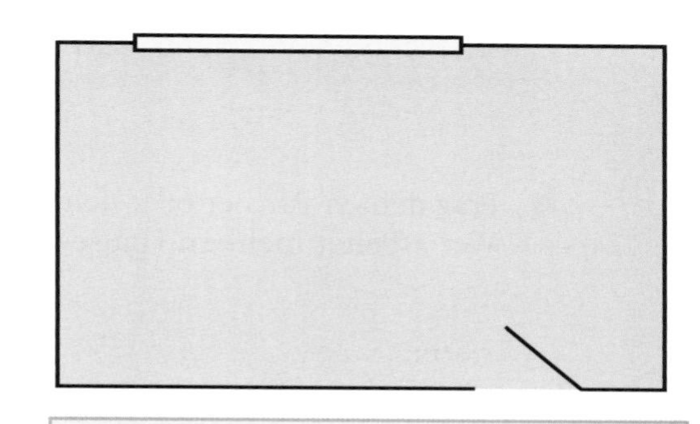

6

Schreib einen Brief über dein Haus an einen guten Freund.

- Wie ist das Haus / die Wohnung? (klein? Garten? *usw.*)
- Welche Zimmer gibt es?
- Beschreib dein Zimmer.

Extra! • Wo liegt das Haus / die Wohnung?

Here's a tip
Look back at page 47 in Lektion 4 for tips on writing assignments.

B Zu viel Arbeit!

1 **Comic** Hör zu. Was macht Lisa auch noch? Wie oft? Sie weckt Oskar jeden Morgen.

2 **a** Beantworte die Fragen. Deckst du den Tisch? – Ja, ab und zu.

Umfrage: Wie oft hilfst du zu Hause?

Deckst du den Tisch?
Wäschst du manchmal ab?
Räumst du den Tisch ab?
Trocknest du ab?
Machst du dein Bett?
Gehst du manchmal einkaufen?
Räumst du dein Zimmer auf?

Extra!
Hilfst du im Garten?
Hilfst du beim Staubsaugen?
Fütterst du die Haustiere?
Musst du das Badezimmer putzen?

Ja, zweimal pro Woche.
Ja, jeden Tag.
Ja, alle zwei Tage.
Nein, nie.
Ja, ab und zu.
Nur wenn ich Lust habe.
Es kommt darauf an.

P **b** Frag deinen Partner oder deine Partnerin. Wer arbeitet mehr zu Hause?

3

Frau Hertz arbeitet in diesem Hotel.
a Hör zu. Was macht sie da?

Extra! **b** What do these numbers refer to?

15 2 30 4 10 3

4 Grammatik: trennbare Verben *(separable verbs)* >> F5

Ich mag / muss / sollte ...	Jeden Tag ...	Gestern ...
fernsehen abwaschen einladen	sehe ich fern wäscht er **?** lädt sie **?**	habe ich ferngesehen hat er **?** habe ich Freunde eingeladen

5

a Welche Verben schreibt man im Präsens mit **zwei** Wörtern?

auskommen – ich komme ... aus

lesen **auskommen** **fernsehen** **decken** **abwaschen** **schwimmen** **aufstehen** **aufräumen** **arbeiten** **ankommen** **spielen**

b Schreib Sätze mit den Wörtern in 5a.

Ich komme mit meinen Eltern gut aus.

Extra! c Was hast du gestern gemacht?

Ich habe Freunde eingeladen.

Freunde einladen
- → *um 2.00 Uhr ankommen*
- → *in meinem Zimmer fernsehen*
- → *nicht abwaschen*
- → *um 5.00 Uhr weggehen*
- → *dann mein Zimmer aufräumen*

6

a **Die Hausarbeit** Lies A–D.

1. Wer findet, Kinder sollten nicht zu Hause arbeiten? sollten = *should*
2. Wer kriegt Geld für die Hausarbeit?
3. Wer spricht über seine/ihre Familie?

Extra! Lies A–G. Wer findet, ...

4. Männer sollten keine Hausarbeit machen?
5. Kinder sollten Geld für die Hausarbeit kriegen?
6. die Schwester sollte zu Hause auch helfen?

b Wie heißt es auf Deutsch?

1 that's not fair **2** but **3** I get money for it **Extra!** **4** just as much ... as **5** why should I ...?

7

a Geld für die Hausarbeit? Schreib deinen Preis pro Woche für:

abwaschen **dein Bett machen** **abtrocknen** **dein Zimmer aufräumen**

b Was machen die anderen Leute in deiner Familie? (z.B. Was macht deine Schwester? ...)

C Gast bei einer Familie

1 **a** **Comic** Bild 4: Lisa hat zu viel Arbeit. Hör zu und notiere weitere Details.

b Wie sagt man das auf Deutsch?

1 do you need ...? **2** talk to her **3** I'd like to talk to you
4 you're right **5** I'm sorry **6** cheers!

2 **Gast bei einer Familie** Was passt zusammen?

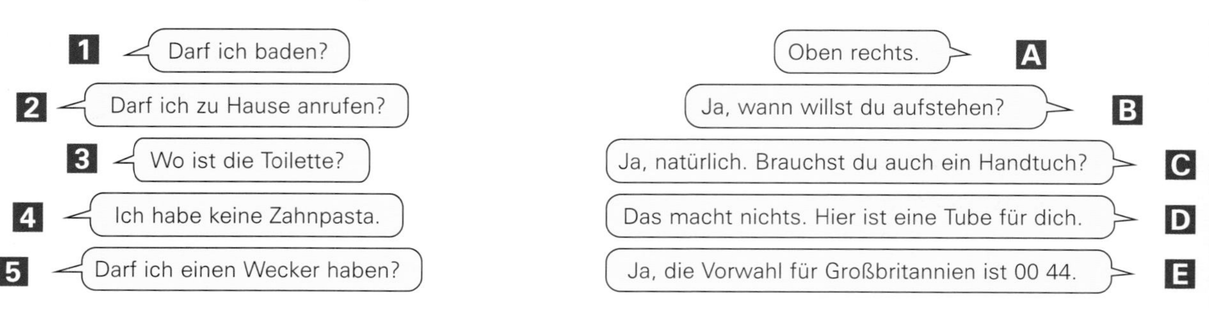

3 G Schreibt und spielt eine kleine Szene: „Der Gast in einer deutschen Familie".

4 ***TRANSFER!* >>** Neue Kontexte.

„Brauchst du ein Handtuch?" „Nein, aber kann ich bitte ein Stück Seife haben?"

1 Schule: Stift/Lineal **3** Stadt: Stadtplan/Broschüre
2 Essen: Salz/Pfeffer **4** Camping: Zelt/Regenjacke

Extra! Erfinde noch ein Beispiel.

5 **Probleme mit dem Gast!** Alex ist seit vier Tagen bei uns. Es ist überhaupt nicht einfach.

a Schreib die Sätze richtig auf.

1 (einladen) Er ____ zu viele Freunde ____.
2 (anrufen) Er ____ sehr oft seine Eltern ____.
3 (zurückkommen) Er ____ abends immer sehr spät ____.
4 (fernsehen) Er ____ jeden Abend ____.
5 (ausmachen) Er ____ das Licht nie ____.
6 (aussehen) Er ____ unordentlich ____.
7 (aufhängen) Er ____ seinen Mantel nie ____.
8 (wegräumen) Er ____ seine Sachen nie ____.

1 Er lädt zu viele Freunde ein.

sehen – er **sieh**t

Extra! **b** Kannst du helfen? Gib deinen Tipp für drei Probleme.

4 Alex sollte nur alle zwei Tage fernsehen.

c Was hat Alex gestern falsch gemacht? Gib drei Beispiele!

7 Er hat seinen Mantel nicht aufgehängt.

Starker Preis – starke Leistung.

Vobis. Näher dran.

VOBIS

HIGHSCREEN® MS 1795P

HIGHSCREEN® XI Allround 450K

Das Intel® Inside® Logo und Pentium® sind eingetragene Warenzeichen. MMX™ und Celeron™ sind Warenzeichen der Intel® Corporation.

Einzelpreis Monitor
280,70€

Einzelpreis Highscreen XI Allround 450K
919,81€

Einzelpreis Drucker
117,09€

Highscreen MS 1795P
17" Multiscan, 0,26 mm Lochabstand, 30-85 KHz, On-Screen-Display, 1280 x 1024 (75Hz), strahlungsarm, 3 Jahre Garantie.
Highscreen XI Allround 450K
MidiTower ATX mit Intel Pentium III Prozessor 450 MHz, 64 MB SDRAM, 8 GB Festplatte, 32fach CD-ROM Laufwerk, Grafik ATI 8 MB AGP, PCI 3D Sound, Tastatur, Inklusive IBM PC DOS 7.
Canon BJC 4400
Schwarz- und Farbpatrone parallel inst., max. 6,5 Seiten/Minute s/w, 2,6 Seiten/Minute color, 720 x 360 dpi s/w und color, durch optionalen Scankopf zum A4 Einzugscanner umrüstbar.

Inklusive Harvard Graphics 5.0 PagePlus und Druckerkabel!

Gesamtpreis
1317,60€

LÜNEBURG
St. Lambertiplatz 2b
Tel. 04131-40 70 20
Fax 04131-40 70 21

6

a Ist dieses System alt oder modern? Teuer oder günstig?

b Wie heißt es auf Deutsch?

keyboard colour cartridge
pages per minute printer total price

RICHTIG ODER FALSCH?

Der Abakus

Der Urgroßvater des Computers ist der Abakus. Das erste Bild von einem Abakus findet man in einem chinesischen Buch aus dem Jahre 190. Der größte Abakus der Welt steht in einer Apotheke in China. Er ist 30 Zentimeter hoch, über drei Meter lang und hat 117 Stäbe. 1946 hat der Japaner Kiyoshu Mitzokai gegen einen elektronischen Rechner gerechnet – der Abakus war schneller!

7

a **Radiowerbung für Drucker und Handy**
Hör zu und notiere die Details (Preis + Leistung).

b Macht eine Radiowerbung für ein neues Produkt: Computer, Handy, Klapp-Computer, ...

SPEZIAL!

The accusative case

What do you need to know about the accusative case?

- When to use it
- What the endings are

When to use the accusative case

- with **es gibt** *(there is, there are)*
- with **für** *(for)*, **entlang** *(along)*, **um** *(round)*, **durch** *(through)*, **ohne** *(without)*
- with **in** *(in, into)* – if there is movement involved (see page 68)
- for the 'object' of a sentence.

So what *is* the 'object' of a sentence?

The object of a sentence is the person or thing 'on the receiving end' of the verb:

I saw *a thief*. The cat ate *the mouse*.
Jack knows *my mum*. The car hit *the pedestrian*.

The 'subject' of a sentence is the person or thing that 'does' the verb (*I, the cat, Jack* and *the car* in the above sentences).

! In German, subject = **nominative** case; object = **accusative** case

Frieda hat den Dieb nicht gesehen.

Spot the accusative!

There are nominatives and accusatives in English too:

Bert loves Doris. He loves her.
Doris loves Bert. She loves him.

Why can't we say ...?

Him loves her.
She loves he.

The accusative endings

	masculine singular **-n**	*feminine singular*	*neuter singular*	
ich habe ...	eine**n** Ring	eine Katze	ein Rad	
	masculine singular **-n**	*feminine singular*	*neuter singular*	*all plural*
ich mag ...	de**n** Ring	die Katze	das Rad	die Blumen

Other words follow the same pattern, e.g. kein, mein, ihr, dieser

Wir haben keine**n** Garten.
Ich habe meine**n** Hund verloren.
Ich habe ihre**n** Bruder getroffen.
Ich möchte diese**n** Pulli kaufen.

Wir haben kein Auto.
Ich habe meine Katze verloren.
Ich habe ihre Schwester getroffen.
Ich möchte diese Schuhe kaufen.

Other useful words to learn

	masculine singular **-n**	*feminine singular*	*neuter singular*	*all plural*
ich mag ...	ihn *(him/it)*	sie *(her/it)*	es *(it)*	sie *(them)*

1 Lies die Sätze. Finde das Objekt und schreib das Wort oder den Ausdruck ab.

1 Ich habe das Buch gelesen.
2 Hast du deine Hausaufgaben gemacht?
3 Nächste Woche möchte ich meine Tante besuchen.
4 Gestern haben mein Bruder und ich einen Film gesehen.
5 Manchmal treffe ich Freunde in der Stadtmitte.
6 Nach dem Abendessen liest mein Vater oft ein Automagazin.

1 das Buch

2 **Im Akkusativ** Schreib die Wörter richtig auf.

Gestern bin ich in (1 die) Stadt gegangen. Ich habe (2 ein *[m]*) Stift und (3 ein *[nt]*) Hemd gekauft. Ich habe (4 der *[m]*) Stift für (5 mein *[m]*) Onkel gekauft. Er hat morgen Geburtstag. Um 13 Uhr habe ich (6 meine) Freunde getroffen. Wir sind in (7 ein *[nt]*) Café gegangen. Ich habe (8 ein *[m]*) Hamburger bestellt. Ich habe (9 der *[m]*) Hamburger aber nicht gegessen – ein Hund hat (10 er *[m]*) gegessen!

3 **Nominativ oder Akkusativ?** Schreib den Text in dein Heft: Wähle die richtigen Wörter aus.

Mein/Meinen Freund heißt Lukas. Er hat ein/einen tollen Fernseher. Der/Den Fernseher ist neu und hat ein/einen enorm großen Bildschirm. Es gibt natürlich dazu auch ein/einen Videorekorder. Der/Den Videorekorder ist auch neu. Er/Ihn hat sehr viel gekostet.

Bildschirm *(m)* = *screen*

Alle Beispiele sind maskulin!

4
a Beschreib dein Zimmer. Was hast du / Was gibt es im Zimmer? (Zehn Sätze)

b Beschreib deine Stadt oder eine Stadt in der Nähe. Schreib zehn Sätze mit **Es gibt ...** oder **Wir haben ...** .

Here's a tip
1 Think of the right words.
2 What gender is each word?
3 Think of the right case (nominative/accusative).
4 Make sure you choose the right endings.

What if adjectives are involved?

Here's a tip
When you use adjectives, you could ...

- say, for example:
  Mein Zimmer ist **klein**.
  This avoids having to use the right adjective ending, if you're not sure.
- say, for example:
  Ich habe ein **kleines** Zimmer.
  To earn some bonus points in the exam, learn some set phrases with adjectives which apply to you.
- say, for example:
  Ich habe ein **kleines** Zimmer.
  Es gibt einen **modernen** Kleiderschrank und eine **alte** Kommode.
  To aim for maximum points, learn all the adjective endings, so that you can use them in any context (see Grammatik D5).

5
a Was ist für dich richtig? Schreib passende Sätze.

1 Ich habe einen/keinen älteren/jüngeren Bruder.
2 Ich habe eine/keine ältere/jüngere Schwester.
3 Ich habe ein kleines/großes/schönes Zimmer.
4 Wir haben ein altes/neues/modernes Haus.
5 Wir haben eine/keine bequeme/schöne Wohnung.

b Schreib deine Sätze aus Übungen 4a und 4b mit Adjektiven.

Here's a tip

You've learnt lots of new words – keep a grip on them!
One technique is to keep regrouping them in different ways. For example:

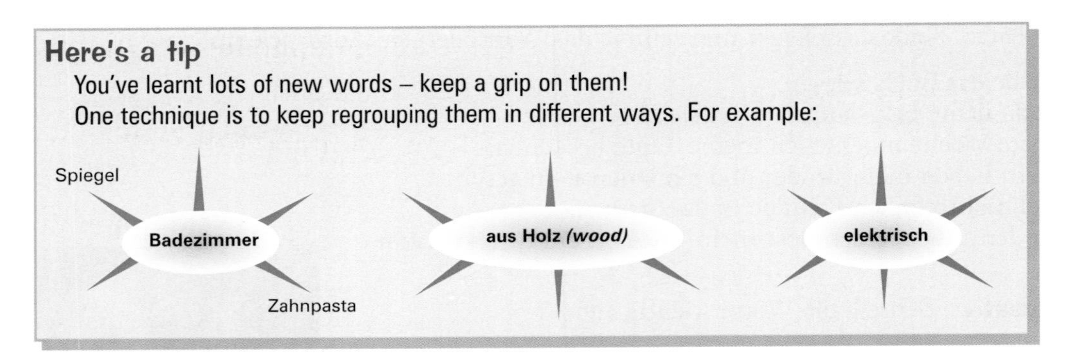

1

a Ergänze die drei Diagramme.

b Mach noch zwei weitere Diagramme.

2

a Was für Dinge assoziierst du mit ...?
What things do you associate with ...?

1 „Ich sehe fern."
2 „Ich bade."
3 „Ich esse."
4 „Ich höre Musik."
5 „Ich wasche mich."
6 „Ich putze mir die Zähne."

1 der Fernseher

b Und umgekehrt!

umgekehrt = *vice versa*

1 das Telefon
2 das Buch
3 das Sofa
4 der Wecker
5 der Tisch
6 die Dusche

1 Ich rufe an.

3

Zwei Zimmer Was ist in A anders als in B?
(Zehn Sachen)

1 Die Lampe in A ist kleiner.
2 In A gibt es keinen Teppichboden.

A

B

Ferienwohnung an der Nordsee

Große, moderne Wohnung im vierten Stock. Drei Doppelzimmer, Wohnzimmer, Küche, Bad. Zentralheizung. Aufzug. Fünf Gehminuten zum Strand.

Ferienwohnung in Garmisch-P.

Große Dreizimmerwohnung in ruhiger Lage. Wohnzimmer mit Kochnische, Bad mit Dusche. Balkon. Zentralheizung in allen Zimmern. Nähe Bahnhof, Skipisten, Hallenbad.

1 Lies den Brief. In welcher Wohnung war die Familie Hintermayr auf Urlaub?

Formelhafte Briefe:

An eine Frau:
Sehr geehrte Frau X,

Nicht **dein**, sondern **Ihr**:
in *Ihrem* Haus
in *Ihrer* Werbung

Nicht **du**, sondern **Sie**:
Wie könn*en* *Sie* so eine Wohnung vermieten?

Nicht **schreib mir**, sondern:
schreib*en* *Sie* mir

Ein nützlicher formelhafter Gruß für alle Situationen

Denkendorf,
den 15. Mai

Sehr geehrter Herr Pachler,

vor zwei Wochen habe ich mit meiner Familie ein langes Wochenende in Ihrem Haus verbracht (Ferienwohnung 43). Es war ein furchtbares Wochenende.

In Ihrer Werbung steht „drei Doppelzimmer", aber die Zimmer waren sehr klein. Das Waschbecken, die Schränke und die Vorhänge in der Küche waren nicht sauber. Die Zimmer waren kalt, weil die Zentralheizung kaputt war. Es gab nicht genug Bettdecken und die Handtücher haben gefehlt. Am ersten Abend hat auch der Lift nicht funktioniert und am Sonntag hatten wir kein heißes Wasser. Die Leute an der Rezeption waren unfreundlich und überhaupt nicht hilfsbereit. Wie können Sie so eine Wohnung vermieten?

Unten im Haus ist eine Diskothek und die Musik war bis drei Uhr morgens furchtbar laut. Wir konnten überhaupt nicht schlafen.

Für das Wochenende haben wir 179 Euro bezahlt. Wir reklamieren dieses Geld: Bitte schreiben Sie mir und schicken Sie unseren Scheck zurück.

Mit freundlichem Gruß,

Alois Hintermayr

2 Was waren die Probleme? Ergänze die Sätze.

1 ... waren schmutzig. **2** ... war kaputt. **3** ... hat nicht funktioniert. **4** ... war zu laut.
5 ... waren unfreundlich. **6** Es gab ... **7** ... waren zu klein. **8** ... haben gefehlt.

3 ***TRANSFER! >>*** Du hattest Probleme in einem Hallenbad.

Schreib einen Brief: Beschreib die Probleme und reklamiere dein Geld.

zu teuer · das Wasser – kalt
die Umkleideräume – schmutzig
nicht genug Schließfächer · Musik – zu laut
das Personal – unfreundlich

4 Hier ist ein Foto von deinem Ferienhaus vom letzten Sommer.
Beschreib die Probleme: Viel Fantasie, bitte!

- Wo war das Haus?
- Wie war das Haus?

  Es gab kein / nicht genug ...
  ... hat nicht funktioniert.
  ... war kaputt.
  ... hat gefehlt.

Viel frische Luft und eine wunderbare Aussicht! Nur fünf Gehminuten zum Strand!

Kai wohnt nicht bei seinen Eltern

Mit 13 Jahren ist Kai in ein Heim in der Nähe von Berlin gekommen. „Ich bin mit meinem Vater nicht gut ausgekommen", erklärt Kai, der jetzt siebzehn Jahre alt ist. „Wir haben uns immer gestritten. Da hatte meine Mutti die Idee, mich in ein Heim zu schicken."

Zuerst hat es Kai im Heim recht gut gefallen. Die Erwachsenen im Heim waren nicht so streng wie seine eigenen Eltern und die Jungen durften oft abends in die Disko oder ins Kino gehen. Auch mit den anderen Jungen im Heim hat Kai sich gut verstanden.

Im Heim war es aber nicht immer leicht. Zu Hause hat ihn seine Mutter geweckt, im Heim musste Kai alleine aufstehen. Am Wochenende oder in den Ferien hatte er oft Lust, abends spät ins Bett zu gehen und vormittags lang zu schlafen, aber er musste so früh aufstehen wie an Wochentagen. Er musste selber kochen und selber die Wäsche waschen. Auch für den Müll war er einmal im Monat zuständig. „Und ich habe oft meine Mutti und meine zwei Schwestern vermisst", erzählt Kai.

Alle zwei Wochen hat Kai das Wochenende bei seiner Mutter verbracht. Er hat sich immer darauf gefreut.

Die Jungen im Heim haben einmal die Woche Essengeld gekriegt und sind alle zusammen in den Supermarkt einkaufen gegangen. Jeder durfte kaufen, was er wollte. Das Geld, das dann übrig blieb, war das Taschengeld für die Woche.

In den ersten Jahren musste Kai natürlich wie alle Jugendlichen in die Schule gehen. Seit sechs Monaten macht er aber eine Lehre als Kfz-Mechaniker.

War es gut im Heim? „Für mich war es auf jeden Fall besser als zu Hause", sagt Kai. „Aber wenn ich mal Kinder habe, hoffe ich, dass sie bei mir zu Hause wohnen."

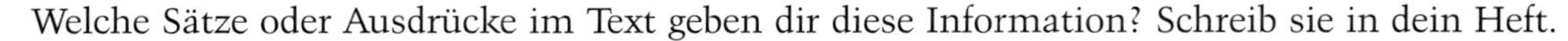

1 Welche Sätze oder Ausdrücke im Text geben dir diese Information? Schreib sie in dein Heft.

1 Ab und zu ist er nach Hause gefahren.
2 Nach Hause fahren war für Kai immer schön.
3 Kai wollte manchmal morgens im Bett bleiben.
4 Im Heim war es manchmal schwierig.
5 Im Alter von dreizehn ist Kai von zu Hause weggekommen.
6 Mit seinem Vater hatte Kai große Probleme.
7 Kai arbeitet jetzt in einer Werkstatt.

2 Was hat Kai im Heim gemacht? Schreib noch acht Sätze mit **Er hat ...** oder **Er ist ...** .

Er ist alleine aufgestanden. Er hat gekocht. Er ...

3

a Schreib die Infinitiv-Form dieser Verben in dein Heft.

1 Kai und sein Vater haben **sich gestritten**.
2 Seine Mutter **hatte** eine Idee.
3 Es hat Kai im Heim gut **gefallen**.
4 Kai hat **sich** mit den anderen gut **verstanden**.
5 Seine Mutter hat ihn **geweckt**.
6 Kai hat seine Mutter **vermisst**.
7 Er hat das Wochenende bei ihr **verbracht**.
8 Er hat **sich** immer darauf **gefreut**.

b Schlag die acht Verben im Wörterbuch nach. Wie heißen die Sätze 1–8 auf Englisch?

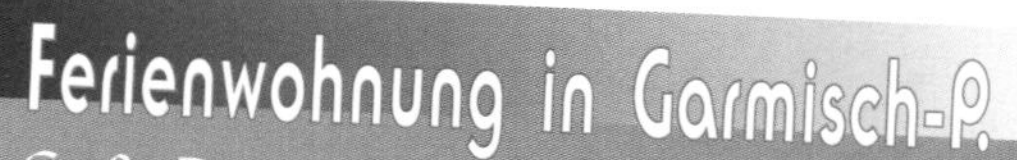

Was läuft?

VOR DEM START

✔ In Lektion 6, you'll practise finding out what's on, making phone calls, arranging to go out and buying tickets to the cinema, football matches, etc.

1 **Grammatik: „um", „am", „im"** >> H3

um	am	im	*(no preposition)*
um zwei Uhr um halb zwölf um fünf nach halb zwölf	am Samstag am Wochenende am Abend am Samstagmorgen	im Mai im Juli im Dezember im Jahr 2010	Er ist 1984 geboren. 1999 sind wir nach Zürich gekommen.

a Was passt zusammen?

im **im Jahr** **am** **um**
keine Präposition

Jahr **Tag** **Uhrzeit** **Monat**

b Was ist richtig? 1 am Wochenende

1 Was machst du ... Wochenende?
2 ... Freitagabend gehe ich ins Kino.
3 ... wie viel Uhr beginnt der Film?
4 ... 1999 habe ich den Film schon gesehen.
5 Ich habe ihn ... August gesehen.
6 Gehen wir ... Sonntagabend in die Disko?
7 Ja, die neue Disko ist ... Oktober geöffnet.
8 Treffen wir uns ... halb neun vor der Disko?

2

a **W** Wie spricht man diese Sätze aus?

Um z**w**ölf nach z**w**ei kommt der Zug
in Z**w**iesel an.
U**w**e hat z**w**ei Sch**w**estern.
Ich **w**ohne in Rappers**w**il, in der Sch**w**eiz.

Hör zu. War es richtig?

b **Zungenbrecher!** Kannst du es sagen?

Zwischen zwölf und zwei
essen die Zwillinge
Zwiebelsuppe.

3 **Anagramme** Wie ist das Wetter heute? In Genf ist es neblig. In Basel ...

Basel – es ist **wigdin**
Liechtenstein – es **tergen**
Genf – es ist **lebnig**
Lugano – es ist **heßi**
Bregenz – es **intsche**
Zürich – es ist **nosing**
Wien – es **zibltt**
Salzburg – es ist **talk**
Graz – es **tonnerd**

die Schweiz
Österreich

A

Sollen wir in eine Disko gehen?

1 **a** **Comic** Hör zu. Welche vier weitere Aktivitäten hörst du?

b Wohin wollen alle drei am Ende gehen?

Grammatik: „in/zu" >> C

When you suggest going out to places, you need either:
in + *accusative* or **zu** + *dative.*

2 **a** ***TRANSFER!*** **>>** Wie viele Beispiele kannst du für A–D geben?

		Mask.	*Fem.*	*Neut.*	
Sollen wir Wir könnten Ich würde lieber	**A**	in den ___	in die ___	ins ___	gehen? gehen.
	B	in einen ___	in eine ___	in ein ___	
	C	zum ___	zur ___	zum ___	
	D	zu einem ___	zu einer ___	zu einem ___	

b Hör zu (1–12).
- Hörst du eins von deinen Beispielen? Dann kriegst du einen Punkt.
- Hast du weitere Beispiele, die **nicht** auf der Kassette waren? Für jedes Beispiel kriegst du zwei Punkte!

c Hör noch einmal zu. Schreib die Beispiele, die du noch nicht geschrieben hast.

3 P **Das Alphabet-Spiel** Wie viele Fragen könnt ihr stellen?

Sollen wir **a**ngeln gehen?

Sollen wir **B**asketball spielen?

Sollen wir ins **C**afé gehen?

Sollen wir in den **Z**oo gehen?

4 Sechs Teenager reden über ihre Pläne.
Wohin wollen sie gehen oder was wollen sie machen?

1 ins Kino gehen

Extra! Weitere Informationen, bitte.

am Montag – um 18.15 Uhr

5 **P**

a Übt den Dialog.
Ändert dann den Dialog (siehe 1–4).

A Was sollen wir jetzt machen?
Wir könnten vielleicht zum Fußballspiel gehen.

B Dazu habe ich keine Lust.
Ich würde lieber essen gehen.

A O.K. Gute Idee.

Extra! Benutzt auch diese Ausdrücke:

- Wir könnten vielleicht ...
- Wenn es regnet, könnten wir ...
- Dazu habe ich keine Lust. Ich würde lieber ...
- Wenn du Lust hast, könnten wir ...
- Du spinnst! Dazu habe ich überhaupt keine Lust.

b ***TRANSFER!*** **>>** Übt Dialoge mit denselben Strukturen, aber mit einem anderen Thema: Hausarbeit.

	A	B
1	den Tisch abräumen	abwaschen
2	die Betten machen	einkaufen gehen
3	das Wohnzimmer aufräumen	den Tisch decken
4	im Esszimmer staubsaugen	im Garten arbeiten

6

Einladung!
Ich gebe eine Party!

Wo: im Jugendklub – Hildastraße 49

Wann: am 17. Oktober um 20.00 Uhr

Hoffentlich könnt ihr kommen!
Paul
(ich kann euch am Bahnhof abholen)

Lieber Paul,
es tut mir Leid, aber ich kann nicht zu deiner Party kommen, weil meine Mutter krank ist.
Deine Ruth

Lieber Paul,
Danke für die Einladung zu deiner Party. Ich freue mich sehr darauf.
Bis bald.
Dein Peter

Lieber Paul,
Danke für die Einladung zu deiner Party.
Ich komme erst um 21.00 Uhr an.
Du brauchst mich also nicht abzuholen.
Dein Karl

a Wer geht zu Pauls Party?

b Wie sagt man das auf Deutsch?

1 I'm looking forward to it
2 the invitation
3 fetch, pick up

c Erfinde zwei Briefe an Paul mit lustigen Ausreden.

die Ausrede = *excuse*

The dative case

As with the accusative case (see Lektion 5, page 60), you need to know:

- when to use the dative case
- what the dative endings are

When to use the dative case

- after **mit** *(with)*, **bei** *(at ...'s house)*, **von** *(from, of)*, **gegenüber** *(opposite)*, **außer** *(except)*, **aus** *(from, out of)*, **zu** *(to)*, **nach** *(to* + place, *after)*, **seit** *(since, for)*
- after **helfen** *(to help)*:
  Ich helfe meine**r** Mutter.
- when you say, give, send or show something *to* somebody:
  Ich schenke meine**m** Vater eine CD. *I'm giving my dad a CD. / I'm giving a CD **to** my dad.*
  Alex hat **mir** einen Stift gegeben. *Alex gave **me** a pen. / Alex gave a pen **to me**.*

Accusative or dative?

Some prepositions can take *either* the accusative *or* the dative case. These are:

in *(in, into)*, **an** *(at, to)*, **auf** *(on, up to)*, **neben** *(near)*, **vor** *(in front of)*, **hinter** *(behind)*, **über** *(above)*, **unter** *(under)*, **zwischen** *(between)*.

It depends whether you're talking about *direction* (movement) or *position*.

Ich gehe manchmal ins Kino.
Der Bus ist über die Brücke gefahren.
} This is movement in a particular direction. For *direction*, use the *accusative*.

Ich wohne in der Stadt.
Ich habe zwei Poster über meinem Bett.
} This is position. For *position*, use the *dative*.

1 Are these sentences about direction or position?

1 I drove into town.
2 We were at the disco.
3 He went into town.
4 She played the piano in the living room.
5 We ate a pizza in the café near the park.
6 Put your case on the bed.

The dative endings

	masculine sing. **-m**	*feminine sing.* **-r**	*neuter sing.* **-m**	*all plural* **-n** *(add* **-n** *to noun)*
ich spiele seit ... Tennis	eine**m** Tag	eine**r** Woche	eine**m** Jahr	(zehn) Jahre**n** *
wir treffen uns vor ...	de**m** Dom (in dem = **im**)	de**r** Disko	de**m** Kino (in dem = **im**)	de**n** Läden *

* Don't add **-n** to plural nouns that end in **-s** or *already* end in **-n**.

Other words follow the same pattern, e.g. mein, sein, ihr, welcher

Ich bin bei meine**n** Großeltern geblieben.
Er kommt mit seine**r** Schwester gut aus.
Karin hat mich zu ihre**r** Party eingeladen.
In welche**m** Laden hast du den Pulli gekauft?

Other useful words to learn

	masculine sing. **-m**	*feminine sing.* **-r**	*neuter sing.* **-m**	*all plural* **-n**
mit ...	ihm *(him/it)*	ihr *(her/it)*	ihm *(it)*	ihnen *(them)*

2

Wo triffst du deine Freunde? A Wir treffen uns vor dem Sportzentrum.

A 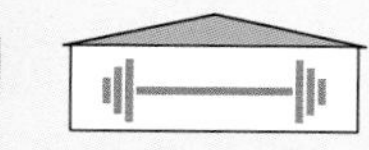
das Sportzentrum (vor)

B 

die Bushaltestelle (an)

C 

die U-Bahn-Station (vor)

D  
das Kino (in)

E 
der Park (vor)

F 
die Schule (gegenüber)

G 
die Diskothek (in)

H
der Bahnhof (gegenüber)

3

Ergänze den Dialog in deinem Heft.

- ▶ Wohin gehst du?
- ▶ Zu meiner Omi.
- ▶ Mit d___ Eltern?
- ▶ Nein, mit m___ Bruder.
- ▶ Was schenkst du d___ Oma zum Geburtstag?
- ▶ Ich schenke i___ ein Buch.
- ▶ Was machst du nach d___ Mittagessen?
- ▶ Ich helfe m___ Opa i___ Garten.

schenken = *to give as a present*

Nominativ hat Dativ einen Akkusativ geschenkt.

4

Was hast du deiner Familie / deinen Freunden letztes Jahr zum Geburtstag geschenkt?
Schreib acht Sätze:
Ich habe [Dativ] [Akkusativ] geschenkt.

Ich habe meinem Onkel einen Stift geschenkt.

5

Ergänze diese Tabelle in deinem Heft.

Here's a tip
Steps (A) and (B) take you to the right answer.
The more you practise going through this process, the quicker you'll get – until you can do it without thinking!

(A) direction *(acc.)* or position *(dat.)*? →	(B) m/f/nt/pl? →	X	
position	nt	meinem	Ich spiele Klavier in mein**em** Zimmer.
?	**?**	**?**	Sollen wir in ein**?** Café gehen?
?	**?**	**?**	Gestern sind wir in ein**?** Disko gegangen.
?	**?**	**?**	In d**?** Disko haben wir viel getanzt.
?	**?**	**?**	Kommst du mit mir in d**?** Jugendklub?
?	**?**	**?**	Joe hat in d**?** Schule Deutsch gelernt.

6

Choose the correct endings and explain them.

dem: dative – 'mit' always takes dative

Gestern Nachmittag sind wir mit d**?** Auto zu ein**?** neuen Kino gefahren. Meine Mutter war seit ein**?** Jahr nicht mehr im Kino. Wir haben ein**?** guten Film gesehen. Vor d**?** Kino haben wir mein**?** Mathelehrer getroffen. Nach d**?** Film sind wir in ein**?** Gaststätte gegangen. In d**?** Gaststätte habe ich ein**?** große Pizza gegessen.

B Am Telefon

Hör zu. Was sagt Lisa am Ende?

Frau L	Lipinski.
Lisa	Guten Abend, Frau Lipinski. Hier ist Lisa. Kann ich bitte mit Magda sprechen?
Frau L	Sie ist leider nicht da, Lisa. Kann ich etwas ausrichten?
Lisa	Ich gehe heute Abend mit Frau Müller und Oskar ins Kino. Will sie mitkommen? Wir treffen uns um sechs Uhr draußen vor dem Haus.
Frau L	Ach, jetzt weiß ich! Magda ist heute Abend bei Stefan. Dann kann sie natürlich nicht ins Kino mitkommen. Es tut mir Leid, Lisa. Tschüss.
Lisa	(...)

2

a Bring die Sätze in die richtige Reihenfolge.

O.K. Danke. Tschüss.

Er ist leider nicht da. Kann ich etwas ausrichten?

Hier ist Anneliese. Kann ich bitte mit Paul sprechen?

Braun.

Ja. Wir treffen uns um halb drei vor dem Sportzentrum.

P

b Übt den Dialog.

Sechs Personen rufen an, während du nicht zu Hause bist.
Notiere die Hauptdetails.

Monika –
Bruno –
Katrin –
Tobias –
Gabi –
? –

Here's a tip

- Long numbers and times can be complicated. When you're listening, keep hold of them in your head by saying them over and over to yourself until you've worked them out and written them down.
- Remember the order of numbers?
  vierunddreißig = 34 (~~43~~)

RICHTIG ODER FALSCH?

Schäferhund	Sollen wir ins Restaurant gehen?
Labrador	Wauwau! Ich möchte bitte Lammbeinchen ...

Diese zwei Hunde wohnen in Berlin. Sie haben Glück. In Berlin-Kreuzberg gibt es ein Schnellrestaurant für Hunde. Auf der Speisekarte gibt es Fleisch vom Schwein, vom Lamm und vom Rind. Die Hunde können das Fleisch im Restaurant essen oder nach Hause zurückbringen. Der Besitzer sagt: „Ich habe immer mehr Kunden. Und meine Kunden schimpfen nicht!"

der Kunde = *customer*   schimpfen = *to complain*

4 **P**

Übt Dialoge.

- Wohin geht ihr? (Wir könnten ... / Sollen wir ...?)
- Treffpunkt? (Wann? Wo?)

Extra! Benutzt auch die Extra-Ausdrücke aus Übung 5, Seite 67.

Kino „Zero"
Mein Leben in rosarot
Fr 25.02.

- Rauchen im Filmsaal verboten
- Handys bitte ausschalten

Flohmarkt – weil es Spaß macht!
Eingang frei!
Stadthalle
Sa 26. Feb 11–18 Uhr

Dia-Vortrag:
„die höchsten Berge des Himalaja"
Natur und Abenteuer

Gymnasium Westheim
Fr 25. Feb. um 17.30 Uhr

5 **P**

Theater Erfindet eine kurze Szene.

- A will mit B ausgehen.
- B will aber nicht und erfindet (doofe? wilde?) Ausreden.

Sollen wir am Dienstag essen gehen?

Es tut mir Leid. Am Dienstag wasche ich meinen Gorilla.

6

Die Wetterkarte Wie heißen die Symbole auf Deutsch und auf Englisch? A bedeckt – overcast

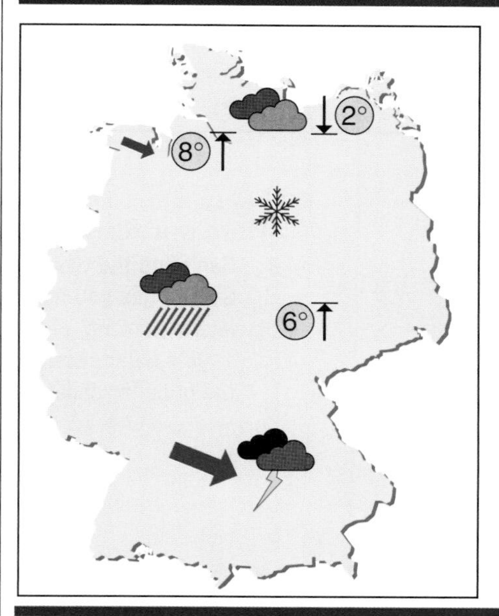

DIE WETTERVORHERSAGE FÜR HEUTE

In Norddeutschland bedeckt: grau und ziemlich kalt. Tiefsttemperaturen 2 Grad, Höchsttemperaturen bei 8 Grad. Schwacher Wind.
In Mitteldeutschland Regen, im Harz teilweise auch Schnee.
Höchsttemperaturen bei 6 Grad.
In Süddeutschland und Alpengebiet Gewitter: starker Wind.

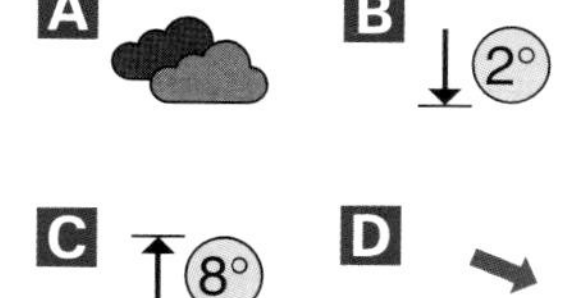

C Im Kino

1 **Comic** Christoph kriegt keine Karte,

a weil der Film ausverkauft ist.
b weil er anders aussieht.

2 **a** Sieh dir die Broschüren an. Wie viele von diesen Wörtern kennst du? Checke auf der Wortschatzliste.

Stadtrundfahrt
Besichtigen Sie die Stadt im Komfortbus

Täglich von 9 bis 16 Uhr
(Sa und So bis 18 Uhr)
Die Stadtrundfahrt dauert ca. 45 Minuten

Treffpunkt: an der Bushaltestelle vor dem Dom

Preis: Erwachsene 7,00 Euro
Kinder bis 16 Jahre 3,50 Euro

Behinderte herzlich willkommen!

Auskunft 0190 – 10 11 12

Schloss Felsenburg
HISTORISCHE BURG AUS DEM 15. JAHRHUNDERT MIT HERRLICHEM BLICK AUF DAS RHEINTAL

TÄGLICH GEÖFFNET AUßER MONTAG
VON 10.30 UHR BIS 17.30 UHR

SCHLOSSRUNDGANG STÜNDLICH
VON 11.00 UHR BIS 16.00 UHR
(DAUERT UNGEFÄHR 60 MINUTEN)

ERWACHSENE € 10,50
KINDER € 6,00

ERMÄßIGUNGEN FÜR GRUPPEN 10%

b Richtig oder falsch?

1. Mädchen bezahlen 3,50 Euro für den Stadtbesuch.
2. Man besichtigt die Stadt zu Fuß.
3. Information über den Stadtbesuch kann man per Telefon bekommen.
4. Man kann jeden Tag eine Stadtrundfahrt machen.
5. Am Sonntag kann man eine Stadtrundfahrt um 7 Uhr abends machen.
6. Das Schloss ist montags geöffnet.
7. Der Schlossrundgang dauert eine Stunde.
8. Das Schloss schließt um halb fünf.
9. Es gibt einen Schlossrundgang um 14.30 Uhr.
10. Dein Vater bezahlt €10,50 für den Schlossrundgang.

Here's a tip
Can't find the words in the text? Sometimes you have to do some lateral thinking, e.g.
1 girls (**Mädchen**) come under the price for children (**Kinder**).

Extra! Schreib vier weitere „richtig oder falsch"-Sätze für deinen Partner oder deine Partnerin.

Grammatik: Wortfolge bei Fragen >> G

(Du spielst ...)	*(You play ...)*
Spielst du ...?	*Do you play ...?*
Wo spielst du ...?	*Where do you play ...?*
Wo kann man ... spielen?	*Where can you play ...?*
Wann hast du ... gespielt?	*When did you play ...?*

3

a Schreib die Fragen richtig auf.

1 Um wie viel Uhr ... ... ? (das Museum / öffnet)
2 Wann ... ... ? (die Rollschuhbahn / schließt)
3 ... ... eine Ermäßigung für Schüler? (es / gibt)
4 ... ... schon begonnen? (der Film / hat)
5 ... ... die Eintrittskarten gekauft? (du / hast)
6 Was ... ... gekostet? (die Karten / haben)

b Extra! ***TRANSFER! >>***
Schreib Fragen über:
ein Rockkonzert, eine Diskothek, ein Fußballspiel.

4

a Was passt zusammen?

1 Wohin gehen wir heute Abend?
2 Wer kommt mit?
3 Wo treffen wir uns?
4 Was für ein Film ist es?
5 Was kostet der Film?
6 Wie lange dauert er?
7 Wann beginnt der Film?
8 Wann ist er zu Ende?
9 Warum gibt es am Montag keine Vorstellung?
10 Wie viele Karten gibt es noch?

a Fast zwei Stunden.
b Weil wir einen neuen Film zeigen.
c Ins Kino.
d Um zwanzig nach neun.
e Nur fünf.
f Es ist ein Krimi.
g Johann.
h Um fünf nach halb acht.
i 5,50 Euro.
j Vor dem Kino.

P **b** Übt den Dialog.

5

Hör zu. Dieter ist ins Kino gegangen. Er beschreibt den Kinobesuch.
Gib zehn Informationen über den Film und das Kino.

6

Du hast einen tollen Film gesehen.
Beschreib deinen Kinobesuch.

hat ... gekostet
hat ... gedauert
hat um ... Uhr begonnen
wir haben uns ... getroffen
wir sind ... gegangen
war spannend
war um ... Uhr zu Ende

Extra! ***TRANSFER! >>***
Beschreib ein Fußballspiel, ein Konzert oder einen Ausflug nach Phantasialand.

19 Fahrattraktionen, wie zum Beispiel GALAXY, die in Europa einmalige Fahrt durch das Universum. Oder COLORADO-ADVENTURE: Auf einer Strecke von 1,2 km fahren Sie im Geisterzug mit fast 50 km/h in die Kurven. Probieren Sie die Hollywood-Tour (Wasserfahrt), Silbermine, Crazy Loop, die Wikingerboote und vieles mehr.

Sehen Sie auch unsere faszinierenden Shows: die Super-Magic-Show, die Super-Laser-Show, die Show der Dinos usw. Essen Sie in unseren Restaurants oder kaufen Sie Snacks, Obst oder Eis und nutzen Sie unsere Picknickplätze.

Phantasialand.
Berggeiststraße 31–41,
D–50321 Brühl,
Inf-Tel: 0049-2232-362-06

THEATER

Sonntag 14. Mai

341 02 49
19.00
Turandot

20 Uhr Vaganten Bühne
312 45 29
Klassenfeind
von Nigel Williams
ausverkauft

maxim gorki theater
tel.: 20 22 11 29
Die Vorstellung fällt wegen Erkrankung einer Hauptschauspielerin aus

88 00 23
Schaubühne am Lehniner Platz
www.schaubuehne.de
Letzte Vorstellung
19.30
Onkel Wanja/
Tschechow

Schlosspark-Theater
793 15 15
U- + S-Bhf. Rathaus Steglitz
Heute keine Vorstellung
ab Montag 28. Feb:
Viel Lärm um nichts
Komödie von William Shakespeare
Inszenierung:
Thomas Birkmeir

Berliner Ensemble
28 40 81 55
http://www.berlinerensemble.de
19.30 Uhr Bertolt Brecht
Leben des Galilei
Regie: B. K. Tragelehn
mit dem Schauspieler des Jahres:
Josef Bierbichler

Berliner Kammerspiele
Telefon 391 55 43
Tom Sawyers Abenteuer
Von Mayen nach Mark Twain
Mo.–Fr. 10 Uhr
Sa. 16 Uhr

1

1 Which theatre has sold out?
2 Who is ill at the Maxim Gorki Theater?
3 Why might you expect good acting at the Berliner Ensemble?
4 Is *Turandot* **a** a film **b** a play **c** an opera?
5 Why does the Schlosspark-Theater ad give the name „Rathaus Steglitz"?
6 At which theatres is there no show tonight? (Today is Sunday.)

2 **P**

Ein langer Dialog ist nicht schwer!

a Übt Teil A. der Teil = *part*

Ändert die Details, z.B.

Kann ich mit Paula sprechen?
Was machen wir am Sonntag?

b Übt Teile A und B zusammen.
Ändert die Details.

c Übt Teil C.
Wann ... und wo?

d Übt Teil D.

e Übt jetzt den ganzen Dialog (Teile A, B, C und D).
Nehmt den Dialog auf Kassette auf!

Am Telefon

A
- ▶ Schmidt.
- ▶ Kann ich mit Andreas sprechen?
- ▶ Hier ist Andreas.
- ▶ Du, Andreas, was machen wir am Wochenende?

B
- ▶ Sollen wir bowlen gehen?
- ▶ Dazu habe ich keine Lust. Ich würde lieber ins Kino gehen.
- ▶ Was läuft?
- ▶ Wir könnten vielleicht einen Abenteuerfilm sehen.
- ▶ Gute Idee.

C
- ▶ Wann treffen wir uns?
- ▶ Um 7.00 Uhr.
- ▶ O.K., bis dann.

Im Kino

D
- ▶ Zwei Karten für *Tarzan*, bitte.
- ▶ Drei Euro vierzig.
- ▶ Bitte schön. Wann ist der Film zu Ende?
- ▶ Um Viertel vor neun.

1

a Karl und Elisabeth sind am Samstag zusammen ausgegangen. Lies ihre Tagebücher.

Elisabeths Tagebuch

Samstag

Heute bin ich mit Karl ausgegangen. Er gefällt mir sehr. Es ist sehr gut gegangen – es hat mir Spaß gemacht.

Wir haben uns um 2.00 Uhr am Sportzentrum getroffen. Karl war schon da, als ich angekommen bin. Wir haben das Volleyballspiel im Sportzentrum angeschaut. Das Spiel war spannend. Karl mag Volleyball. Er interessiert sich sehr für Sport – wir haben viel über Sport geredet.

Im Sportzentrum haben wir meine Freunde gesehen. Zum Glück ist Karl mit ihnen sehr gut ausgekommen.

Ich möchte bald wieder mit Karl ausgehen. Ich werde ihn am Montag anrufen.

Karls Tagebuch

Samstag

Ich bin heute Nachmittag mit Elisabeth ausgegangen. Es war eine furchtbare Katastrophe!

Es hat nicht gut begonnen: Wir wollten uns um halb zwei treffen, aber Elisabeth ist 30 Minuten zu spät gekommen.

Wir sind zu einem Volleyballspiel gegangen, weil Elisabeths Schwester in der Mannschaft spielt. Es war furchtbar – ich kann Volleyball nicht leiden! Elisabeth hat die ganze Zeit über Sport geredet. Sport finde ich stinklangweilig!

Danach haben wir ihre Freunde getroffen. Kurz gesagt: Ihre Freunde sind doof.

Hoffentlich werde ich Elisabeth nie mehr sehen. Wenn sie anruft, wird meine Mutter sagen, dass ich nicht da bin!

b Bei welchen Themen sind Karl und Elisabeth anderer Meinung?
Gib vier Beispiele: Sie sagt: „...", aber er sagt: „..."

Sie sagt: „Es ist sehr gut gegangen", aber er sagt: ...

2

Karin und Rolf sind zusammen ausgegangen. Lies Karins Tagebuch. Es hat Rolf **gar keinen** Spaß gemacht! Schreib Rolfs Tagebuch.

Samstag

Heute bin ich mit Rolf ausgegangen. Es war toll. Wir sind ins Museum gegangen. Ich interessiere mich sehr für Geschichte und Rolf auch.

Ich bin mit Rolf sehr gut ausgekommen. Er hat meine Witze lustig gefunden. Später haben wir meinen Bruder im Café getroffen. Rolf und Thomas haben sehr viel geredet. Rolf hat Thomas sehr interessant gefunden.

Hoffentlich werde ich Rolf nächste Woche wiedersehen.

Here's a tip

Watch out! These two sentences are wrong. Why?

Ich bin mit dem Bus in die Stadt gegangen.
Ich bin ins Schwimmbad gefahren.

Grammatik: „mit", „bei" usw. + Dativ >> C

ich ➔ mit mir	wir ➔ mit uns
du ➔ mit dir	ihr ➔ mit euch
er ➔ mit ihm	Sie ➔ mit Ihnen
sie ➔ mit ihr	sie ➔ mit ihnen
es ➔ mit ihm	

Here's a tip
Use **mir**, **dir**, etc. to avoid repeating names.

1 Ergänze die Sätze mit **mir**, **dir**, **uns** usw.

1 Ich gehe am Samstag mit Julia in die Stadt. Willst du mit (ich) kommen?
2 Dann werde ich bei (Julia) übernachten. übernachten bei (+ Dativ) = *to stay with*
3 Ich mag Julias Bruder sehr. Ich komme mit (Julias Bruder) gut aus.
4 Am Sonntag werde ich mit Julia und ihrer Familie ausgehen. Ich fahre mit (Julia und ihre Familie) aufs Land.
5 Wir haben Julia fürs Wochenende eingeladen. Julia kommt nächstes Wochenende zu (meine Familie und ich).

2 Was fehlt? Schreib die richtigen Wörter in dein Heft.

1 mir

Sollen wir eine Party geben? Meine Eltern gehen weg: Ihr könnt zu (1) ___ kommen.

O.K., wir kommen zu (2) ___. Sollen wir Paul und Albert einladen?

Ja, ich komme mit (3) ___ sehr gut aus. Paul ist lustig. Ich sitze hinter (4) ___ in Mathe.

Sollen wir Caroline auch einladen? Ich wohne neben (5) ___. Sie ist sehr nett.

3 **Wie geht's?** Schreib den Dialog richtig auf.

▶ Hallo, Mustafa. Wie geht's ___?	(du)
▶ Es geht ___ gut, danke.	(ich)
▶ Und deinen Eltern, wie geht's ___?	(sie)
▶ ___ geht es auch gut, danke.	(sie)
▶ Also, es geht ___ allen gut, ja?	(ihr)
▶ Ja, es geht ___ allen gut.	(wir)

4 ***TRANSFER!*** >> Wenn du einen Brief schreibst, brauchst du oft diese Wörter:

How are you?
I'd like to stay with you in July.

Wie schreibst du sie auf Deutsch ...,

1 ... wenn du an deinen Brieffreund schreibst?
2 ... wenn du an deine zwei deutschen Cousinen schreibst?
3 ... wenn du an die Eltern von deinem Brieffreund schreibst?

1 Wie geht's dir? Ich möchte im Juli bei ...

5 Listen to four people talking. Which of the following things is each person doing?

A apologising
B telling someone off
C suggesting an outing
E arranging to meet someone
D asking for information

7 Prosit!

Vor dem Start

✔ In Lektion 7, the focus is on special occasions – and that includes food, of course!

1 Was passt zusammen?

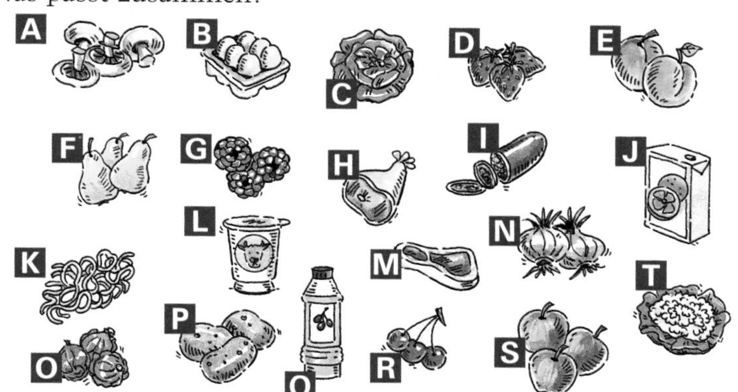

Äpfel	**Sahne**
Eier	**Fleisch**
Pfirsiche	**Blumenkohl**
Öl	**Orangensaft**
Kohl	**Wurst**
Schinken	**Kirschen**
Zwiebeln	**Birnen**
Rosenkohl	**Himbeeren**
Kartoffeln	**Erdbeeren**
Pilze	**Nudeln**

2 G

Gruppenspiel

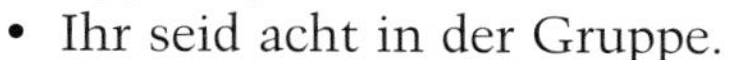

- Ihr seid acht in der Gruppe.
- Jeder Spieler beginnt eine Liste.
- Gebt eure Liste weiter.
- Jeder schreibt noch ein Beispiel auf die Liste.

500 g
Erdbeeren
Bananen

eine Packung Kekse

- Wie viele Beispiele könnt ihr geben?

500g | eine Flasche
ein Becher | eine Packung
ein Stück | eine Tüte
eine Dose | ein Glas

zwei Tüten Kekse

3

a Ö Wie spricht man diesen Satz aus?

Öl und Br**ö**tchen, bitte sch**ö**n.

Hör zu. War es richtig?

b Wie spricht man diese Wörter aus?
Hör zu. War es richtig?

A

Fünf Kilo Bananen?!

1 **Comic** Hör zu und beantworte die Fragen.

1 Wann wird Stefan die Nudeln essen?
2 Was isst Stefan, während er für den Halbmarathon trainiert?

Extra! 3 Warum isst Stefan keine Schokolade?

2 **a** **Am Markt** Was passt zusammen?

1 Ist das alles?
2 Sonst noch etwas?
3 Welche Äpfel wollen Sie?
4 Haben Sie Kleingeld?
5 Haben Sie billigere Zwiebeln?
6 Haben Sie Bohnen?

a Ja, diese hier kosten 2 Euro pro Kilo.
b Ja, ich möchte auch ...
c Nein, es tut mir Leid.
d Ich nehme die roten, bitte.
e Es tut mir Leid. Ich habe nur einen Zwanzigeuroschein.
f Nein, ich möchte auch ...

P **b** Erfindet und übt einen Dialog.

Grammatik: Adjektive >> D5

Welch**e** Äpfel wollen Sie?

Dies**e** Äpfel. Die rote**n**.

3 **a** Frau Mazur und ihr Sohn, Axel, sind im Supermarkt. Hör zu (1–6). Wo sind sie (neben welchem Schild)?

A Sonderangebote
B Tiefkühlkost
C Apotheke
D Schreibwaren
E Metzgerei
F Obst und Gemüse
G Bäckerei
H Konditorei

b Erfinde Dialoge im Supermarkt. Zum Beispiel:

Entschuldigen Sie bitte. Wo finde ich tiefgefrorene Pommes frites?

Dort in der Tiefkühlkostabteilung.

RICHTIG ODER FALSCH?

Im Marathonlauf laufen die Menschen über 42 Kilometer – im Halbmarathon natürlich „nur" die Hälfte. Im Triathlon gibt es drei Sportarten: Die Athleten schwimmen, laufen und fahren Ski, alles an einem Tag.

4

In einem Tante-Emma-Laden Hör zu (1–5).
Wo enden die Dialoge: bei A, B, oder C?

Ein Tante-Emma-Laden ist ein kleiner Laden in einer Stadt oder in einem Dorf.
Er steht oft an einer Straßenecke.

Kann ich Ihnen helfen?

Ja, geben Sie mir bitte eine Flasche Milch.

Es tut mir Leid. Wir haben leider keine Milch.

Wo kann ich Milch kaufen, bitte?

A

Ja, das kostet 29 Cent. Haben Sie Kleingeld?

Oh. Es tut mir Leid. Ich habe nur einen Zwanzigeuroschein.

B

Bitte schön. Sonst noch etwas?

Ich hätte auch gern drei Becher Himbeerjogurt.

Wir haben nur Schokoladenjogurt.

O.K., dann nehme ich Schokoladenjogurt.

C

5 P

Übt Dialoge in einem Tante-Emma-Laden.

zwei Dosen Erbsen
zwei Stücke Apfelkuchen
ein Kilo Kartoffeln
eine Packung Orangensaft
eine Tüte Bonbons
eine große Flasche Mineralwasser

eine Packung Teebeutel
zehn Brötchen
ein Liter Vanilleeis
einen Becher Sahne
drei Packungen Chips
ein großes Stück Käse

6

Ein deutsches Rezept

Marmorkuchen

einfach, immer beliebt und sieht ein bisschen speziell aus

1. 200 g Butter und
   300 g Zucker zu einer Buttercreme verrühren.
2. 5 oder 6 Eier nacheinander hinzufügen.
3. 400 g Mehl,
   50 g gemahlene Mandeln,
   3 Teelöffel Backpulver und
   1 Prise Salz mischen und in die Buttermasse rühren.
4. 2 dl Milch in die Masse geben. Gut rühren.
5. Die Masse halbieren. Eine Kuchenform gut einfetten.
6. 50 g Vanillezucker in die eine Hälfte mischen. Diesen Teig in die Kuchenform geben.
7. 3 große Esslöffel Kakao in die andere Hälfte mischen. Diese Masse auf den hellen Teig in der Kuchenform geben. Einmal mit einer Gabel durch die beiden Massen ziehen.
8. 60 Minuten bei 180 Grad backen.

verrühren = *to stir* hinzufügen = *to add* geben = *to pour* einfetten = *to grease*
mischen = *to mix* halbieren = *to halve*
das Mehl = *flour* gemahlene Mandeln = *ground almonds* der Teig = *dough* die Gabel = *fork*

B Feste und Feiern

Karneval

Mitte Februar feiern wir Karneval. In der Schule haben wir einen Maskenball. Am Sonntag gibt es einen Umzug im Dorf und am Montag (er heißt der Rosenmontag) haben wir schulfrei, weil wir alle in die Stadt fahren, um den großen Umzug zu sehen und mit den Kameraden mitzufeiern.

Feiertage

„Auf welchen Tag fällt dieses Jahr der Erste Mai? Schau mal in den Kalender!" „Ach, Scheibenhonig! Auf einen Sonntag! Wir kriegen keinen Tag frei!"

Dem Kalender nach haben die Deutschen viele Feiertage. So rosig ist es aber nicht immer. Wenn ein Feiertag auf einen Wochentag fällt, machen die Schulen und die Büros zu. Dann hat man Glück gehabt. Wenn der Feiertag aber auf ein Wochenende fällt, hat man Pech gehabt: Dann muss man am Montag zur Arbeit gehen.

Familienfeste

In christlichen Familien ist die Konfirmation ein großes Fest. Man lädt die Verwandten ein und nach dem Gottesdienst gibt es ein großes Essen. In vielen Dörfern und kleinen Städten machen die Läden mit: Sie schmücken die Schaufenster und schenken den Konfirmanden Geschenke.

Zum Schuljahresende gibt es Zeugnisse. In manchen Familien kriegen die Kinder Geld oder Geschenke, wenn das Zeugnis gut ist.

Viele ethnische Gruppen feiern ihre eigenen Feste. Die Türken (eine von den größten ethnischen Gruppen) feiern zum Beispiel wie alle Moslems das Ende des Ramadans.

Geburtstage sind in allen Familien wichtig sowie besondere Jahrestage (wie z.B. der Hochzeitstag). In katholischen Familien feiert man auch den Namenstag.

Hochzeiten

In Deutschland gibt es zur Hochzeit oft zwei Feiern: einmal (obligatorisch) beim Standesamt, ein zweites Mal (freiwillig) in der Kirche, Moschee usw.

Am Abend vor der Hochzeit ist es Tradition, alte Teller und Tassen kaputtzuschlagen. Das soll Glück bringen!

Stadtfeste

Viele Städte haben ihre eigenen Feste. Das berühmteste ist sicher das Oktoberfest in München, das aber schon im September anfängt.

Weihnachten und Neujahr

Weihnachten feiert man meistens am 24. Dezember in der Familie. Am 25. Dezember ist man dann bei den Verwandten zu Besuch.

Der letzte Tag des Jahres heißt der Silvestertag. Zu Silvester gibt es Silvesterpartys und um Mitternacht gibt es in allen Städten und Dörfern ein Feuerwerk.

1 **Wörter im Text** Findest du andere Wörter für ...?

1 An diesen Tagen arbeitet man nicht.
2 So heißt das Fest, wenn zwei Menschen heiraten.
3 kein Glück
4 Freunde
5 beginnt
6 Montag, Dienstag, Mittwoch, Donnerstag oder Freitag
7 Die Familienmitglieder, wie z.B. die Tanten, Onkel, Cousins, Großeltern
8 Auf diesem Blatt von der Schule stehen die Noten in allen Schulfächern.

Grammatik: „man“ >> A6

Wie heißt es auf Englisch?

Zu Ostern arbeitet **man** nicht.
Zum Geburtstag kriegt **man** Geschenke.

2 **Pluralformen** Schau im Text nach: Was ist die Pluralform von diesen Wörtern?

1 der Kamerad
2 der Deutsche
3 der Feiertag
4 die Schule
5 das Büro
6 der/die Verwandte
7 das Dorf
8 die Stadt
9 das Fenster
10 das Geschenk
11 das Kind
12 das Fest
13 der Teller
14 die Tasse

Here's a tip
Remember that dative plurals often have an extra **n**. For example:
... in vielen Dörfer**n**.
The plural of **Dorf** is **Dörfer**.

3 **Lückentext** Schreib den Text in dein Heft. Ergänze die Lücken. die Lücke(n) = *gap*

Feste und Feiertage in meiner Familie
Im Frühling feiern wir Karneval. Am Rosenmontag gehe ich in (1) ___ Stadt, um den großen (2) ___ zu sehen. Im (3) ___ oder April feiern wir Ostern. Zu Ostern laden wir jedes Jahr meine Großeltern (4) ___.
Der Erste Mai ist ein Feiertag. Wenn wir Glück haben, fällt er auf einen (5) ___. Im Juni habe ich Geburtstag. Ich kriege natürlich viele (6) ___.
Im August haben wir Sommerferien und wir fahren in Urlaub. (7) ___ Oktober ist der 3. schulfrei, weil das der nationale Feiertag ist.
Zu Weihnachten sind (8) ___ immer zu Hause, aber zu Silvester fahren wir in die Berge, um Ski zu fahren. *Josef Krenzensberger*

Januar März
ein aus
Geschenke
der die das
wir sie
Umzug
im am
Wochentag

4

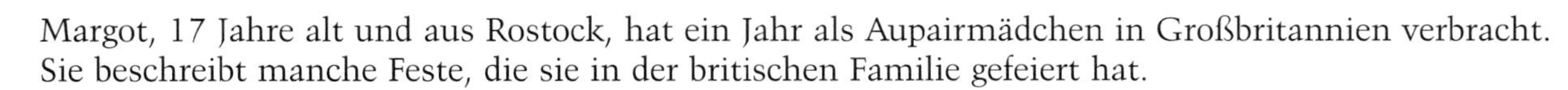

Margot, 17 Jahre alt und aus Rostock, hat ein Jahr als Aupairmädchen in Großbritannien verbracht. Sie beschreibt manche Feste, die sie in der britischen Familie gefeiert hat.

a Hör zu und mach Notizen.

b What differences have struck Margot? Write a few sentences in English. **Extra!** Auf Deutsch!

5 Was ist in Deutschland genauso wie bei euren Familienfesten?
Was ist anders? Gib Beispiele.

In Deutschland ... ; wir auch. Wir ...

In Deutschland ... ; wir nicht. Wir ...

Projekt

Assignment:
Your task is to talk for 2–3 minutes about a special celebration in your family.

Step 1: Which celebration are you going to talk about?

- Choose a celebration you've got lots to say about. If you don't do much at Easter, for example, that wouldn't exactly be the best one to choose!
- You'll get more marks if you use the past, present and future tenses. Choose a celebration which gives you the chance to use at least two of these.
- Don't make life hard for yourself! Talk about a celebration for which you know lots of German words already. Otherwise, you'll spend all your time looking in the dictionary and you'll risk making more mistakes.
- Any other points to consider?

Step 2: So what exactly are you going to say?
Think about the celebration you've chosen, and break it down, like this:

Step 3: How can you bring in other tenses?

- Pick out from these extracts verbs referring to the past, present (normal habits) and future.

past – haben wir gegessen

Jedes Jahr essen wir zu Weihnachten Truthahn, aber letztes Jahr haben wir zum ersten Mal Rinderbraten gegessen. Der Rinderbraten hat meiner Oma gar nicht gefallen, also essen wir nächstes Jahr wieder Truthahn!	Im Mai bin ich aus dem Krankenhaus herausgekommen. Das habe ich natürlich mit meiner Familie gefeiert. Wir haben meine Cousins eingeladen. Normalerweise spiele ich am Wochenende Fußball, aber bis Ende Juli muss ich zu Hause bleiben.	Ich habe am 29. Februar Geburtstag. Ich habe oft gar keine Party. Vor drei Jahren hatte ich eine tolle Party mit vielen Freunden. Nächsten Februar werde ich auch eine große Party geben und ich werde meine ganze Klasse einladen. Ich werde vier Jahre alt sein!

- Now pick out useful time phrases that go with them.

past – letztes Jahr

- Before you go on – do you need to do any revision of verbs and tenses?

Step 4: Gather words and phrases you could use
Try looking back in this book. Find 6–10 phrases you could use or adapt. For example:

Am 25. Dezember ist man dann bei den Verwandten zu Besuch.

Am <u>26</u>. Dezember <u>sind wir</u> bei den Verwandten zu Besuch.

Step 5: Fill in any gaps in the language you need
For example:
- look for words in relevant parts of this book (such as pages 80–1)
- use a dictionary
- ask your teacher for help.

Step 6: Prepare your presentation
- Decide how you're going to put it all together. For example, you might want to write it all out in full first, or you might prefer to leave it in note form.

In an exam, you won't be allowed to read out a prepared text. You mustn't recite a prepared text from memory, either.
(In any case, a speaker who just reads out a text is never as interesting as one who actually speaks to the audience.)

- To help you give your presentation, prepare some very brief notes in German, to remind you of key points to mention.

Step 7: Practise your presentation
- You can practise alone or with a partner.
- Look out for any problems – things you're not sure about, difficulties in pronunciation, mistakes in the German, etc.
- Take this opportunity to make improvements and to practise tricky parts.

Step 8: Now do it! Viel Glück!

TRANSFER! **>>** Go through this process for other assignments, whatever the topic.

Tips for speaking German
Here are some hints which will help you to do well in speaking activities, here and in the exam.

- Give full answers, with plenty of details – you'll get more points if you go beyond the bare minimum.
- Show off as much as you can! Earn extra points by using varied and sophisticated language.
- One way to prepare for this is to learn by heart phrases that apply to *you* and that show off grammatical points.
- Use linking words to make longer sentences, e.g. **und**, **aber** (*but*), **oder** (*or*). Don't forget that the word order changes after words such as **weil** and **dann**.
- Show that you can use a range of tenses. Put them in deliberately – you'll get extra marks in the exam.
- You'll also get more marks for including your opinions, and even more if you can explain and justify them.
- In class, you can enjoy experimenting and playing with German – you'll learn from your mistakes. But don't try this in the exam, or you could go disastrously wrong! Stick to what you do know how to say.
- From time to time, record yourself and listen to your accent, how fluent you are, etc. How can you improve?
- Practise getting your tongue round words you find difficult to pronounce. If you really have a problem with a particular word, avoid using it in the exam.

C Gratuliere!

1 **Comic** Was machen Magda, Lisa und Oskar, während Stefan läuft? Worüber reden sie?

bist ... gelaufen = *ran*

2 Frau Marlene Seibold hat letztes Jahr am Berliner Marathon teilgenommen. Sie erzählt davon.

a Hör zu. Richtig oder falsch?

1 Der Marathon war im September.
2 Das „Fun Run" war am Samstag.
3 Das „Fun Run" war 17 km lang.

b Hör weiter zu. Richtig oder falsch?

4 Der Marathon war am Sonntagnachmittag.
5 1 000 Leute haben am Marathon teilgenommen.
6 Marlene ist mit ihrem Mann gelaufen.
7 Sie haben Wasser getrunken und Bananen gegessen.
8 Das Ende des Marathons war im Olympiastadion.

Extra! c Mach Notizen. Schreib dann einen kurzen Text: Beschreib, was Marlene gemacht hat.

3 Was sagt man in diesen Situationen? Was passt zusammen?

Meine Freundin ...
1 ... hat den Halbmarathon gewonnen.
2 ... ist krank.
3 ... hat Geburtstag.
4 ... hat morgen eine Prüfung.
5 ... gibt eine Party.
6 ... fährt in die USA.

Ich sage ...
a Gute Besserung!
b Gute Reise!
c Gratuliere! Du bist toll gelaufen!
d Alles Gute zum Geburtstag.
e Viel Glück! Toi-toi-toi!
f Vielen Dank für die Einladung.

4 Schreib zwei Karten. Zum Beispiel:
- Deine Freundin hat ihren Führerschein gekriegt.
- Dein Freund hat nächste Woche eine Klavierprüfung.
- Die Katze von deiner Cousine ist gestorben.

Liebe Kathrin,

ich habe gehört, du bist im Krankenhaus. Es tut mir Leid. Gute Besserung!

Alles Liebe,
Claudia

Dein idealer Geburtstag

Was würdest du machen?

Für meinen idealen Geburtstag würde ich Robbie Williams einladen. Ich würde mit ihm in die Disko gehen. *Lotte*

Was würde ich machen? Kein Problem – ich würde Formel-1-Rennfahrer für den Tag sein. Schnelle Autos gefallen mir sehr, also könnt ihr raten, was mein ideales Geburtstagsgeschenk wäre! *Axel*

Ich würde gern mit meiner Freundin nach Südamerika fahren. Wir würden Rio besichtigen und den berühmten Karneval sehen. *Theo*

Für meinen idealen Geburtstag würde ich nicht in die Schule gehen. Ich würde keine Hausaufgaben machen. Ich würde im Bett bleiben und den ganzen Tag schlafen! *Meike*

Für meinen idealen Geburtstag würde ich eine große Party geben. Ich würde meine Lieblingsmusik ganz laut spielen. Wir würden alle die ganze Nacht lang tanzen. *Arnold*

Ich würde meine Tante in Australien besuchen. Ich habe meinen Onkel und meinen jüngeren Cousin noch nie gesehen! Ich würde gern im Großen Barrierenriff schnorcheln. *Sabrina*

5 Lies den Text oben und schreib den Namen / die Namen.

1 Wer würde tanzen?
2 Wer würde eine Art Sport treiben?
3 Wer würde den Tag mit einem Star verbringen?
4 Wer würde ins Ausland fahren?
5 Wer würde faulenzen?
6 Wer würde mit einem Freund / mit Freunden zusammen sein?

faulenzen = *to laze around*

Grammatik: „ich würde …" >> F16

ich würde	*I would*	wir würden	*we would*
du würdest	*you would*	ihr würdet	*you would*
er würde	*he would*	Sie würden	*you would*
		sie würden	*they would*

! Infinitiv am Ende!
Ich **würde** meinen Geburtstag gern mit meinen Freunden zu Hause **verbringen**.

6 Beschreib deinen idealen Geburtstag. Was würdest du machen?

7 ***TRANSFER!*** **>>** Hypothetische Situationen: Was würdest du machen?

A Dein Fernseher ist kaputt.

B Die Schule ist wegen Schnee geschlossen.

C Du musst zwei Wochen lang im Krankenhaus bleiben.

8 **Extra!** ***TRANSFER!*** **>>** Eine Frage von Ethik! Was würdest du in dieser Situation machen?

A Dein Freund nimmt Drogen.

B Du findest einen Zwanzigeuroschein am Strand.

C Du siehst die Freundin von deinem Bruder – mit einem anderen Jungen.

9 Ergänze den Brief.

Vielen Dank für deine Einladung.
Ich würde gerne kommen, aber …
Würdest du gern am Mittwoch …?

Here's a tip
Look back at the excuses you practised on page 67.

1 **P**

Läden Was kann man hier kaufen? Wie viele Beispiele könnt ihr für jeden Laden schreiben?

1 Hackfleisch, Würste, ...

1 in der Metzgerei **2** im Getränkeladen **3** in der Bäckerei **4** in der Konditorei

2

Im Supermarkt Ist das ... **1** Obst?
2 Gemüse?
3 Fleisch?

A
Sonderangebot
Unser Schinken
nur 5 Euro das Kilo

B
Damen und Herren!
Erdbeeren
Heute nur **€3,99** / 500 g

C
Tiefgefrorene Erbsen
Zwei Packungen für nur €**4,49**

D
Hähnchen zum halben Preis

3

Herr Braun ist im Supermarkt einkaufen gegangen.

Spanische Erdbeeren
wohlschmeckend, aromatisch und kalorienarm,
Klasse 1, 500-g-Schale

Erdenhof deutsche Speise-Möhren
als Rohkost, Gemüse, in Gemüsesuppen oder Saft,
Klasse 1, 1000-g-Schale

Füllhorn argentinische Öko-Äpfel
»Royal Gala«,
Klasse II, 1000-g-Netz

a Richtig oder falsch?

1. Herr Braun hat Wurst gekauft.
2. Er hat zwei Tüten Milch gekauft.
3. Er hat Kirschen gekauft.
4. Er hat drei Becher Jogurt gekauft.
5. Er hat eine Packung Orangensaft gekauft.
6. Er hat zwei Tüten Chips gekauft.
7. Er hat vier Brötchen gekauft.
8. Er hat Eier gekauft.

b Korrigiere die falschen Sätze.

4

Was hast du gestern zum Frühstück gegessen und getrunken? Und zum Mittagessen? Und zum Abendessen?

Zum Frühstück habe ich ... gegessen.
Ich habe ... getrunken. ...

1

Manchmal gibt es keinen deutschen Namen für ein englisches Essen. Dann muss man das Essen beschreiben.
Kannst du das Essen identifizieren?

es ist eine Art ...	*it's a kind of ...*
es ist aus ...	*it's made of ...*
süß	*sweet*
scharf	*spicy*

1	2	3	4
Es ist eine Art Dessert. Man isst es kalt. Es ist sehr süß. Es ist aus Obst, Biskuit, Vanillepudding und Schlagsahne.	Man isst es warm zum Frühstück. Es ist aus Hafer und Milch oder Wasser. Man kann es mit Zucker essen, aber in Schottland isst man es manchmal mit Salz.	Man isst es warm zum Mittagessen oder zum Abendessen. Es ist aus Hackfleisch, Tomaten und Spagetti.	Es ist eine Hauptspeise aus Hackfleisch und Kartoffelpüree. Die Kartoffelpüree ist über dem Fleisch.

2

Beschreib zwei Speisen für einen deutschen Freund.
z.B. *shortbread, chicken curry, scones, beef chow mein ...*

Kann dein Partner oder deine Partnerin die Speise identifizieren?

3

a ***TRANSFER!*** **>>** Du hast die Wörter vergessen. Was kannst du sagen?

Here's a tip

You need to use a German word, but you don't know it or you've forgotten it. Don't panic! You can use the same sorts of phrases and tactics as in exercises 1 and 2.

P

Extra! b Du beschreibst etwas. Dein Partner oder deine Partnerin muss es identifizieren.

Man isst es zum Mittagessen oder zum Abendessen. Man isst es warm oder kalt.

On this page you'll be dealing with 'what if ...?' situations.

Grammatik: „wenn ich ... wäre/hätte" >> F16

Wenn ich Millionnär **wäre,** **würde** ich eine Jacht **kaufen.**
***If I were** a millionaire,* ***I would buy** a yacht.*

Wenn ich eine Jacht **hätte,** **würde** ich um die Welt **reisen.**
***If I had** a yacht,* ***I would travel** round the world.*

1

Kirsten redet über die Schuluniform in Großbritannien. Hat sie Recht? Was meinst du?

Wenn wir keine Schuluniform hätten, könnte ich tragen, was ich wollte. Wenn ich reich wäre, würde ich nur Markenkleider zur Schule tragen. Aber wenn wir keine Uniform hätten, würden wir alle Jeans und Pullis tragen ... Dann würden wir eine neue Uniform haben!

2

a Was passt zusammen? Schreib die Sätze in dein Heft.

1 Wenn ich in Deutschland wäre,
2 Wenn ich ein Pferd hätte,
3 Wenn mein Bruder reich wäre,
4 Wenn er seinen Führerschein hätte,
5 Wenn er fit wäre,

würde er eine Fußballmannschaft kaufen.
würde er einen Marathon laufen.
würde ich jeden Tag reiten gehen.
würde ich nachmittags keine Schule haben.
würde er ein Auto kaufen.

b Ergänze diese Sätze.
1 Wenn ich in Australien wäre, ...
2 Wenn ich viel Geld hätte, ...

Grammatik: „wenn" + andere Verben + „würde/könnte" >> F16

Wenn ich nach Rom **fahren würde,** **würde** ich das Kolosseum **besichtigen.**
***If I went** to Rome,* ***I would visit** the Colosseum.*

Wenn mein Bruder in Edinburgh **studieren würde,** **könnte** ich sein Zimmer **haben.**
***If** my brother **studied** in Edinburgh,* ***I could have** his room.*

3

Schreib Sätze mit **würde** oder **könnte** in dein Heft.

1 (ich) nach Berlin fahren / das Brandenburger Tor besichtigen.
2 (meine Schwester) ihre Hausaufgaben machen / bessere Noten haben.
3 (mein Freund) öfter schwimmen gehen / fit sein!
4 (ich) heute Abend zu Hause bleiben / im Fernsehen einen Film anschauen.
5 (mein Bruder) jede Woche trainieren / in der Fußballmannschaft spielen.
6 (ich) im Supermarkt einkaufen gehen / Geld sparen.
7 (meine Schwester) einen Marathon laufen / sterben!
8 (mein Vater) zu Hause arbeiten / (ich) ihn öfter sehen.

4

Wenn du in Berlin eine deutsche Freundin hättest, wenn du aber nicht viel Geld hättest, wenn du sie aber sehen wolltest, **was würdest du machen**?
Zum Beispiel, wie würdest du nach Deutschland fahren? Wie würdest du Geld verdienen?

8 Hilfe!

Vor dem Start

✔ Lektion 8 is full of drama – journeys, accidents and natural disasters!

1

a **IE/EI** Wie sagt man das?

What's the rule about pronouncing **ie** and **ei** in German?

eins, zw**ei**, dr**ei**, v**ie**r ...
am Fr**ei**tag und am D**ie**nstag

b ***TRANSFER! >>*** These words will come up in this unit. Use your rule to say them, then listen and check your pronunciation.

die Reise = *the journey*
eine Beschreibung = *a description*
ein Eisberg = *an iceberg*
die Passagiere = *the passengers*
telefonieren = *to phone*
das Kennzeichen = *the car registration number*
es hat geschneit = *it snowed*
was ist passiert? = *what happened?*

c You'll practise the perfect tense in this unit. Here are some verbs that change from **ei** to **ie** in the perfect. Have a go at saying them.

Ich bleibe zu Hause. ➔ Ich bin gestern zu Hause geblieben.
Ich schreibe einen Brief. ➔ Ich habe vorgestern einen Brief geschrieben.
Er leiht mir einen Stift. ➔ Er hat mir letzte Woche einen Stift geliehen.
Das Wasser steigt. ➔ Das Wasser ist gestern Abend gestiegen.

steigen = *to rise*

2

a Wie kann man nach London fahren?
Schreibt so viele Beispiele wie möglich.

mit wem?
mit meinem Stiefvater

Transport
mit dem Flugzeug

b Ihr hört zehn Beispiele für „Transport" oder „mit wem?".
- Hört ihr eins von euren Beispielen? Dann kriegt ihr einen Punkt.
- Habt ihr weitere Beispiele, die **nicht** auf der Kassette waren? Für jedes Beispiel kriegt ihr zwei Punkte!

c Hört noch einmal zu. Schreibt die Beispiele, die ihr noch nicht geschrieben habt.

3

Was hast du gestern Abend gemacht?
Schreib Sätze in dein Heft.

habe oder **bin**?
haben oder **sind**?

1 Ich habe einen Brief geschrieben.

in die Stadt
einen Brief
zwei Stunden später
in einem Café
eine Musiksendung
mein Buch
zu Hause
angeln
Eintrittskarten
das Schloss

1 Ich (habe/bin) ___ geschrieben.
2 Ich (habe/bin) ___ gesehen.
3 Ich (habe/bin) ___ gegangen.
4 Ich (habe/bin) ___ vergessen.
5 Ich (habe/bin) ___ gefahren.
6 Ich (habe/bin) ___ eingeladen.
7 Wir (haben/sind) ___ besichtigt.
8 Wir (haben/sind) ___ geblieben.
9 Wir (haben/sind) ___ abgefahren.
10 Wir (haben/sind) ___ gekauft.
11 Wir (haben/sind) ___ gegessen.
12 Wir (haben/sind) ___ angekommen.

in die Berge
früh
eine Postkarte
Butterbrote
meinen Stift
am Morgen
meinen Freund
nach Deutschland

A Ein spannender Ausflug

Kannst du eine Reise oder einen Ausflug beschreiben? Übungen 1 bis 6 helfen dir ...

Die Struktur Eine Reisebeschreibung hat oft diese Struktur:

Du hörst drei Reisebeschreibungen. Welche Stufen hörst du?

Stufe **A**: Die Hinfahrt Stufe **B**: Am Vormittag Stufe **C**: Das Mittagessen Stufe **D**: Am Nachmittag Stufe **E**: Die Rückfahrt	+ Stufe **F**: Das Wetter + Stufe **G**: Deine Meinung

1 A, F, ...

Comic Magda und Stefan haben einen Ausflug gemacht. Schreib Notizen für jede Stufe A–G.

Stufe A: Samstag, 10.30 Uhr. Magda und ...

Am Samstag haben Magda und Stefan einen Ausflug mit dem Rad gemacht. Sie sind um halb elf abgefahren. Es war sonnig. Vor dem Mittagessen sind sie ungefähr 25 km gefahren.

„Ich warte auf dich, wenn du zu langsam bist", hat Stefan gesagt. Aber Magda war schneller als Stefan! Sie hat oben am Berg auf Stefan gewartet.

„Das war schwer", hat Stefan gesagt. „Mensch, bist du fit!"

Dann haben Magda und Stefan ein Picknick gemacht. Sie haben unter einem Baum gegessen, weil es geregnet hat. Danach sind sie weitergefahren.

Zehn Minuten später sind sie an einem kleinen See angekommen. Sie sind im See schwimmen gegangen. Das hat viel Spaß gemacht.

„Das war spitze", hat Magda gesagt. „Aber es ist spät. Wir müssen nach Hause fahren."

Unterwegs hat ein Auto Stefan und Magda überholt. „Du Idiot!", hat Magda gerufen. „Das war viel zu nah!" Aber der Autofahrer hat nicht aufgepasst. Er war am Telefon. Und plötzlich ... *(Fortsetzung auf Seite 92)*

Grammatik: Wortfolge >> Seite 120

und	dann
aber	kurz darauf
oder	zehn Minuten später

a Ergänze diese Sätze mit **und** oder **aber**.

1. Wir haben das Schloss besichtigt, ... wir haben Onkel Franz besucht.
2. Wir sind in den Laden gegangen, ... wir haben nichts gekauft.
3. Es war kalt, ... es hat nicht geschneit.
4. Wir haben den Dom gesehen, ... wir haben Fotos gemacht.

Extra! b Ergänze die Sätze mit einem passenden Ausdruck.

1. Wir sind um 9.00 Uhr abgefahren, ... wir sind in Wien angekommen.
2. Wir haben den Dom besichtigt, ... wir sind in ein Café gegangen.
3. Es war kalt, als wir ins Kino gefahren sind, ... es hat geschneit.
4. Als wir angekommen sind, war es windig, ... es hat geregnet.
5. Zuerst haben wir die Karten gekauft, ... wir sind ins Kino gegangen.
6. Ich habe meine Freundin eingeladen, ... sie konnte nicht mitkommen.

Do you have to alter the word order?

und dann **aber** **und** **und kurz darauf** **und zwei Stunden später**

Grammatik: „als" >> Seite 120

In the perfect tense, **als** means *when*. Watch out for the the word order rules:

Ich habe meinen Freund gesehen, *comma*	**als** ich in Berlin angekommen **bin**. *verb to end*
Als ich in Berlin angekommen **bin,** *this is the first element ...*	**habe** ich meinen Freund gesehen. *... so the verb* **habe** *comes second*

- **wann** means *when* in questions.
- **wenn** means *when* in the present tense and *whenever* in the perfect tense.

4 **Viele Reisen!** Schreib die Sätze in dein Heft.

1 Als ich in Berlin war, habe ich das Brandenburger Tor gesehen.

1 Als ich in Berlin war, ... [das Brandenburger Tor / sehen]
2 Als ich nach Rom gefahren bin, ... [das Kolosseum / besichtigen]
3 Als meine Eltern in Schottland waren, ... [zum Loch Ness / fahren]
4 [ich / in Paris], habe ich den Eiffelturm gesehen.
5 [wir / in Athen], sind wir zum Parthenon hinaufgegangen.
6 [wir / nach Ägypten], haben wir die Pyramiden gesehen.

5 P ***TRANSFER!*** >> When you describe a journey, make use of language you already know!

Present You know these phrases:	**Past** Can you work out these?
es regnet ➜	1 es ...
es ist sonnig ➜	2 es ... sonnig
es ist langweilig ➜	3 es ...
ich habe Hunger ➜	4 ich hatte ...
die Reise dauert drei Stunden ➜	5 die Reise ... gedauert
wir machen einen Ausflug ➜	6 wir ...

1 es hat geregnet

6 P Beschreibt diesen Ausflug: „Wir ..." **Extra!** oder „Sie ..."

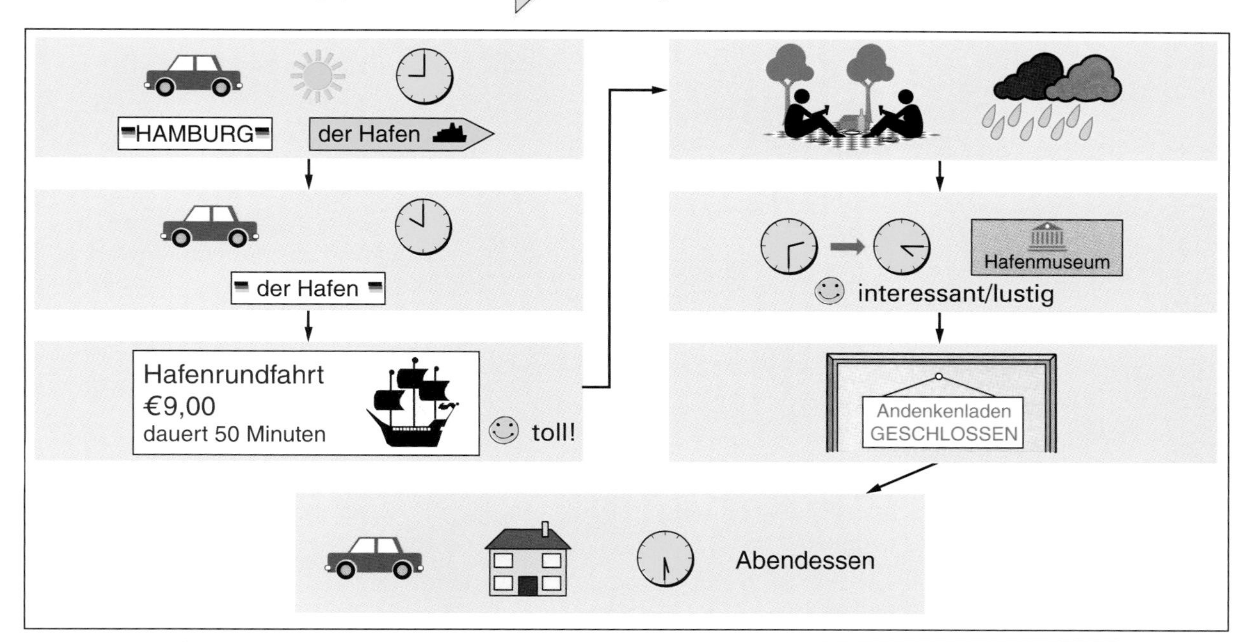

7 Und jetzt ... beschreib eine Reise oder einen Ausflug.

B Ruf 110 an!

1 **Comic** Hör zu und lies.

Unfall A

– Hallo. Es hat einen Unfall gegeben auf der Straße zwischen Dalgow und Seeburg.
– Wo sind Sie genau?
– Ungefähr 2 km nördlich von Seeburg.
– Ist jemand verletzt?
– Ja, ein Mann ist verletzt, aber nicht schwer verletzt, glaube ich.
– Was ist passiert?
– Der Mann war in seinem Auto. Er ist sehr schnell gefahren, aber er hat nicht aufgepasst. Er hat im Auto telefoniert. Und dann ist das Auto in einen Baum gefahren.
– Bleiben Sie da. Wir schicken einen Krankenwagen. Was für ein Auto ist es?
– Es ist ein roter BMW. Kennzeichen B – JA – 2971.

2 Du bist der Autofahrer. Erzähl, was passiert ist: „Ich ..."

3 **a** Lies die Berichte über diese zwei weiteren Unfälle.

Unfall B

Unfall in der Bachstraße: zwei Verletzte

Am Montagabend gab es einen Unfall in der Stadtmitte. Ein Motorradfahrer ist in eine Mauer gefahren. Der Unfall ist gegen 20 Uhr neben der Bank in der Bachstraße passiert.

Ein Fußgänger wurde von der Polizei vernommen. „Es hat geregnet und die Straße war sehr nass", hat er gesagt. „Das Motorrad ist mit ungefähr 100 km/h gefahren, glaube ich. Die Ampel war rot und er konnte nicht anhalten."

Der Motorradfahrer und sein Mitfahrer wurden sofort ins Krankenhaus gebracht. „Sie haben Glück, dass sie nicht tot sind", hat ein Polizist gesagt.

vernehmen (vernommen) = *to interview, question*

Unfall C

Eine unglückliche Schwimmerin

Eine Fußgängerin wurde am Dienstagmorgen im Park verletzt. Sie hat unserer Journalistin den Unfall beschrieben.

„Es war sehr schön, als ich im Park spazieren gegangen bin. Ich habe mit meinem Hund gespielt und ich habe nicht gesehen, dass wir so nahe beim See waren", hat Frau Helga Dörfer, 38, erzählt. Plötzlich ist die arme Frau Dörfer in den See gefallen! „Das war so dumm von ihr", hat ihr Sohn, Klaus, gelacht.

Und wurde Frau Dörfer verletzt? „Tja, ich habe mir den Arm gebrochen." Nicht so lustig.

b **Unfälle A, B, C** Welcher Unfall ist es? / Welche Unfälle sind es?

1 Jemand ist zu schnell gefahren.
2 Das Wetter war schlecht.
3 Jemand hat nicht aufgepasst.
4 Jemand wurde verletzt.

Grammatik: das Passiv >> F17

Er **wurde** vernommen.
*He **was** interviewed.*
Sie **wurden** ins Krankenhaus gebracht.
*They **were** taken to hospital.*

4 Im Radio hörst du einen Bericht über Unfall B.
Welche Informationen sind in der Radiosendung falsch?

5

a Sieh dir Bild A an. Schreib den Bericht richtig auf.

Der Unfall ist um halb zwei / halb zwölf / halb drei passiert.
Er ist vor einem Musikladen / einer Post / dem Kino passiert.
Es hat geregnet / geschneit / gedonnert.
Ein blaues / grünes / schwarzes Auto ist in einen Baum gefahren / ist auf ein anderes Auto aufgefahren / hat eine Radfahrerin angefahren.
Die Autofahrerin hat am Handy gesprochen / nicht aufgepasst.
Zwei Personen wurden verletzt / aufs Polizeirevier gebracht / für die Zeitung vernommen.

Extra!

b Schau ins Wörterbuch. Wie sagt man ...?

to brake – he braked
to skid – he skidded
to fall – he fell

c Beschreib den Unfall in Bild B.

6 ***TRANSFER!*** **>> Eine Panne** Du kannst Wörter vom Thema „Unfall" für das Thema „Panne" benutzen.

a Fragen und Antworten: Was passt zusammen?

1 Autowerkstatt Grüner. Was ist das Problem?
2 Wo sind Sie genau?
3 Was für ein Auto ist es?
4 Welche Farbe hat es?
5 Was ist das Kennzeichen?

a Es ist blau.
b Es ist ein Opel.
c A – RS 4961
d Auf der B19, 2 km südlich von Königsbrunn, vor einer Kirche.
e Ich habe eine Panne.

If you say it this way, you don't need to worry about the ending. But if you know your adjective endings, show off!
Es ist ein blaues Auto.

Andere Antworten:
- Es startet nicht.
- Ich weiß nicht genau.
- Es tut mir Leid, ich kann es nicht beschreiben.

(P) **b** Übt den Dialog.

7 (P) Erfindet Dialoge.

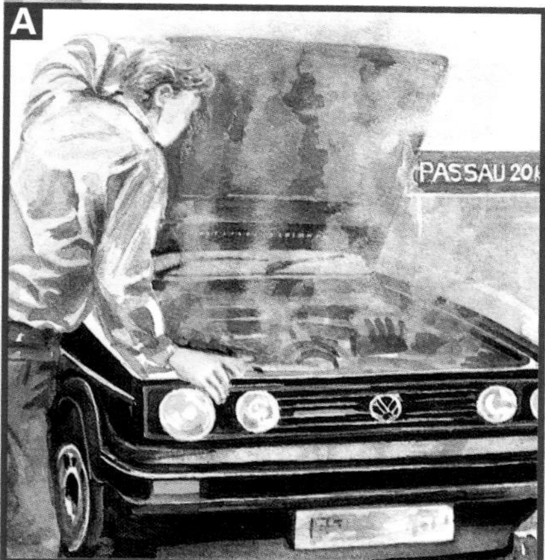

RICHTIG ODER FALSCH?

In Deutschland müssen alle Autos, Busse und LKWs rechts fahren. Fahrräder und Motorräder müssen aber links fahren. Also bleiben die „Vier-Räder" von den „Zwei-Rädern" schön getrennt.

getrennt = *separate*

C

Drei Katastrophen

A Das Gewitter

Am Mittwochabend war ich allein zu Hause und habe auf meine Eltern gewartet. Ich hatte Angst, weil es dunkel und furchtbar windig war. Es hat angefangen zu regnen, zu donnern und zu blitzen. Endlich habe ich unser Auto gesehen.

Plötzlich gab es einen schrecklichen Krach – und ein Baum ist auf unser Auto gefallen! Ich habe geschrien und bin aus dem Haus gerannt.

Ich habe versucht, meinen Eltern zu helfen. Gott sei Dank waren sie nicht verletzt. Meine Mutter ist ins Haus gekommen und hat versucht, Licht zu machen. Im Haus war aber alles dunkel. Wir hatten keinen Strom!

B Das Hochwasser

2. Februar
Es regnet seit drei Tagen. Das Flusswasser steigt. Gibt es bald Hochwasser?

3. Februar
Die Mosel steigt immer noch. Unsere Straße ist unter Wasser. Wir haben die Wohnzimmermöbel in die Schlafzimmer getragen. Wir haben Wasser im Keller.

4. Februar
Das Wasser kommt ins Haus. Was für ein Chaos! Das Wasser ist schmutzig. Draußen haben Soldaten in einem Schlauchboot eine ältere Frau gerettet.

C Die Lawine

Drei Tote bei Lawine in den Alpen

Bei der Lawine in Tirol, Österreich, sind heute früh fünf Menschen verschwunden. Die fünf Menschen waren Skifahrer aus Deutschland und Schweden. Sie waren von der Skipiste abgekommen.

Gegen Mittag haben die Rettungsmannschaften zwei Skifahrer gefunden. Sie wurden per Hubschrauber ins Krankenhaus in Innsbruck gebracht. Nach den drei anderen Skifahrern sucht man weiter.

Die Lawine, eine der größten in den letzten Jahren, hat im Dorf Bergsteinbach vier Häuser zerstört. Die Einwohner konnten aber aus ihren Häusern fliehen und sind nicht verletzt.

1 Wie sagt man das auf Deutsch?

A Das Gewitter **1** I was frightened. **2** It began to rain. **3** Suddenly there was an awful noise. **4** I screamed. **5** I tried to help my parents.

B Das Hochwasser **6** The river water is rising. **7** dirty **8** Soldiers saved a woman.

C Die Lawine **9** five people **10** towards midday **11** by helicopter **12** to flee

2 **a** Schreib den Text in dein Heft und ergänze die Lücken.

Das Gewitter
Das Mädchen war zu Hause, aber ihre (1) ___ waren weg. Als sie das (2) ___ gesehen hat, gab es einen (3) ___ Krach und ein (4) ___ ist auf das Auto gefallen. Das (5) ___ hat ihren Eltern aus dem Auto geholfen. Als ihre (6) ___ ins Haus gekommen ist, gab keinen (7) ___ im (8) ___.

Extra! b Schreib diesen Text im Perfekt. Es hat drei Tage lang geregnet.

Das Hochwasser
Es ___ drei Tage lang ge___. Das Moselwasser ___ ge___. Die Famile ___ die Wohnzimmermöbel in den ersten Stock ge___. Am 4. Februar ___ das Wasser ins Haus ge___. Es ___ schmutzig. Auf der Straße ___ Soldaten eine ältere Frau ge___.

3 Schreib die Sätze in der richtigen Reihenfolge auf.

Die Lawine

a Ein Hubschrauber hat die zwei Menschen ins Krankenhaus gebracht.
b Zwei Menschen wurden gegen Mittag gefunden.
c Plötzlich gab es eine Lawine.
d Man sucht noch nach den drei anderen Touristen.
e Die fünf Skifahrer sind in der Lawine verschwunden.
f Fünf Menschen sind Ski gefahren.
g Rettungsmannschaften haben nach den Skifahrern gesucht.
h Die Skifahrer sind nicht auf der Skipiste geblieben.

Extra! Kannst du **Gewitter**, **Hochwasser** und **Lawine** definieren? Gewitter: Es ist furchtbar windig, es regnet, es ...

4 Du hörst am nächsten Tag die Nachrichten im Radio.
Mach Notizen auf Deutsch.
Was passiert **1** beim Gewitter, **2** beim Hochwasser, **3** bei der Lawine?

Extra! Schreib drei kurze Berichte mit den Informationen aus den Nachrichten.

5 Schreib die Geschichte fertig.

„Willst du mit mir über den Atlantik nach New York fahren?"
„Nach New York?!", habe ich geantwortet. „Wie?"
„Mit einem Motorboot", hat meine Freundin Conni gesagt.
Drei Wochen später sind wir abgefahren. Am ersten Tag war das Wetter fantastisch, aber am dritten Tag hat es angefangen zu regnen. Es war furchtbar windig und bald hatten wir Wasser an Bord und Probleme mit dem Motor ...

SPEZIAL!

The perfect tense

What do you need to think about when using the perfect tense?

Past participle to the end

Ich habe gestern Abend mit meinen Freunden im Park Fußball **gespielt**.

When do you use the perfect tense?

Ich habe in Berlin gewohnt.

This can mean:
I lived in Berlin.
I have lived in Berlin.
I was living in Berlin.

You have to know the verbs sein and haben

You can check them on page 12.

Separable verbs have -ge- in the middle of the past participle

Ich habe ab**ge**waschen.
Er ist an**ge**kommen.

Some past participles don't begin with ge-

Ich habe ...
bestellt/besichtigt/besucht/ ...
verkauft/vergessen/verloren/ ...
telefoniert/studiert/fotografiert/ ...

In the perfect tense, most verbs follow one of these two patterns

ich habe .... ge___t — Ich habe **ge**spiel**t**. Es hat **ge**regne**t**.
ich habe .... ge___en — Ich habe **ge**trunk**en**.

this is called the auxiliary
this is called the past participle

With verbs involving movement from A to B, the auxiliary is **sein** rather than **haben**:
Ich **bin** nach Berlin gefahren. Er **ist** in die Stadt gegangen.

You've looked up a verb in the dictionary – how do you put it into the perfect tense?

Your dictionary will probably give a list of verbs and their past participles. If your verb isn't in this list, use the pattern **habe ... ge___t.**

'Was' and 'had'

Use the imperfect tense (>> Grammatik F13):

Es **war** sonnig.
Ich **hatte** Kopfschmerzen.
Es **gab** kein Wasser.

Use time phrases ...

gestern letztes Jahr letzte Woche vor drei Tagen

... and remember the rules about word order:
- the auxiliary is the second element
- the past participle goes to the end.

Gestern bin ich in die Stadt gegangen.

Other verbs that take sein

Er ist ...
geblieben/gekommen/gestiegen
geboren/gestorben/gefallen

and verbs containing **gehen**, **fahren** and **kommen**:
Er ist angekommen/weggegangen.

1

a Wie viele Verben kennst du im Perfekt?

1 Ich habe gespielt.

1 spielen
2 essen
3 gehen
4 fernsehen
5 schreiben
6 bleiben
7 trinken
8 kaufen

Extra! b Schreib fünf weitere Verben im Perfekt.

2

Was hat deine Familie gestern gemacht? Schreibe Sätze.

1 Mein Vater hat im Büro gearbeitet.

1 Vater – im Büro arbeiten
2 Mutter – zu einer Konferenz fahren
3 älterer Bruder – in einem Fußballspiel spielen
4 Opa – ein gutes Buch lesen
5 jüngerer Bruder – seine neue CD hören
6 ältere Schwester – einen Horrorfilm sehen
7 jüngere Schwester – zu einer Party gehen
8 Oma – Tante Maria besuchen

3

Schreib Postkarten mit **wir**.

Hallo!

Am Dienstag sind wir nach München gekommen. Gestern haben wir die Stadt besichtigt und wir sind in einem Hallenbad schwimmen gegangen. Es hat nicht geschneit!

Tschüss! Bis bald, Max

1 Mittwoch / hier / ankommen
Vor zwei Tagen / einkaufen / gehen
Gestern / Tennis / spielen / aber regnen

2 Samstag / nach Hamburg / kommen
Sonntag / den Zoo / besichtigen
Dann / eine Hafenrundfahrt / machen

3 Gestern / hier in Innsbruck / ankommen
Heute Morgen / Ski fahren
die Berge / fotografieren / schneien

4

Rätsel Was hat Lotte am Wochenende gemacht?

Kino am Rathausplatz
Erwachsener: €9,50

Maxi Mode
Jeans
€69,99

1 Tee
1 Kaffee
2 Schokoladenkuchen
€22,00

marco –
45 27 90 11

5

Spiel Was hat dein Partner oder deine Partnerin am Wochenende **nicht** gemacht?

P

a Schreib fünf Fragen für deinen Partner oder deine Partnerin.
Du willst Antworten mit „Nein"!

Bist du nach Finnland gefahren?
Hast du am Samstag 100 Hamburger gegessen?

b Stell die Fragen. Wie viele Antworten mit „Nein" hast du gekriegt?

1 **Das Wetter** Schreib die richtigen Sätze.

Berlin: Es hat geregnet. Es war ...

Gestern in Reykjavik	Gestern in Dakar	Gestern in Edinburgh	Gestern in Berlin
Regenschauer	Sonnenschein	Wind	Wolken
–10°	32°	3°	18°
kein Schnee	kein Wind	kein Regen	kein Sonnenschein

es war	kalt / sehr kalt / warm / heiß wolkig / sonnig / nicht sonnig / windig / nicht windig
es hat	geregnet / nicht geregnet / geschneit / nicht geschneit

2 Schau das Bild an. Schreib 20 Sätze über das Bild – was du willst!

Es waren vier Menschen in der Familie.
Das Mädchen hatte lange Haare.
Der Vater hat geschlafen.

Was haben sie angesehen?

Was gab es zu essen?

Wie war das Wetter?

Wohin sind sie gefahren?

Die Titanic

Nützliche Wörter und Ausdrücke

Die Titanic – das größte Schiff der Welt
10/4/1912 – Southampton → New York
2227 Menschen an Bord

Passagiere in der 3. Klasse – essen – Karten spielen
Passagiere in der 1. Klasse – tanzen – das Orchester hören

Vier Tage später – in der Nacht – der Eisberg – vor dem Schiff – sehen – einen furchtbaren Krach
ungefähr 500 km südöstlich von Neufundland, Kanada

Wasser – schnell – ins Schiff kommen – zuerst – das Orchester – spielen – Passagiere – essen u. tanzen

bald – manche Passagiere – Angst haben – in die Rettungsboote steigen (sind gestiegen) – kurz danach sinken (ist gesunken)

Eine Stunde 40 Minuten später – ein anderes Schiff, die Carpathia – 706 Menschen gerettet
vier Tage später – in New York ankommen
bei der Katastrophe – 1521 Menschen gestorben

1 Schreib die Geschichte der Titanic.

Du warst an Bord.
Erzähl deine Geschichte.

Grammatik: „obwohl", „dass", „weil" >> Seite 120

You know how to use **als** (see page 91):

Ich habe meinen Freund gesehen**, als** ich in Berlin angekommen **bin.**

***TRANSFER!* >>** These three words are followed by the same word order:

obwohl *(although)* **dass** *(that)* **weil** *(because)*

Wir sind joggen gegangen**, obwohl** es geregnet **hat.**
Ich weiß**, dass** du gestern Geburtstag **hattest.**
Er feiert**, weil** seine Freundin aus dem Krankenhaus gekommen **ist.**

! **Als** ich in Berlin angekommen **bin, habe** ich meinen Freund **gesehen.**
Obwohl es geregnet **hat, sind** wir joggen **gegangen.**

1

Obwohl oder **weil**? Verbinde die Sätze.

1 Wir sind schwimmen gegangen. Das Wasser war kalt.
2 Ich habe meine Shorts getragen. Es war sonnig.
3 Ich bin ins Café gegangen. Ich hatte Hunger.
4 Die Komödie hat mir gefallen. Sie war nicht sehr lustig.
5 Es war teuer. Ich habe ein Stück Schwarzwälder Kirschtorte bestellt.
6 Es war so heiß. Ich bin ins Freibad gegangen.

2

Wie schreibt man auf Deutsch ...?

1 I stayed at home because it rained.
2 I didn't know that the man was injured.
3 I tried to help my parents, although it was dark.
4 I'm surprised that they rescued so many people. *surprised* = überrascht
5 Two people were taken to hospital, although they weren't injured.
6 We arrived home at 7 p.m., because my uncle fetched us.

to fetch us = uns abholen (hat uns abgeholt)

3

a Lies den Artikel.

Deutschlands schönste Nordseeinsel

Sylt liegt 11 km vom Festland entfernt und hat ein mildes Klima. Der Autoreisezug bringt Ihr Auto für etwa 70 Euro (hin und zurück). Billiger ist die Fähre von Dänemark aus.

- Wunderbare Strände, Angeln, Tennis, Minigolf
- Inselrundfahrten. Rundflüge per Hubschrauber
- Tierpark mit 400 Tieren (Flamingos, Affen, Emus ...)
- Wanderungen auf Sand und Dünen
- Idealer Ausgangspunkt für Ausflüge nach Legoland (Dänemark)

Übernachten Sie in Mövenberg, Deutschlands nördlichste Jugendherberge.

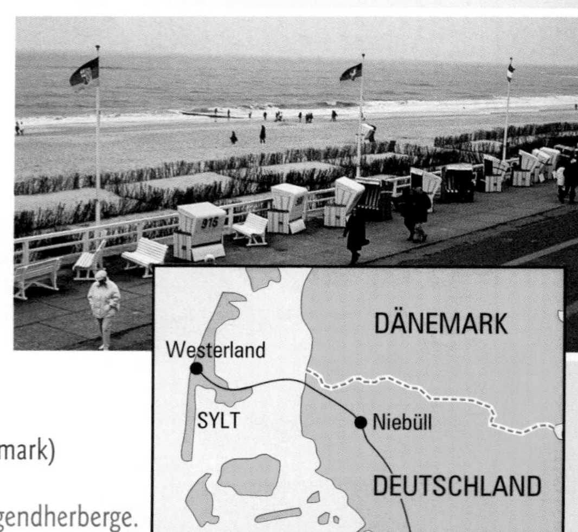

b Du bist letztes Jahr mit deiner Familie auf die Insel Sylt gefahren. Beschreib die Reise oder den Besuch.

Versuch, manchmal **als/weil/obwohl/dass** zu benutzen.

9 Lisas Geburtstag

Vor dem Start

✔ There's a lot about food in this unit: eating out or eating at home.

✔ You'll be buying presents and souvenirs, sending things from the post office and even marketing a new product.

1 **Essen und Trinken** Kannst du für jede Kategorie vier Wörter schreiben?

1 Man isst es kalt. **2** Es ist rot. **3** Es ist Obst. **4** Es ist rund. **5** Es ist Fleisch.

2 Was passt zusammen?

Schweine- Erd- Wurst-
Mineral- Gurken- Salz-
Käse- Rinder- Hack- Tun-
Erbsen- Bock- Blumen-
Spiegel- Trauben- Schlag-

-wasser -fleisch -sahne
-braten -fisch -kotelett
-salat -kohl -kartoffeln
-suppe -ei -saft -brot
-kuchen -wurst -beeren

3 Mach drei Listen in dein Heft. Trag die Wörter in die richtige Liste ein.

Obstsalat Schinkenomelett Krabbencocktail Melone mit Schinken Rosenkohl Zwiebelsuppe Apfelkuchen Lammbraten Pilze Brathähnchen Kartoffelbrei Schokoladeneis Bohnensuppe Wiener Schnitzel Pommes frites gemischtes Eis Nudeln Sahnetorte Forelle mit Reis und Gemüse

Vorspeisen	Hauptspeisen	Nachspeisen
		Obstsalat

4

a **Ä** Du bist im Restaurant. Wie sagst du diese Sätze?

Zweimal H**ä**hnchen, bitte.
Dieser Kuchen ist aus **Ä**pfeln und K**ä**se.
Bringen Sie mir ein K**ä**nnchen Kaffee, bitte.

Hör zu. War es richtig?

b Die Pluralformen, bitte! Wie schreibt man sie? Wie sagt man sie?

der Wald, die Wälder

Wald (¨er) *m* wood, forest
Fach (¨er) *nt* (school) subject
Stadt (¨e) *f* town
Ball (¨e) *m* ball
Motorrad (¨er) *nt* motorbike
Mann (¨er) *m* man
Mädchen (-) *nt* girl
Getränk (e) *nt* drink, beverage
Gaststätte (n) *f* restaurant

Hör zu. War es richtig?

5 **Ein Quiz**

1 Was sagt man, wenn man anfängt zu essen? **a** Gute Reise **b** Guten Appetit.

2 Die Liste mit Essen und Trinken im Restaurant heißt **a** die Speisekarte **b** die Rechnung.

3 In der Garderobe kann man **a** den Mantel aufhängen **b** sich die Hände waschen.

4 Wenn man etwas Gutes isst, sagt man: **a** „Das schmückt" **b** „Das schmeckt".

5 Pumpernickel ist eine Art **a** Brot **b** Wurst.

6 Quark ist **a** ein bisschen wie Senf **b** ein Milchprodukt.

A Zum Geburtstag ins Restaurant

1 **Comic** In welche Gaststätte gehen Magda und Lisa? Warum?

2 **a** Beantworte die Fragen.

1 Welches Restaurant ist das teuerste?
2 Welches ist vegetarisch?

Extra! 3 Wo würdest du essen? Warum?

b Such in den drei Speisekarten Beispiele von:

1 Fleisch
2 Gemüse
3 Kartoffelgerichten
4 Obst
5 Milchprodukten

c Wie viele Nationalitäten findest du? Verbinde das Adjektiv mit dem Land.

französisch = aus Frankreich

3 In welchem Restaurant hört man das?

1 Als Vorspeise nehme ich Melone mit Schinken.
2 Ist das Jägerschnitzel sehr scharf?
3 Zweimal Apfelstrudel mit Sahne, bitte.
4 Einmal Sauerbraten, bitte, aber mit Pommes frites, nicht mit Kartoffelsalat.
5 Ist diese Pizza mit oder ohne Oliven?
6 Was für Torten haben Sie heute?
7 Ich nehme ein großes Spezi.

4 A deckt die Speisekarten zu. A sagt einen Satz und B muss die richtige Gaststätte erraten. Zum Beispiel:

A Als Dessert möchte ich Apfelstrudel mit Vanillesoße.
B Pizzeria Rustica.
A Nein.
B Die Sonnenblume.
A Ja, richtig. Jetzt bist du dran ...

A

AN DER MOLE

Vorspeisen	€
Honigmelone mit Parmaschinken	5,20
Französische Zwiebelsuppe mit Croutons	4,50
Griechischer Bauernsalat	5,50
Dänische Nudelsuppe mit Brötchen	3,50
Hauptspeisen	
Jägerschnitzel mit Reis und Pilzen	10,50
Sauerbraten mit Kartoffelsalat	12,50
Schweinesteak mit Bratkartoffeln	12,90
Brathähnchen mit Pommes frites	9,90
Getränke	
Spezi	3,00
Sprudelwasser	2,90
Cola	3,00
Apfelsaft	3,50

B

DIE SONNENBLUME

Hauptspeisen	€
Spinat mit Spiegelei und Kartoffelpüree	9,50
Käseomelett mit grünem Salat / Karotten	7,90
Großer Salatteller	7,25
Desserts	
Vanilleeis mit heißen Himbeeren	4,80
Österreichischer Apfelstrudel (wahlweise mit Sahne, Vanilleeis oder heißer Vanillesoße)	5,20
Pfirsich-Melba	4,20
Gemischtes Eis mit Sahne	4,00
Gemischtes Eis ohne Sahne	3,50

C

Pizzeria Rustica

Hauptgerichte	€
Spagetti Carbonara (mit Sahne und Speck)	9,00
Spagetti Bolognese (mit Hackfleisch)	9,50
Pizza al Prosciutto (mit Schinken)	9,00
Vegetarische Lasagne	8,50
Nachspeisen	
Auswahl an Torten	6,90
Tiramisu (mit Sahne und Kaffeelikör)	7,50
Italienisches Eis – pro Kugel	2,50

5

a Schreib den Dialog in dein Heft und füll die Lücken aus.

▶ Guten Tag. Wir möchten einen ___ für zwei, bitte.
▶ Hier drinnen oder ___ im Garten?
▶ Ach, hier drinnen. Dort in der ___ vielleicht.
▶ Nehmen Sie bitte Platz. Und hier ist die ___.

*****

▶ Möchten Sie ___ ?
▶ Ja. ___ Tomatensuppe als Vorspeise. Als ___ einmal Hähnchen mit ___ und einmal ___ mit Reis.
▶ Und zu ___?
▶ Bringen Sie uns bitte eine ___ Rotwein.
▶ Möchten Sie auch eine ___?
▶ Äh, einmal Apfelstrudel mit Eis und eine ___ Kaffee, bitte.

*****

▶ So, hat's ___?
▶ Ja, es war sehr gut. Bringen Sie uns die ___, bitte.
▶ Bezahlen Sie zusammen oder ___?
▶ Zusammen, bitte.

bestellen
getrennt
Ecke
Flasche
Pommes frites
Lammbraten
Tasse
Speisekarte
Tisch
Hauptspeise
Nachspeise
geschmeckt
Rechnung
zweimal
trinken
draußen

b Du hörst jetzt den Dialog. Ist dein Dialog richtig?

c Übt den Dialog im Restaurant mit Wörtern aus den Speisekarten A, B und C auf Seite 102.

6

Du bist in einem Restaurant.
Ein Kellner beschreibt eine Speise auf der Speisekarte.
Hör zu und notiere die Information auf Englisch.

Here's a tip

It's helpful to think in advance about the language you're likely to hear. On page 87 in Lektion 7 you described a dish. The phrases you used there are likely to be useful here, too. How many can you remember? e.g. *It's a kind of ...*

7

Kannst du die Fragen beantworten?

Spezialitäten aus der bosnischen Küche
Alle Speisen auch zum Mitnehmen
Restaurant Jajce
tägl. 11.30–24.00 (außer So. 11.30–22.00)
Tel. 897 21 82

Probieren Sie mal was anderes!
Internationale Küche – hier in Ihrem Viertel
Wir freuen uns auf Ihren Besuch!

Gaststätte Mykonos
Ein kleines Stück Griechenland
Restaurant 60 Plätze
Separate Räume für Geschäftsessen und Familienfeiern.
täglich geöffnet 18.00–23.00
Tel 897 34 08

Gaststätte Kiew
Echt ukrainische Küche
11–24 Uhr warme Küche
gepflegte Atmosphäre, reichhaltiges Weinangebot
Freunde treffen, Geschäftspartner einladen, Feste feiern
11–24 Uhr (dienstags geschlossen)
Tel 897 33 17

1 Welche Gaststätte(n) hat/haben jeden Tag auf?
2 Welche Gaststätte(n) hat/haben Zimmer für private Feste?
3 Welche Gaststätte(n) hat/haben normalerweise bis Mitternacht auf?
4 In welcher Gaststätte kann man das Essen bestellen und zu Hause essen?
5 Borschtsch ist eine Spezialität aus der Ukraine. In welchem Restaurant kann man ihn essen?

B Oh, wie peinlich!

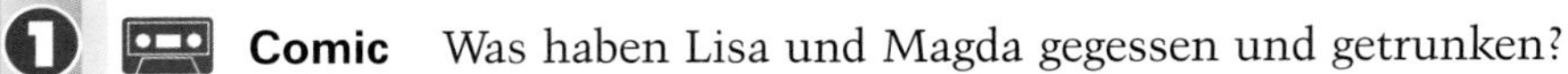

1 **Comic** Was haben Lisa und Magda gegessen und getrunken?

2 **a** Im Restaurant brauchst du diese fünf Sachen. Hör zu. Wie schreibt man sie?

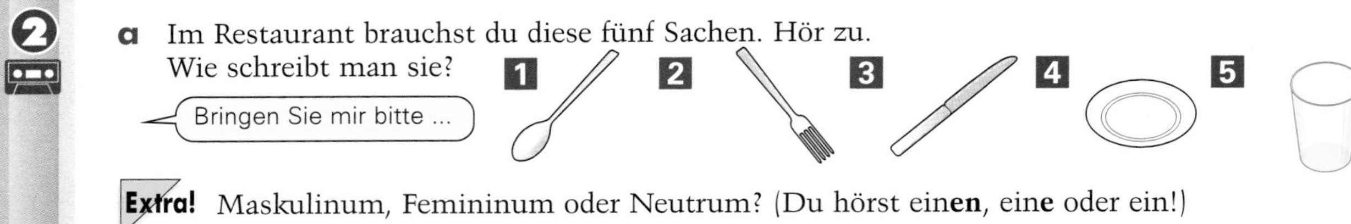

Extra! Maskulinum, Femininum oder Neutrum? (Du hörst ein**en**, ein**e** oder ein!)

b

3 **Grammatik: der Imperativ *(making requests)*** >> F8

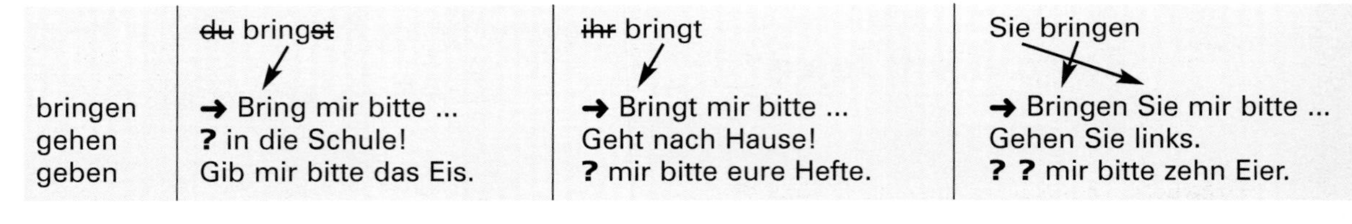

	~~du~~ bring~~st~~	~~ihr~~ bringt	Sie bringen
bringen	➜ Bring mir bitte ...	➜ Bringt mir bitte ...	➜ Bringen Sie mir bitte ...
gehen	**?** in die Schule!	Geht nach Hause!	Gehen Sie links.
geben	Gib mir bitte das Eis.	**?** mir bitte eure Hefte.	**? ?** mir bitte zehn Eier.

4 ***TRANSFER!*** **>> Im Schülerbuch** Du hast schon viele Beispiele vom Imperativ gesehen. Sammle **1** fünf Beispiele in der du-Form, und **2** fünf Beispiele in der ihr-Form.

1 du-Form (Seite 42, Übung 2b): Schreib weitere Beispiele.
2 ihr-Form (Seite 21, Übung 4b): Übt Fragen und Antworten.

5 ***TRANSFER!*** **>> In der Stadt** Schreib die Sätze.

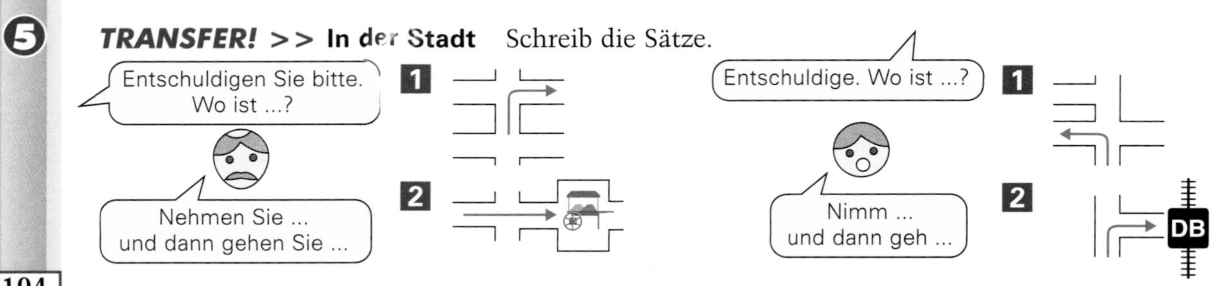

6 **TRANSFER! >> In Briefen** Schreib die drei Briefe in dein Heft und füll die Lücken aus.

1 schicken = *send* **2** kommen **3** grüßen = *to greet* **4** schreiben

A

Sehr geehrte Frau Götz,

(1)___ mir Fotos von Ihnen.
(2)___ bald nach Wales.
(3)___ Herrn Bloch von mir.
(4)___ bitte bald.
Ihre Susi

B

Lieber Karl!

(1)___ mir Fotos von dir.
(2)___ bald nach Wales.
(3)___ Herrn Bloch von mir.
(4)___ bitte bald.
Deine Susi

C

Liebe Cousins!

(1)___ mir Fotos von euch.
(2)___ bald nach Wales.
(3)___ Herrn Bloch von mir.
(4)___ bitte bald.
Eure Susi

7 P **Am Tisch** Wie viele Beispiele könnt ihr geben?

1 Reich mir bitte **den** ... **2** Reich mir bitte **die** ... **3** Reich mir bitte **das** ...

Salz, Glas, Teller, Löffel, Senf, Gabel, Zucker, Messer, Milch, Brot, Butter, Marmelade, Pfeffer, Tee, Saft, Honig, Wasser, *+ eure Ideen!*

8 Ein guter Gast in Deutschland: So kann man höflich antworten. höflich = *polite(ly)*

Möchtest du ein bisschen Wildschwein?

Ja, sehr gern. Darf ich ein bisschen probieren?
Sind da Nüsse drin? Ich bin allergisch gegen Nüsse.
Nein, danke. Ich bin Vegetarier/Vegetarierin.

Willst du noch ein Stück Torte?

Danke, ich bin satt. Aber es hat gut geschmeckt.
Nein, danke. Ja, gern. Es schmeckt sehr gut.

a Hör zu (1–3). Sind die Gäste deiner Meinung nach höflich oder unhöflich?

b P Übt Dialoge.

Schinken? Sauerkraut? noch Spinat? ein Spiegelei? noch ein Stück Kuchen?
Schweinefleisch? noch Bohnen? Zucker? Fisch? noch ein Stück Pizza?

9 G **Theater!** Ihr seid in einem Restaurant.

Spielt die Szene vor.

Ideen!

1. Ein Restaurant im Wilden Westen.
2. Einer/Eine von euch ist mit dem Onkel und der Tante im Restaurant. Er/Sie kann sie nicht leiden. Ihr streitet euch!
3. Der Kellner ist betrunken.
4. Eure Idee ...?

10 **Zwei Rätsel**

Was ist es? (Etwas zu essen!)

1

Erst weiß wie Schnee,
Dann grün wie Klee,
Dann rot wie Blut,
Schmeckt allen gut!

der Klee = *clover*

2

Es gibt ein kleines, weißes Haus,
Hat keine Fenster, keine Türen,
Und wer von innen möchte 'raus
Bricht die Wände in viele Stücke.

die Wand = *wall*

Lesepause

Fastfood (engl. *fast food* = schnelles Essen) ist beliebt, aber leider nicht besonders gesund. Es ist oft fettig und hat nicht viele Vitamine oder Mineralstoffe. (Ein Hamburger oder ein Dönerkebab hat aber weniger Fett als eine Currywurst.) Also, wer Fastfood mag, sollte auch viel Obst und Gemüse essen!

Hier eine kurze Beschreibung der deutschen Fastfood-Szene.

Wie sieht es aus?
Praktisch rund.
Schmeckt's?
Ja, nach Fett – nicht nach Fleisch! Oft versalzen.
Extras
Am besten mit Zwiebeln, Käse, Pommes und Cola. Sie kosten aber auch alle extra!
Gut gegen den Hunger?
Am besten gehst du direkt in die Küche!

Döner kebab

Wie sieht es aus?
Groß. Aber problematisch: Wie kriegt man bitte einen Döner in den Mund?
Schmeckt's?
Das Brot schmeckt gut, das Fleisch schmeckt gut, die Soße schmeckt gut – und Salat gibt es auch.
Extras
Salat.
Gut gegen den Hunger?
Ja – und es gibt auch ein paar Vitamine!

Curry wurst

Wie sieht es aus?
Bratwurst mit Currypulver und mit viel Ketschup.
Schmeckt's?
Schrecklich gut!
Extras
Brötchen, Pommes frites, Senf.
Gut gegen den Hunger?
Eine Stunde lang, ja.

Calamaris

Wie sieht es aus?
Tintenfischringe. Achtung: großes Loch, wenig Tintenfisch!
Schmeckt's?
Wie bitte?
Extras
Mit Soße.
Gut gegen den Hunger?
Nur nach einem sehr großen Abendessen!

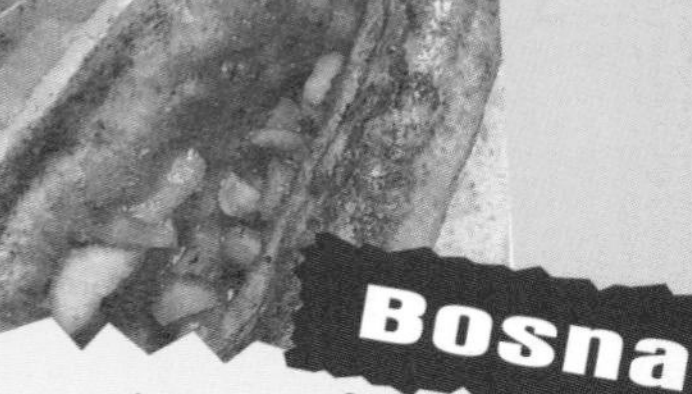

Bosna

Wie sieht es aus?
Panierter Hotdog mit Zwiebeln.
Schmeckt's?
Mjammm!
Extras
Chillipulver – extra scharf.
Gut gegen den Hunger?
Ja – bis zur nächsten Bosna-Bude.

leider = *unfortunately* nicht besonders = *not especially* gesund = *healthy* fettig = *fatty*
wer = *whoever* sollte = *should* versalzen = *over-salty* der Mund = *mouth*
der Tintenfisch = *squid* das Loch = *hole* wenig = *little* paniert = *with a breadcrumb batter*
die Bude = *booth, stand*

Ein Service für Betrunkene

1

Es war fast Mitternacht und Michael Rexroth, 25 Jahre alt, hatte ein Problem. Er war in einer Bar in Frankfurt und er musste nach Hause kommen. Sein Auto war draußen auf dem Parkplatz. Er musste auch das Auto nach Hause bringen, weil er am nächsten Tag früh zur Arbeit fahren musste. Das Problem: Er war betrunken.

2 „Wenn ich Auto fahre, ist mein Führerschein weg. Wenn ich mit einem Taxi fahre, habe ich morgen kein Auto. So eine Schweinerei."

Die Idee

3 Am nächsten Tag ist aber aus der „Schweinerei" eine Idee geboren: der Heimfahrservice. „Jede Nacht wollen Hunderte von Menschen mit dem Auto nach Hause fahren und dürfen es nicht", hat Michael gedacht. „Das ist eine Marktlücke!"

4

Sechs Monate hat Michael gebraucht, um sein Service aufzubauen. Sie heißt CityFloh. Und so einfach funktioniert das:

5

- Der betrunkene Kunde (Kundinnen gibt es auch, aber weniger als Kunden) ruft die CityFloh-Zentrale an. Er sagt, wo er ist und wo er hin will. Der Teamleiter in der Zentrale gibt dem Kunden sofort den Preis für die Fahrt vom Lokal nach Hause. Die Preise liegen ein bisschen höher als die normalen Taxikosten.
- Der Teamleiter ruft einen von den Fahrern an (alle Fahrer sind per Handy kontaktierbar).
- Der Fahrer fährt auf seinem kleinen Moped zum Kunden in der Gaststätte oder in der Kneipe.

6

Die Mopeds heißen Mokicks, wiegen nur 31 Kilo und – das ist wichtig! – sind total zusammenklappbar.

7

Der Kunde bringt den CityFloh-Fahrer zu seinem Auto und der Fahrer legt sein Moped in den Kofferraum! Sie sind so klein, dass sie in jedem Auto Platz haben. Dann steigen Kunde und Fahrer ein und der Fahrer bringt den Kunden in seinem eigenen Auto nach Hause! Wenn sie vor dem richtigen Haus stehen, kriegt der Fahrer sein Geld. Dann holt er seinen Moped aus dem Kofferraum und wartet auf den nächsten Telefonanruf.

8

Die Kunden

Die Kunden – ja, wer sind sie denn? Frauen und Männer, Alte und Junge, Yuppies und Normalos. „Ich fahre jede Nacht verschiedene Autos", lacht Sebastian, der seit drei Monaten bei CityFloh als Fahrer arbeitet. „BMWs, Mercedes, Porsches, ... Das macht Spaß."

9 Und was verdient der Fahrer? „45 Prozent des Fahrpreises ist für den Fahrer", sagt Sebastian. „Das heißt, ich verdiene so um die zehn Euro pro Stunde."

10

Was sagen die Kunden dazu?

„Eine Super-Erfindung!" sagt Konrad D., der schon viermal den CityFloh-Service angerufen hat. „Die Fahrer sind nett und höflich und bringen mich bis zur Tür."

11

Und gibt es diesen Service auch in anderen deutschen Städten? „Bald", sagt Michael Rexroth. „Wir kriegen viele Fragen von Leuten, die so was in anderen Städten aufbauen wollen. Und auch aus Spanien und England hatten wir schon Interessenten.

Junge Zeit

betrunken = *drunk* der Führerschein = *driving licence* die Schweinerei = *mess*
die Marktlücke = *gap in the market* aufbauen = *to build up* die Zentrale = *switchboard*
der Lokal = *pub, bar* der Handy = *mobile phone* die Kneipe = *pub, bar*
zusammenklappbar = *folding* der Kofferraum = *boot of a car*
der Interessent = *someone who shows interest*

C Tourismus-Marketing

1 **Comic** Warum geht Magda zur Sparkasse? Und warum reden die Mädchen über Christoph?

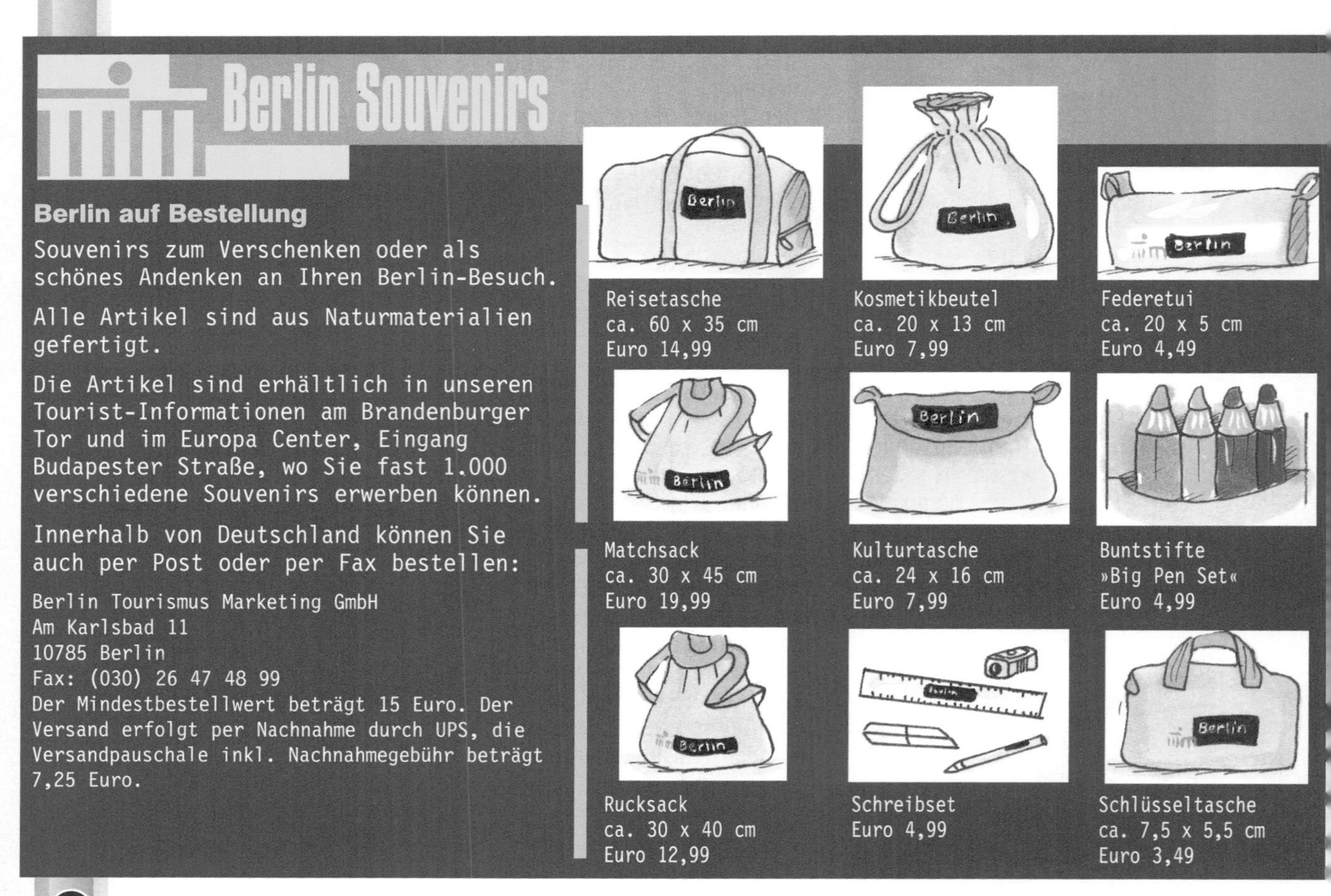

2 **a** Wie sagt man das auf Deutsch?

1 to give away **2** your visit to Berlin **3** available **4** different souvenirs
5 cash on delivery **6** travel bag **7** toilet bag **8** pencil case

P **b** Was für andere Andenken gibt es? Schreibt eine Liste von zwölf Ideen.

3

Gisela kauft Geschenke für ihre Freunde und Familie. Beantworte die Fragen.

1 ihre Mutter

1 Wer liest gern?
2 Wer mag Musik?
3 Wer ist sportlich?
4 Wer malt gern Bilder?
5 Wer isst gern Süßes?
6 Wer mag Schmuck? der Schmuck = *jewellery*

Here's a tip
Don't just listen out for the same word as in the question – it won't always come up! E.g. for no. 1 you hear **ein Buch für meine Mutter** and you have to match **Buch** with **liest gern** – *likes reading*.

4

a Im Andenkenladen Du hörst drei Dialoge. Welche Sätze A–G hörst du?

1 B, D

Kann ich Ihnen helfen?

A Nein danke. Ich schaue nur.

B Zeigen Sie mir bitte den/die/das/die ...

C Ich suche ein Geschenk für ...

D Das ist mir leider zu teuer. Haben Sie etwas Billigeres?

E Haben Sie dasselbe in Rot/Grün/Blau/...?

F Können Sie ihn/sie/es/sie bitte als Geschenk einwickeln?

G Darf ich bitte den/die/das/die ... sehen?

b *TRANSFER!* >> Wie viele andere nützliche Sätze kennst du für die Situation im Andenkenladen? Zum Beispiel, wie sagt man *Sorry, I have only a 20 euro note*? (Siehe Lektion 7, Seite 78.)

c Ihr kauft Geschenke für eure Freunde und Familie. Erfindet Dialoge.

5

Projekt Zermatt ist ein Dorf in den Schweizer Alpen. Das Verkehrsamt hat die Idee, neue „Zermatter Kekse" zu verkaufen. Ihr arbeitet im Marketing für dieses neue Produkt.

Schreibt eure Ideen für
- die Kunden (sind sie jung? ausländisch? ...)
- einen Namen für die Kekse
- die Kekse (welche Form? aus Honig? ...)
- die Packung (in einer Dose? Bild? ...)

Die Kunden sind ...
Der beste Name ist ...

Extra! Schreibt Werbung für die Kekse für eine Touristen-Broschüre oder schreibt einen Werbespot für die Kekse für das Fernsehen.

Zermatt – in den Schweizer Alpen

RICHTIG ODER FALSCH?

Frage: Warum ist Schweizer Schokolade weltberühmt?

Antwort: In den Schweizer Alpen wächst eine Art Kakaobusch mit besonders milden Kakaobohnen. Nur Kakao aus diesen Schweizer Kakaobohnen kommt in Schweizer Schokolade.

1 **Am Postamt** Schreib die Wörter in der richtigen Reihenfolge auf.

1 diesen | England | nach | ich | schicken | möchte | Brief

2 drei | zu | mir | geben | Briefmarken | bitte | Cent | Sie | 60

3 Paket | USA | ich | in | schicken | die | möchte | ein

2 **Grammatik: „in" oder „nach"?**

Use **nach** with most countries:
Ich bin **nach** Deutschland gefahren.
Learn the countries that take **in die**:
Ich bin **in die** Schweiz, **in die** USA und **in die** Türkei gefahren.
How many ways can you complete this sentence?
Ich möchte einen Brief ______ schicken.

3 **Was sagt man?**

4 **In der Gaststätte** Lies diese Definitionen von acht Wörtern auf Seite 102–3. Welches Wort passt zu jeder Definition?

1 Die Liste der Speisen in einem Restaurant
2 Eine Portion Eis mit vielen Farben – z.B. Vanille, Schokolade und Erdbeer
3 Kartoffeln, in Fett gebraten
4 Ein Stück Papier mit dem Preis für das Essen im Restaurant
5 Fünfzig Prozent Cola und fünfzig Prozent Limonade
6 Der typische Glascontainer für Wein
7 Ein Ei, in Fett in der Pfanne gebraten
8 Eine Art Obst, süß und klein wie Erdbeeren, aber dunkelrosa

eine Flasche
die Rechnung Spezi
Himbeeren Spiegelei
die Speisekarte Wasser
Hauptspeisen Nudeln
Sahne gemischtes Eis
Bratkartoffeln

5 **Ein Wettbewerb** Erfindet ein Brot und eine Pizza für die Deutsche Bahn. Hier sind die ersten Preise vom letzten Jahr.

Ein Brot mit
Majonäse
Salami
Gurken
Paprika
Senf

Eine Pizza mit
Käse
Tomaten
Krabben
Muscheln
Ananas

1

a Drei Teenager beschreiben ihre typischen Mahlzeiten. Lies die Texte.

Zum Frühstück habe ich nicht viel Zeit. Ich esse ein belegtes Brötchen mit Käse, Salami oder manchmal Aprikosen-Marmelade und ich trinke einen Erdbeershake oder eine Tasse Früchtetee. Wenn wir Nachmittagsunterricht haben, gehe ich mittags in ein Schnellrestaurant. Dort esse ich zum Beispiel Hamburger, Pommes frites, Salate. Wenn wir keine Nachmittagsschule haben, gehe ich zum Mittagessen nach Hause und esse mit meiner Mutter und mit meiner Schwester zusammen. Wir essen Spinat mit Salzkartoffeln oder Spiegeleier, oder Sauerkraut mit Bratkartoffeln und Bratwurst, oder einfach eine Suppe.
Abends essen wir meistens kalt. Wir essen Toastbrote mit Käse oder Wurst. Manchmal gibt es noch einen Jogurt.
Jens

Morgens esse ich Müsli oder Cornflakes, dazu trinke ich Kakao. Zum Mittagessen gibt es bei uns meistens warme Gerichte: Fleisch mit Kartoffeln, Reis oder Nudeln und Gemüse dazu. Abends essen wir fast immer kalt. Wir essen Brot, Wurst und Käse und trinken Bier (meine Eltern) oder Limo (ich!). Manchmal essen wir am Esstisch, aber wenn es was Gutes im Fernsehen gibt, dann sitzen wir einfach im Wohnzimmer vor dem Fernseher.
Margot

Zum Frühstück esse ich Haferflocken mit Milch oder manchmal esse ich ein Honigbrot. Wenn ich aber zu spät aufstehe, dann nehme ich einen Jogurt mit und esse ihn im Bus.
Meine Eltern arbeiten beide, deshalb esse ich mittags kalt. Ich bin allein zu Hause und mache mir ein Brot. Manchmal esse ich ein gekochtes Ei.
Abends essen wir alle zusammen. Zuerst gibt es eine Suppe, dann essen wir Fleisch mit Gemüse. Danach gibt es meistens Obst oder manchmal ein Dessert. Am Wochenende gibt es nachmittags Kaffee und Kuchen und als Nachspeise zum Abendessen gibt es dann Kuchenreste.
Sebastian

b Beantworte die Fragen auf Deutsch.

1. Wo essen die drei Teenager zu Mittag?
2. Was essen sie zum Frühstück?
3. Ist eine von den drei Familien vegetarisch?
4. Wer isst zu Abend warm? Warum?
5. Wo isst Margot ihr Abendessen?
6. Wie viele Beispiele davon findest du im Text?
   a Das kann man aufs Brot legen/streichen.
   b Das kann man warm essen oder trinken.

Extra! 7 Welche Mahlzeit ist in Deutschland normalerweise das Hauptessen? Ist es bei euch zu Hause auch so? Warum (nicht)?

2

Beschreib deine typischen Mahlzeiten an einem Wochentag.
- Wann?
- Was?
- Wo?
- Mit wem?
- Wer kocht?

Extra! Beschreib auch eure typischen Mahlzeiten am Wochenende.

– Herr Ober! Mein Teller ist nass und schmutzig.
– Nein, mein Herr. Das ist Ihre Suppe!

Der Kellner zur Kundin: „Wie finden Sie Ihr Steak?" Die Kundin antwortet: „Schwierig. Ich habe heute mein Mikroskop zu Hause liegen lassen."

Kellner: „Schnecken sind die Spezialität des Hauses."
Kunde: „Ja, ja, ich weiß. Gestern habe ich zwei Schnecken in meinem Salat gefunden."

die Schnecke = *snail*

1 Du bist in einem schrecklichen Restaurant. Wie viele Kombinationen findest du?

Die Bedienung ist langsam und unhöflich.

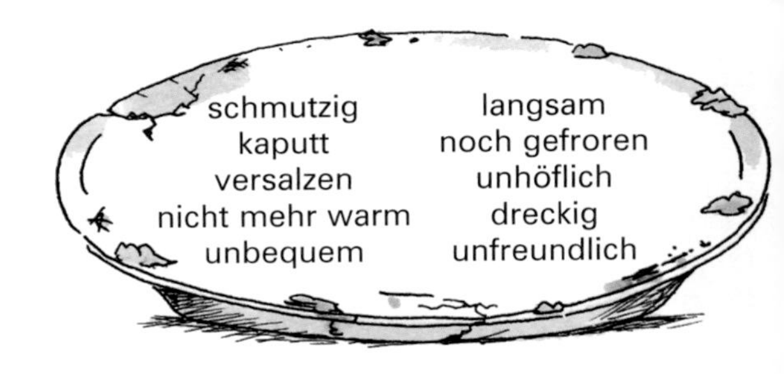

2 **Grammatik: „seit" + Präsens, „warten auf" + Akkusativ**

Ich warte seit 30 Minuten. *I've been waiting for 30 minutes.* Ich arbeite seit Montag. *I've been working since Monday.*	Ich warte auf d**en** Bus. Ich warte auf mein**?** Suppe. Ich warte auf d**?** Eis.

3

a Wie sagt man das? Mach Sätze.

1. 5 Minuten / Löffel
2. 40 Minuten / Vorspeise
3. 10 Minuten / Teller
4. 1 Stunde / Rechnung (**seit** + Dativ!)

b ***TRANSFER! >>*** Verschiedene Situationen mit **Ich warte seit ... auf ...**

1 Ich warte seit Mittwoch auf einen Brief von meiner Freundin.

1 Post **2** an der Bushaltestelle **3** am Bahnhof **4** in der Schule **5** im Café

c ***TRANSFER! >>*** Andere Themen mit **seit**.

1. Seit wann lernst du Deutsch?
2. Seit wann wohnst du in deinem Haus?
3. Seit wann kommst du in diese Schule?
4. Seit wann steht deine Schule?

4 **P** **Rollenspiel im Restaurant** Erfindet eine (lustige?) Szene und spielt sie im Klassenzimmer vor.

- A will im Restaurant essen. Aber alles ist schlecht: die Vorspeise, das Essen, der Stuhl ... Er/Sie schimpft.
  „Ich warte seit ... auf ..." „Die Bedienung ist ..."
  „Mein Tisch ist ..." „Ich habe ... bestellt und ..."
- B ist Kellner/Kellnerin im Restaurant.

Here's a tip

You practised complaining (about a holiday) back in Lektion 5 (page 63). Look back at the work you did then: you can probably save yourself time by reusing some phrases here!

5 Schau dir den Brief an, den du in Lektion 5 geschrieben hast (Seite 63, Übung 3). Kannst du den Brief mit Wörtern und Grammatik aus Lektion 9 verbessern?

6 Du hörst vier Menschen in verschiedenen Situationen.

a Wo sind die vier Personen?

- **a** im Hallenbad
- **b** am Bahnhof
- **c** in einem Restaurant
- **d** in einem Laden
- **e** zu Hause

b Who is ...?

- **a** apologising
- **b** making a request
- **c** complaining
- **d** unable to fulfil a request
- **e** wanting to exchange goods

c Listen a third time. Write down what the problem is in each case.

10 Drama im Modeladen

VOR DEM START

✔ Lektion 10 is all about clothes and shopping. The German word for clothes is **Kleidung** or **Bekleidung**, but young people usually say **Klamotten**.

1

a Wie viele Klamotten kennst du schon?

Extra! Mit Artikel und Pluralform, bitte! Der Rock(¨e), der Anzug(¨e), ...

P

b A zeigt auf die Klamotten in den Fotos und gibt seine/ihre Meinung. Ist B derselben Meinung?

A Dieser Anzug gefällt mir. Dir auch?

B Nein, er gefällt mir nicht. Aber ich mag dieses Hemd. Du auch?

2

Schreib die Klamotten richtig.

1 Zur Schule trage ich eine schwarze (Hs), ein weißes (Hmd) und eine bunte (Krwtt).
2 Zu einer Party trage ich eine (Jns), eine (Bls) und meine roten (Schh).
3 Beim Skifahren trage ich einen (Sknzg), große (Stfl) und einen (Ht) aus Wolle.
4 Wenn es regnet, trage ich meinen (Mntl) oder meine (Rgnjck). Ich trage oft auch (Hndschh).

3 **P**

Läden und was man dort kaufen kann: Wie viele Paare könnt ihr schreiben? 1 Die Apotheke – Medikamente 2 die Konditorei – Kuchen

4

a **U** Hör zu. Haben die Wörter ein langes **u** (wie **Schuh**) oder ein kurzes **u** (wie **Pulli**)?

1 der Schuh
2 der Pulli
3 der Handschuh
4 der Hut
5 der Skianzug
6 die Strumpfhose
7 die Bluse
8 die Uniform
9 die Unterhose

b Hör noch einmal zu und wiederhole die Wörter. Sagst du das **u** richtig?

c Sag diese Sätze.
1 Im Winter trage ich warme Schuhe, einen Pulli und einen Hut.
2 In unserer Schule tragen wir eine Uniform. So ein Unsinn!

Hör zu. Hast du die beiden Sätze richtig gesagt?

5

TRANSFER! >> **Im Laden** Welche Ausdrücke aus Lektion 9 (Tourismus-Marketing) sind beim Klamottenkaufen nützlich?

a Wie viele Wörter oder Ausdrücke weißt du noch? Schreib sie auf ein Blatt Papier.

b Schau in Lektion 9 nach (Seite 108–9). Findest du noch mehr? Schreib sie auf Deutsch und auf Englisch in dein Heft.

A In der Damenabteilung

1 **Comic** Hör zu und lies.

1 Von wem hat Lisa Geld für die Bluse?
2 Warum möchte Lisa eine rote Bluse?
3 Was ist das Problem bei der roten Bluse?

2 Du hörst diesen Dialog und vier weitere Dialoge. Was kaufen die Kunden? Was kosten die Klamotten?

▶ Dieser Pulli gefällt mir. Was kostet er?
▶ Er kostet dreißig Euro.
▶ Darf ich ihn anprobieren?
▶ Ja, die Umkleidekabinen sind dort drüben.
*****
▶ Ja, er steht mir gut. Ich nehme ihn.
▶ Zahlen Sie bitte an der Kasse.
▶ Danke schön. Auf Wiedersehen.

Grammatik: ***'it', 'them'***

	Nominativ	*Nominativ*	*Akkusativ*
M.	Dies**er** Gürtel gefällt mir.	Was kostet **er**?	Ich nehme **ihn**.
F.	Dies**e** Bluse gefällt mir.	Was kostet **sie**?	Ich nehme **sie**.
Nt.	Dies**es** Hemd gefällt mir.	Was kostet **es**?	Ich nehme **es**.
M./F./Nt. Plural	Dies**e** Schuhe gefallen mir.	Was kosten **sie**?	Ich nehme **sie**.

3 **P** Übt jetzt den Dialog in Übung 2 mit diesen Klamotten.

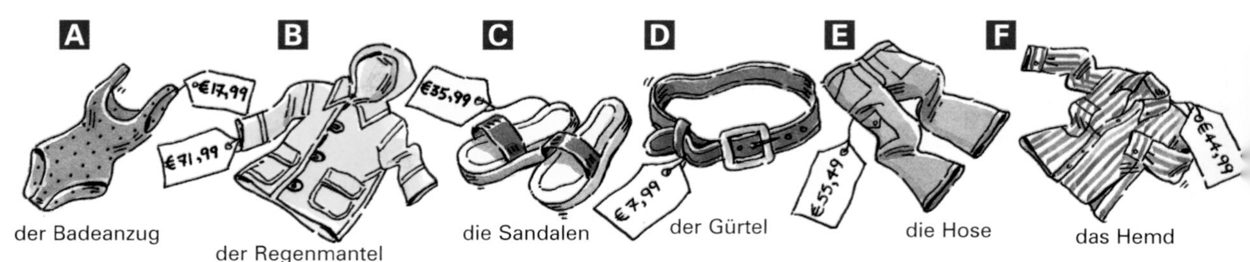

4 Wo sind die Umkleidekabinen? 1 Sie sind hinter dem Aufzug. (Tipp: Dativ!)

A der Aufzug (hinter) **B** die Rolltreppe (vor) **C** die Ecke (in) **D** die Kasse (gegenüber) **E** der Ausgang (neben)

F die Kinderabteilung (in) **G** die Damenabteilung (hinter) **H** die Herrenabteilung und die Sportabteilung (zwischen)

5 Was passt zusammen? Ein Satz links + zwei Sätze rechts.

1 Wo sind die Umkleidekabinen?
2 Haben Sie dasselbe in Rot?
3 Was meinst du? Steht sie mir?
4 Ist es aus Baumwolle?
5 Haben Sie ihn etwas größer?
6 Haben Sie etwas Billigeres?

a Nein, dieses Kleid ist aus Wolle.
b Leider nicht. Wir haben nur diese Größe.
c Dort drüben, neben dem Eingang.
d Ja. Diese Hosen hier sind im Sonderangebot.
e Ja, in Rot, Blau oder Grün.
f Sie sind unten, im Untergeschoss.
g Ja, natürlich. Dieser Rock ist eine Größe größer.
h Nein, wir haben leider nur die eine Farbe.
i Ja, sie steht dir wunderbar!
j Ja, hundert Prozent Baumwolle.
k Nein, alle anderen sind teurer.
l Also, ich finde, sie ist ein bisschen zu weit.

6 Du hörst sechs Dialoge in einem Modegeschäft.
Kaufen die Kunden etwas? Wenn nein, warum nicht? 1 Nein: möchte Baumwolle

7 Wir suchen Architekten mit Fantasie und Ideen!
Zeichne bitte einen Plan für das kundenfreundlichste Kaufhaus der Welt.

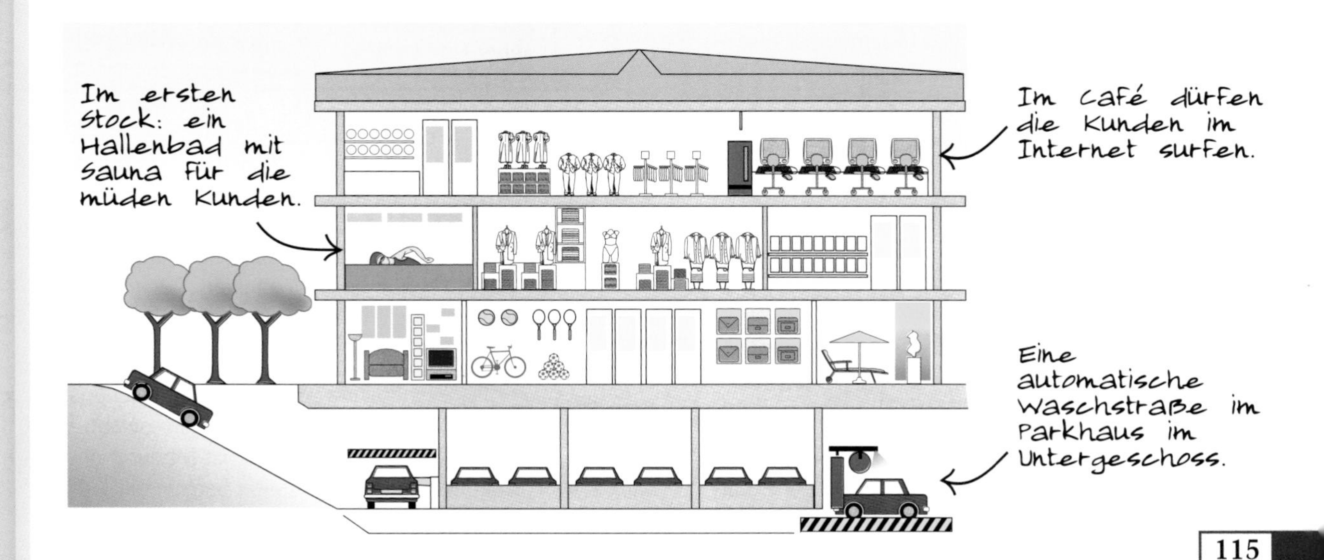

B

Der verlorene Geldbeutel

Polizist	Also, was haben Sie denn verloren?
Lisa	Ich habe meinen Geldbeutel verloren. Der Mann ...
Polizist	Wie sieht er aus?
Lisa	Er hat lange, schwarze Haare und ...
Polizist	Nein, der Geldbeutel! Wie sieht er aus?
Lisa	Er ist klein und grün. Dunkelgrün. Er ist aus Leder. Und dieser Mann ...
Polizist	Und was war drin? Wie viel Geld?
Lisa	Äh ... Ich weiß es nicht genau. Zwischen 40 und 50 Euro wahrscheinlich.
Polizist	Ist Ihr Name drauf?
Lisa	Mein Name? Nein, leider nicht!
Polizist	Und wo haben Sie Ihren Geldbeutel verloren?
Lisa	Im Kaufhaus. Aber ich habe ihn nicht verloren. Ein Mann hat ihn gestohlen!
Polizist	Haben Sie es gesehen?
Lisa	Äh ... eigentlich nicht. Aber ich glaube ... Wissen Sie, da ist so ein komischer Typ. Er wohnt in unserem Wohnblock. Er hat lange, schwarze Haare, er trägt eine schwarze Lederjacke und ... Ich bin sicher, dass er der Dieb ist.
Polizist	Also, hören Sie mal! Das interessiert mich nicht. Sie haben nichts gesehen, sagen Sie. Ein Mann ist doch kein Dieb, nur weil er lange Haare hat, oder?

1 **Comic** In dieser Situation redet Lisa Unsinn. Warum?

2 **a** Wie heißen diese Wörter auf Englisch?

Here's a tip
Discuss with your partner which parts of the words help you to remember them, e.g. **Regenschirm: Regen** = *rain*

FUNDBÜRO BERLIN BAHNHOF ZOO
Wir haben:
1 ein Armband
2 einen Geldbeutel
3 eine Armbanduhr
4 einen Fotoapparat
5 einen Ring
6 einen Regenschirm
7 einen Pass
8 ein Flugticket
9 einen Kassettenspieler

Extra! Notiere die Wörter auf Deutsch mit **der/die/das**.

1 das Armband

b Welche Fragen passen zu den Wörtern 1–9?

1 das Armband – Fragen B, C, E

A Welche Marke?

B Welche Farbe?

C Ist Ihr Name drauf?

D Was ist drin?

E Ist er/sie/es aus Silber oder Gold?

RICHTIG ODER FALSCH?

Auch in Deutschland feiern die jungen Leute am 14. Februar den Valentinstag. Auch in Deutschland arbeitet die Geschenkindustrie bis zum 14. Februar auf vollen Touren.

Ist Valentin eine Legende? Nein, Valentin hat vor rund zweitausend Jahren in Rom gelebt. Er war Priester oder Bischof und ist Märtyrer geworden. Fünfhundert Jahre später begann der Kult des Valentin.

a Du hörst vier Dialoge im Fundbüro. Mach Notizen.

a Was? **b** Beschreibung? **c** Wo? **d** Wann? **e** Wie sicher?

✓	?	✗
ich bin sicher = *I'm sure*	wahrscheinlich = *probably* vielleicht = *perhaps*	(ich habe) keine Ahnung = *(I have) no idea* ich kann mich nicht erinnern = *I can't remember* ich weiß es nicht = *I don't know*

b Übt jetzt den Dialog neben Bild 1 auf Seite 116.

- Was hat Partner(in) A verloren? einen Hut? eine Uhr?
- Wie sicher ist er/sie?

c ***TRANSFER! >>*** Schreib Kurzdialoge mit vier von den neuen Ausdrücken für zwei neue Situationen.

1 Geografie **2** das Fernsehen

– Was ist die Hauptstadt von Österreich?
– Wien vielleicht?

4

Dein Freund, Martin, hat seine Uhr verloren. Wo? Wann? Er kann sich nicht erinnern. Wie kannst du ihm helfen? Stell ihm viele Fragen: Das hilft ihm vielleicht! Hier sind Martins Antworten. Was waren deine Fragen?

1 Was hast du verloren?

1 

2 

3 

4 Um halb drei. **5** Ins Café. **6** Ein Eis. **7** Ich weiß es nicht.

5

Du warst mit deiner Freundin Agnes am Kölner Hauptbahnhof. Da hast du deinen Rucksack verloren.

- Wie sieht er aus?
- Was ist drin?
- Ist dein Name drauf?
- War Geld drin?
- Bist du sicher?

Schreib das Formular in dein Heft ab und füll es aus.

Deutsche Bahn: verlorener Gegenstand
Vorname: Nachname:
Geburtsdatum: Staatsangehörigkeit:
Anschrift:
Bericht (bitte alle Details angeben):

6

Comic

C Einkaufen: Hobby oder Zeitverschwendung?

Wo kaufst du am liebsten ein? Macht Einkaufen Spaß? Ist Einkaufen vielleicht dein Lieblingshobby?

Wir haben ein paar Leute gefragt.

Ich kaufe immer mehr im Internet ein. Bücher sind zum Beispiel im Internet billiger und man kann sie ganz einfach bestellen. Es ist viel bequemer, als in eine Buchhandlung zu gehen.
Maria Barras

Ich kaufe gern auf dem Markt. Ich finde, der Markt ist lustiger und interessanter als ein Supermarkt. O.K., der Supermarkt ist vielleicht praktischer und hygienischer – aber ein Supermarkt ist auch steril. Der Markt ist bunt, voller Farben, alles sieht so frisch aus.
Timo Ziegler

Ich gehe gern in die Bäckerei oder die Metzgerei um die Ecke. Es riecht so gut. Die Brötchen beim Bäcker sind sicher besser als die Brötchen im Supermarkt. Sie sind frischer und knuspriger, finde ich. Und ich kenne die Bäckerin und den Metzger: Wir reden ein bisschen, es ist persönlicher als der Supermarkt. Aber der Supermarkt ist billiger als die kleineren Läden, das stimmt.
Sabrina Rosenzweig

Ja, einkaufen macht Spaß. Ich kaufe lieber in Kaufhäusern ein oder in großen Einkaufszentren. Das ist zum einen praktisch und zum anderen haben sie auch eine größere Auswahl als die kleinen Läden.
Herbert Laufermann

Es kommt darauf an. Ich gehe gern mit meinen Freunden in Computerspielläden oder in Musikgeschäfte. Ich mag Läden, die viele CDs haben. Aber mit meinen Eltern das Essen und Getränke kaufen – nein, das gefällt mir überhaupt nicht.
Corinna Hammer

Nein! Meiner Meinung nach ist Einkaufen blöd und langweilig! Ich kaufe so schnell wie möglich ein. Klamotten kaufen oder Schuhe kaufen ist das Schlimmste – vor allem mit meiner Mutter. Da muss ich diesen Mantel anprobieren oder diese Schuhe anprobieren: Ich würde lieber meine Computerspiele spielen oder meine Freunde treffen. Schuhgeschäfte sind zum Sterben langweilig!
Aylin Öztürk

Ja, Einkaufen ist wahrscheinlich fast wie ein Hobby. Ich vergleiche gern die Preise. Es macht mir Spaß, wenn ich in einem Laden etwas kaufe, und ich weiß, in einem anderen Laden ist es teurer. Es ist fast wie ein Sport. Ein harmloser Sport, oder?
Christian Bäcker

Läden mit Musik, mit Stimmung, gefallen mir am besten. Und ich mag Läden, wo man die Sachen anschauen kann, ohne dass man einkaufen muss. Ich mag Bastelgeschäfte, weil ich gern bastle, und in diesen Läden finde ich oft neue Ideen. Ich mag auch Läden mit Motorradzubehör.
Albrecht Hetmann

8 Jugend heute Nr. 16

1

a Wer kauft gern in Läden/Geschäften ein? Schreib die Namen.

b Wie sagt man das auf Deutsch?

1 The market is full of colours.
2 I know the baker.
3 They have a bigger choice.
4 It depends.
5 I like comparing the prices.
6 I like shops with motorbike accessories.

2

Sammle Wörter aus dem Text in drei Listen.

Hier kann man einkaufen.	Ich mag diesen Laden. Er ist ...	Dieser Laden gefällt mir nicht. Er ist ...
die Buchhandlung, die ...	billig	...
das Internet, das ...	lustig	...
der ..., der ...	...	

3

Beantworte die Fragen mit **weil**-Sätzen.

1 Weil Bücher im Internet billiger sind.

1 Warum kauft Maria Bücher im Internet?
2 Warum kauft Sabrina beim Metzger ein?
3 Warum kauft Herbert am liebsten in Kaufhäusern oder Einkaufszentren ein?
4 Warum hasst Aylin Schuhgeschäfte?
5 Warum geht Albrecht gern in Bastelgeschäfte?

4

Grammatik: Vergleiche *(comparisons)* >> D1

Dieses Brot ist frisch**?** als das Brot auf dem Tisch.
Der Markt ist interessant**? ?** der Supermarkt.

groß ➔ größer als
alt ➔ **?** als
lang ➔ **?** als

hoch ➔ höher als
teuer ➔ teurer als
gut ➔ besser als

viel ➔ mehr als
gern ➔ lieber als

5

a Wie viele Vergleiche findest du im Text in *Jugend heute* (Seite 118)? Schreib sie in dein Heft.

1 Ich kaufe mehr im Internet ein.
2 Bücher sind im Internet billiger.

b ***TRANSFER!*** **>>** Schreib acht Vergleiche auch in diesen Kontexten:

1 Schulfächer 2 Fernsehsendungen

lustig interessant langweilig kurz nützlich schwierig lang gut einfach informativ kompliziert

6

Listen to this story of a strange encounter in a shopping arcade (**eine Einkaufspassage**).

- Listen to the story all the way through.
- Listen again and take notes. Then write a brief summary of the story in English.

Extra! Schreib eine kurze Version der Geschichte auf Deutsch.

7

a Und du? Schreib 8–10 Sätze über das Einkaufen.

- Wie oft gehst du einkaufen?
- In welche Läden gehst du gern?
- Mit wem?
- Was kaufst du zum Beispiel?

Extra! b Dein Einkaufen: Mach ein Wortnetz im Heft.

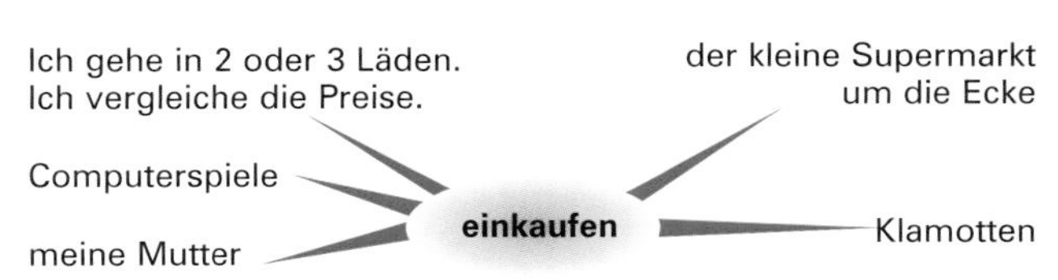

c Schreib deine Antwort an *Jugend heute*.

SPEZIAL!

Wortfolge

Sentences with one verb

- In German the usual place for the verb is the second element in the sentence:

1 2
Wir **gehen** ins Kino.

1 2
Meine Eltern, meine zwei Schwestern und mein Bruder **fahren** morgen nach Paris.

- In English the verb isn't always the second element, so the word order may be different:

1 2 3 4
Manchmal **gehen** wir ins Kino.

1 2 3 4
Sometimes we go to the cinema.

- **und**, **aber**, **oder** don't count as elements in the sentence:

1 2 3 4 1 2 3 1 2 3 4
Manchmal **gehen** wir ins Kino und wir **sehen** Filme. Aber ich **mag** Horrorfilme nicht.

Sentences with two verbs

When there are two verbs in the sentence, or a verb has two parts, the second verb / the second part goes to the end.

Perfect tense	Gestern **habe** ich ein Geschenk für meine Mutter **gekauft**.
Future tense	Morgen **werden** wir mit dem Auto in die Schweiz **fahren**.
Conditional	Ich **würde** gern einmal nach Afrika oder Südamerika **fahren**.
Modal verbs*	Ich **muss** heute Abend meine Englischhausaufgabe **machen**.

* dürfen
können
mögen
müssen
sollen
wollen

Other information in the sentence

Other information in the sentence is given in the following order:
when? – how? / with whom? – where? (**wann? – wie? – wo?**)

Again, this can mean that the word order is different from English:

I'm going to Wales with my friend in May. ➔ *I'm going in May (wann?) with my friend (wie?) to Wales (wo?).*
➔ Ich fahre im Mai mit meiner Freundin nach Wales.

Subordinate clauses

These include clauses introduced by **weil** (*because*), **obwohl** (*although*), **als** (*when – past*), **wenn** (*if*) and **dass** (*that*). The subordinate clause can come first or second.

- Subordinate clause second:

verb 2nd , wenn/weil/als *etc.* *verb*
Ich gehe am Wochende oft in die Disko, weil meine Freundin und ich sehr gern tanzen.

- Subordinate clause first:

wenn/weil/als *etc.* *verb*, *verb*
Weil meine Freundin und ich sehr gern tanzen, gehe ich am Wochende oft in die Disko.

This is how it works if there are two verbs in the subordinate clause, or if the verb has two parts:

Ich bin glücklich, **weil** ich das Spiel gewonnen **habe**.
Wenn ich nach Italien fahren **würde**, **würde** ich Rom besichtigen.

1 Was machst du nächstes Wochenende?

1 Am Samstagvormittag treffe ich meine Freunde und wir gehen schwimmen.

Samstag

Vormittag: Freunde treffen + schwimmen
Nachmittag: im Supermarkt arbeiten
Abend: mit Judith in die Disko gehen

Sonntag

Vormittag: schlafen + in die Kirche gehen
Nachmittag: mit meiner Familie einen Ausflug machen
Abend: Hausaufgaben machen + fernsehen

2 Schreib die Sätze in dein Heft.

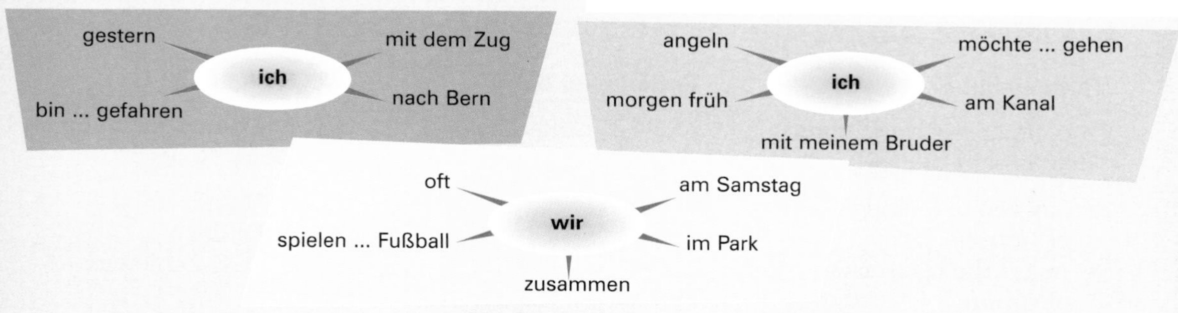

3 Verbinde die Sätze mit dem passenden Wort: **weil**, **obwohl**, **als**, **wenn**, **dass**.

1 Manchmal bin ich schlecht gelaunt. Ich komme von der Schule zurück.
2 Ich bin schlecht gelaunt. Ich bin so müde.
3 Ich bin gestern von der Schule zurückgekommen. Ich habe geschlafen.
4 Meine Mutter hat mich geweckt. Wir wollten zusammen ins Kino gehen.
5 Wir haben einen Krimi gesehen. Ich mag normalerweise Krimis nicht.
6 Ich hoffe. Wir können diesen Film noch einmal sehen.

4 OK, this text is hard, and there will probably be words you don't understand. But if you can pick out the verbs in each sentence, you'll be able to give the gist of what Britta and her boyfriend Alexander did yesterday. Try it!

They went somewhere; they saw something; they ...

Here's a tip

If a text is difficult, it can help if you know whereabouts the verbs are in the sentence.

Am Wochenende sind wir traditionsgemäß zur Kirchwegsause Behrendorf gegangen. Am Marktplatz haben wir den großen Festumzug des Schützenvereins gesehen und erstklassige Blasmusik von Trompeten, Hörnern und Pauken gehört. Als der Umzug zu Ende war, sind wir auf die Festwiese gegangen, weil wir dort die Jazzband des Dannenberger Gymnasiums hören wollten. Zu Mittag haben wir an verschiedenen Buden Rollmops und Frikadellen und zur Nachspeise Pfannkuchen und Kaiserschmarren gegessen.

Nachmittags haben wir uns im riesengroßen Flohmarkt amüsiert, wo ich ein kleines Büchergestell für mein Zimmer gekauft habe. Es hat nur 5 Euro gekostet. Ich habe wie jedes Jahr Tombolakarten gekauft, obwohl wir wie jedes Jahr auch diesmal wieder nichts gewonnen haben. Zur Kaffeezeit haben wir den aus Schlesien bekannten Streuselkuchen gegessen: Er hat toll geschmeckt.

Abends haben wir in der Mega-Schützenfest-Disko in der ehemaligen Kaserne stundenlang getanzt. Danach haben wir als Krönung des Festes das tolle Feuerwerk gesehen. Als ich gegen Mitternacht nach Hause gekommen bin, war ich ganz schön müde, und ich habe am nächsten Tag bis beinahe Mittag geschlafen.

1 **a** Zu viel Käse! Schreib den Dialog richtig. Kann ich Ihnen helfen?

Verkäuferin	Kann ich Ihnen **Käse**n?
Kunde	Ja. Ich **käse** einen Pulli. Aus Wolle.
Verkäuferin	Ja. **Käse** Farbe möchten Sie?
Kunde	Grün. Dunkel**käse**.
Verkäuferin	Hier, schauen Sie. Dieser Pulli ist sehr schön.
Kunde	Ja, er ist schön. Darf ich ihn anpro**käse**n?
Verkäuferin	Ja. Die Um**käse**kabinen sind dort drüben neben dem Aufzug.
Kunde	Gut. Ich nehme den Pulli.
Verkäuferin	Zahlen Sie bitte an der **Käse**.
Kunde	Danke schön. Auf Wieder**käse**n.

P **b** Übt die drei Dialoge.

Rollenspiel A

You are in a clothes store.
Here is your role:

- Say you're looking for a pair of trousers.
- Ask if the trousers are made of cotton.
- Ask if you can try them on.

Your partner will take the part of the shop assistant.

Rollenspiel B

Du bist im Kaufhaus.
Deine Rolle:

-  ?
- 
-

Partner(in) B spielt den Verkäufer / die Verkäuferin.

Rollenspiel C

Du kaufst Kleidung im Laden.
Deine Rolle:

- Hemd?
- Kabinen?
- O.K. Zahlen (wo?)

Partner(in) B spielt den Verkäufer / die Verkäuferin.

2 Lies die vier Situationen. Beantworte dann die Fragen von zwei der vier Situationen in deinem Heft. Sei so fantasievoll und kontrovers, wie du willst!

Du bist ...

A
... in einer Band.
- Was für Musik spielt ihr?
- Was für Klamotten tragt ihr?

C
... Modedesigner(in).
Du erfindest ein Outfit für die Sommer-Kollektion.
- Kleidung aus Wolle?
- Was trägt der Mann?
- Was trägt die Frau?

B
... Kostümdesigner(in) für einen Sciencefictionfilm.
- Was trägt der Held?
- Was trägt die Heldin?
- Was tragen die Mars-Menschen?

der Held = *hero*

D
...?
(Hast du deine eigene Idee?)

Grammatik: Adjektive

Er/Sie trägt ... Wir/Sie tragen ...

Mask.	*Fem.*	*Neut.*	*Plural*
einen	**eine**	**ein**	

lang- kariert- rot-weiß gestreift- kurz- weit- eng-
grün- bunt- hellblau- gelb- dunkelbraun- schwarz- grau-

-en	**-e**	**-es**	**-e**
Anzug Helm Gürtel Hut Slip BH Rock	Hose Bluse Jacke Jeans Badehose Strumpfhose	T-Shirt Hemd Sweatshirt Kleid Unterhemd	Schuhe Stiefel Socken Handschuhe

Eine neue Situation
Du hast eine Jacke in Deutschland gekauft, aber leider ist die Jacke ein bisschen kaputt.
Du bringst sie zum Laden zurück. Was sagst du?

Here's a tip

It's a new situation – but you can **transfer** lots of the language you've already learnt!
The trick is to work with language that you already know. For example:

Situation	*Language you might know*	*So you could say:*
There's a tear. There's a stain on it.	It's a bit broken. It's black here.	Es ist ein bisschen kaputt. Es ist hier schwarz.

1 Look at these phrases. Write the phrase in German if you know how to.
If you don't, write an equivalent phrase in English and then write that phrase in German.

1 ➜ I have a problem. = Ich habe ...

1 Can you help me?
2 The shirt doesn't fit.
3 Have you got a different colour?
4 Can I have one size smaller?
5 Can I have a refund?
6 It's too tight.

2 a Nützliche Sätze Schau die neuen Sätze an. Du hörst sie auch.

Die Jacke hat einen Riss.
Kann ich eine andere Jacke haben?
Haben Sie das eine Größe größer?
Hier ist die Quittung.
Ich möchte mein Geld zurück.
Kann ich es/sie/ihn/sie umtauschen?

einen Riss = *a tear*, ein Loch = *a hole*, einen Fleck = *a stain*
andere = *other*
die Größe = *size*
die Quittung = *receipt*
das Geld = *money*, zurück = *back*
umtauschen = *to exchange*

b Jetzt hörst du vier Dialoge in einem großen Modegeschäft. Mach Notizen.
- Was gekauft?
- Beschreibung?
- Das Problem?
- Die Lösung?

die Lösung = *solution*

3 ***TRANSFER!*** **>> Probleme mit anderen Sachen**
- Partner(in) A ist im Laden und hat Probleme mit diesen Sachen.
- Partner(in) B spielt den Verkäufer / die Verkäuferin.

Nützliche Sätze für Verkäufer(innen)
Kann ich Ihnen helfen? Was ist das Problem?
Darf ich bitte sehen? Ja, kein Problem.
Es tut mir Leid. Wir haben kein**?** ... mehr.
Haben Sie eine Quittung?
Ohne Quittung können wir nichts umtauschen.

Persönlichkeitstest

Wie wichtig findest du Äußerlichkeiten?

1 Wie sehen deine Schulhefte aus?
- **a)** Ziemlich ordentlich, aber das ist mir nicht sehr wichtig.
- **b)** Leider ziemlich unordentlich.
- **c)** Sehr ordentlich, natürlich.

2 Wie viel Zeit verwendest du auf dein Aussehen (waschen, kämmen usw.)?
- **a)** Es kommt darauf an. Manchmal viel, manchmal nicht so viel.
- **b)** Meiner Meinung nach ist die Zeit im Badezimmer reine Zeitverschwendung.
- **c)** Meistens ziemlich viel.

3 Hast du Probleme mit deiner eigenen Figur?
- **a)** Ich habe keine Figurprobleme, weil ich viel Sport treibe.
- **b)** Warum? Der Mensch drinnen ist mir wichtiger als die Figur draußen!
- **c)** Ab und zu mache ich eine Diät. Fitnesstraining ist mir auch wichtig.

4 Du gehst zur Schule. Kurz vor der Schule siehst du, dass du auf deiner Hose einen großen Fleck hast. Was machst du?
- **a)** Kein Problem! Ich binde mein Sweatshirt als Gürtel und verstecke damit den Fleck.
- **b)** Ich gehe in die Schule. Es ist nicht das erste Mal, dass ich einen Fleck habe.
- **c)** Ich gehe nach Hause zurück – auch wenn ich dann zu spät zur Schule komme.

5 Wie reagierst du auf T-Shirts mit dem Markennamen in großen Buchstaben?
- **a)** Es ist mir egal.
- **b)** Peinlich. So was kann ich nicht tragen.
- **c)** Das finde ich mega-cool.

6 Wo könntest du zum Beispiel später arbeiten?
- **a)** In einer Bank, in einem Büro oder in einem Kaufhaus.
- **b)** In einer Schule, in einem Kindergarten oder in einem Krankenhaus.
- **c)** In einem Fotostudio, in einer Marketingagentur oder im Fernsehen.

7 Zum Geburtstag kriegst du einen Hund. Was für einen Hund hättest du am liebsten?

- **a)** Einen Schäferhund.
- **b)** Einen Hund aus dem Tierheim – die Rasse ist mir egal.
- **c)** Einen schönen Collie.

8 Welches Fahrrad fährst du am liebsten?

- **a)** Ein Allroundrad, das ich in der Stadt oder auf dem Land fahren kann.
- **b)** Das alte Rad von meinem Opa.
- **c)** Ein Mountainbike mit mindestens 12 Gängen.

9 Was meinst du: Sind schöne Menschen auch glückliche Menschen?
- **a)** Nein, weil sie immer im Mittelpunkt stehen. Das ist nicht leicht.
- **b)** Vielleicht oder vielleicht nicht. Das Aussehen hat mit Glück nichts zu tun.
- **c)** Nicht immer, aber oft. Schöne Menschen sind oft beliebt.

Die Ergebnisse

Viele **c)** Antworten:
Wie du aussiehst, ist dir sehr wichtig. Du magst Sachen und auch Leute, die schön sind. O.K., aber nicht alle tollen, charmanten, hilfsbereiten Menschen in der Welt sehen wie Models aus!

Viele **b)** Antworten:
Markenklamotten sind dir egal. Charakter ist dir wichtiger als das Aussehen. Das ist sehr sympathisch – aber in manchen Situationen (Vorstellungsgespräch!) ist das Aussehen wichtig, oder?

Viele **a)** Antworten:
Dein Aussehen ist dir nicht egal, aber du verbringst nicht Stunden im Badezimmer, um dich aufzustylen. Du magst schöne Sachen, aber praktisch müssen sie auch sein.

Mir geht's gut. Und dir?

VOR DEM START

✔ How can you get help if you've had an accident in Germany? What can you say if you're unwell? Read all about this – and about describing your lifestyle – in Lektion 11.

✔ Start by practising the German R: an English R is an immediate giveaway that you aren't German. See if you can crack it!

1

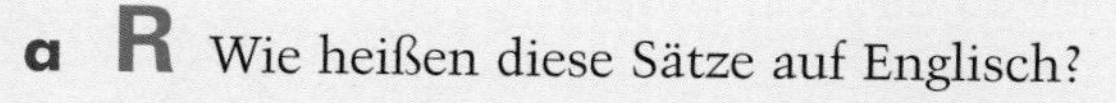

a **R** Wie heißen diese Sätze auf Englisch?

1 Der **R**ücken tut mir weh.
2 Mein Bein ist geb**r**ochen.
3 Du musst viel Wasser t**r**inken
4 Nehmen Sie die Tabletten d**r**eimal p**r**o Tag.
5 Ich **r**ufe das K**r**ankenhaus an.

b Wie sagt man das deutsche **r**?
- In Süddeutschland und Österreich rollt man das **r** vorne im Mund. Hör zu!
- Sonst rollen die Deutschen das **r** hinten im Mund. Hör zu!

Was ist für **dich** einfacher: das **r** vorne oder das **r** hinten?

c Sag jetzt diese Wörter. Rollst du das **r** vorne oder hinten? Hör dann zu.

1 Rücken **2** gebrochen **3** trinken **4** dreimal pro Tag **5** anrufen **6** Krankenhaus

d Sag jetzt die Sätze 1–5 aus Übung 1a. Hör zu. Sagst du das **r** richtig?

2

a Zeichne eine menschliche Figur in deinem Heft.

b Schreib die Körperteile richtig auf dein Bild:

der **kfop** der **genma** der **mar** der **dmun**
der **ßuf** der **fering** der **cküren** der **chaub**
die **sena** das **niek** das **geau** das **rho** das **neib**

3

Was tut dir weh? A Der Zahn tut mir weh.

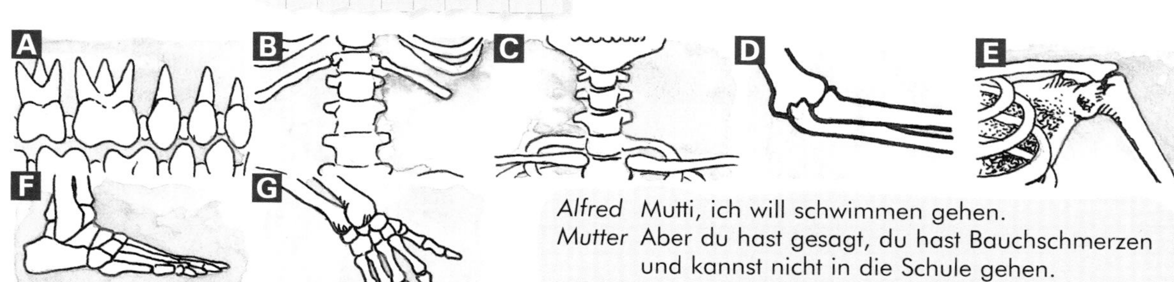

Alfred Mutti, ich will schwimmen gehen.
Mutter Aber du hast gesagt, du hast Bauchschmerzen und kannst nicht in die Schule gehen.
Alfred Das macht nichts. Dann schwimme ich auf dem Rücken!

A Oskars Radunfall

1

Comic Oskar und Christoph reden. Was hörst du über Christoph?

2

a Hier spricht dein Freund. Was sagst du?

1 Hilfe! Hilfe!! **2** Mir ist kalt. **3** Es tut weh. Da. **4** Es blutet. Da. **5** Ich glaube, ich habe mir das Bein gebrochen. **6** Hier ist die Telefonnummer von meinen Eltern.

b Hier sind die Antworten von deinem Freund. Was hast du gefragt?

1 Ich bin vom Fahrrad gefallen.
2 Der Arm tut mir weh.
3 Nein, ich habe mir nichts gebrochen.
4 Nein, einen Arzt brauche ich nicht, aber kannst du bitte meine Eltern anrufen?
5 Ich kann stehen, aber ich kann nicht gehen.

c Hör zu. Hast du dieselben Antworten für 2a und 2b?

Grammatik: „mir" >> A5

Different languages express 'how you're feeling' in different ways:

Deutsch 	**Französisch**	**Englisch** 
mir ist heiß *(to me is hot)*	j'ai chaud *(I have hot)*	*I'm hot*
mir ist kalt *(to me is cold)*	j'ai froid *(I have cold)*	*I'm cold*
mir ist übel *(to me is queasy)*	j'ai mal au cœur *(I've pain in the heart)*	*I'm feeling sick*
es geht mir gut *(it goes to me well)*	ça va *(it goes)*	*I'm fine*

3 Sätze mit *mir*

a Wie sagt man das auf Englisch?

1 Mir geht es nicht gut. 2 Der Rücken tut mir weh. 3 Dieser Mantel ist mir zu teuer.
4 Ich habe mir den Arm gebrochen. 5 Es tut mir Leid.

b Was ist mit dir los? Schreib die Sätze in dein Heft.

1 Der Kopf tut mir weh.

1 der Kopf / tut / weh 2 das Bein / gebrochen
3 zu heiß 4 geht / sehr gut 5 der Hals / tut / weh

Extra! Schreib auch die Fragen.

1 – Tut dir der Kopf weh? – Ja, der Kopf ...
2 – Hast du dir das Bein ...? – Ja, ich ...

c ***TRANSFER!*** **>>** Was sagt diese Frau? Schreib acht Sätze: Sätze mit **mir** oder Sätze aus Lektion 8 (Seite 94–5).

4 P

Macht eine Erste-Hilfe-Demonstration für einen Jugendklub.
Übt, was ihr sagen werdet, dann spielt es vor.

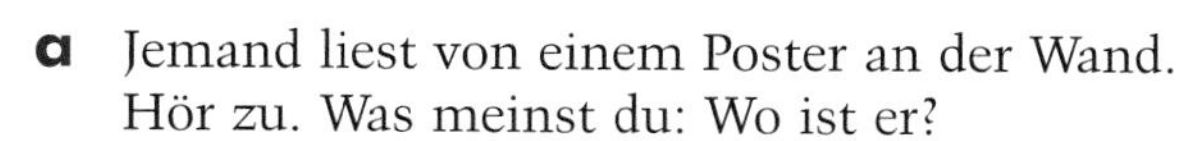

A Ich weiß nicht genau. Ich glaube, ...

5

a Jemand liest von einem Poster an der Wand.
Hör zu. Was meinst du: Wo ist er?

b Mach Werbung mit derselben Idee.
Du willst, dass mehr Leute in die Bibliothek / in die Drogerie / in ... gehen. Entwirf das Poster in deinem Heft.

sterben (ist gestorben) = *to die (died)*
gefährlich = *dangerous* passieren = *to happen*
der Unfall(¨e) = *accident* niemand = *nobody*
verletzt = *injured*

B Oskar in der Apotheke

1 **Comic** Hör zu und lies.

2 Du hörst vier Personen. Sie wollen die Ärztin sehen.

1 Wie heißt auf Deutsch: 'I'd like an appointment, please'?
2 Wie heißen die vier Personen? **3** Wann werden sie die Ärztin sehen?

3 **a** Sieh dir die Wortschatzliste 11 an. Wie heißen diese Wörter auf Englisch?
„Ich habe Kopfschmerzen/Halsschmerzen/Durchfall/Heuschnupfen/Husten."
„Ich habe einen Sonnenstich/Sonnenbrand/Mückenstich/Wespenstich."

P **b** Übt die Wörter. Könnt ihr sie sagen?

4 **a** Was passt zusammen? (1, 2 oder 3 richtige Antworten!)

1 Haben Sie das oft?
2 Seit wann?
3 Was haben Sie gegessen oder getrunken?
4 Wo genau tut es weh?
5 Haben Sie Fieber?
6 Nehmen Sie Tabletten oder andere Medikamente?

1 Nur wenn ich gegessen habe + Nein, selten + ...

Seit Sonntag. **Im Kopf, hinten.**
Nur wenn ich gegessen habe.
Nein, selten. **Hier am Knie.**
Seit drei Tagen ungefähr.
Ja, ich nehme Tabletten gegen Heuschnupfen.
Vielleicht. Mir ist furchtbar heiß.
Im Sommer manchmal.
Ja, ich habe ein Asthma-Spray.
Gestern habe ich Hähnchen gegessen.
Nichts Besonderes.

Extra! **b** Schreib weitere Antworten auf die Fragen 1–6.

5 Eine Patientin beschreibt ihre Symptome. Ergänze den Text in deinem Heft.

Am Morgen (1)___ ich Kopfschmerzen; es war furchtbar. Nach dem Frühstück ist es aber (2)___ geworden und ich bin in die Schule gegangen. Am Nachmittag ist es wieder (3)___ geworden und ich (4)___ auch Magenschmerzen. Ich (5)___ nicht arbeiten und ich (6)___ nach Hause kommen. Ich (7)___ sofort ins Bett gehen. Ich (8)___ Fieber. Mir war heiß und ich (9)___ nicht schlafen.

musste schlimmer hatte konnte besser

6

fünfter sein

tür auf
einer raus
einer rein
vierter sein

tür auf
einer raus
einer rein
dritter sein

tür auf
einer raus
einer rein
zweiter sein

tür auf
einer raus
einer rein
nächster sein

tür auf
einer raus
einer rein
tagherrdoktor

Ernst Jandl

7 P

a Ergänzt die Sätze mit drei Beispielen.

1 Bleiben Sie ...
2 Sie müssen ...
3 Nehmen Sie ...
4 Sie dürfen nicht/kein ...

b Welche von euren Beispielen hört ihr?
- 1 Punkt für Beispiele, die auch auf der Kassette sind.
- 2 Punkte für alle anderen Beispiele!

Sie will schlechte Zähne haben, weil sie in den Zahnarzt verliebt ist.

8 P

a Übt den Dialog. Ändert die Wörter in Rot.

▶ Guten Tag. Kann ich Ihnen helfen?
▶ Ja, ich habe Magenschmerzen.
▶ Seit langem?
▶ Seit gestern.
▶ Haben Sie etwas Besonderes gegessen?
▶ Ja, ich habe viel Kuchen gegessen.
▶ Nehmen Sie diese Tropfen dreimal pro Tag, nach den Mahlzeiten.
▶ Danke schön, Herr Doktor.

Extra!

▶ Was kann ich für Sie tun?
▶ Seit zwei Tagen tut mir der Rücken weh.
▶ Sind die Schmerzen immer da? Oder nur manchmal?
▶ Nur, wenn ich renne oder lang sitze.
▶ Sind die Schmerzen plötzlich gekommen?
▶ Ja, als ich Squash gespielt habe.
▶ Ich gebe Ihnen eine Salbe. Reiben Sie jeden Morgen ihren Rücken mit der Salbe ein.

b Erfindet einen lustigen Dialog:
- Partner(in) A geht für alle kleinen Wehwehchen zum Arzt / zur Ärztin.
- Partner(in) B ist der Arzt / die Ärztin – und ist furchtbar genervt!

Schmerzen?
Unfall beim Sport?
Salbe/Tabletten?

9

a Gabi konnte nicht auf Rolfs Party gehen.
Lies ihren Entschuldigungsbrief.

Halli-Hallo!

Es tut mir schrecklich Leid, dass ich letzten Samstag nicht auf deine Party kommen konnte. Leider war ich krank. Ich hatte Fieber und auch Kopfschmerzen, und ich musste im Bett bleiben. Mir geht's noch nicht viel besser, aber ich werde dich nächste Woche anrufen.

Alles Liebe
Gabi

Unglaublich, aber wahr: Fünf Millionen Deutsche haben Dauerschmerzen – das heißt Schmerzen, die länger als drei Monate dauern.

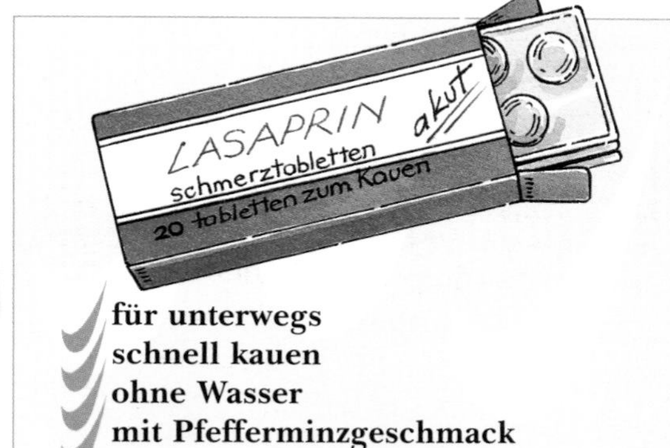

b Wie sagt man das auf Deutsch?

1 I'm terribly sorry
2 unfortunately
3 I had a temperature
4 also
5 I had to stay in bed
6 not yet
7 I'm not much better
8 I'll phone next week

c Schreib deinen eigenen Brief.
- vor einer Woche / nicht / mit dir / ins Konzert
- musste/Arzt/gehen
- Durchfall/Magenschmerzen
- nächsten Montag / anrufen

telefonieren mit + *Dat.*
➜ Ich telefoniere am Montag mit **dir**.
anrufen + *Akk.*
➜ Ich rufe **dich** am Montag an.

C Christoph, der Unkonventionelle

1 **Comic** Was sagt Oskar über Lisas Lebensstil?

2 **Lebensstile**

a Lies die Texte.

A: Die Kartoffeln
Sie sitzen auf dem Sofa oder auf ihrem Bett und sehen fern, egal was kommt: Komödien, Serien, Nachrichten, Werbung. Sie kommen nicht mal zum Esstisch: Das Essen schmeckt ihnen vor dem Fernseher besser.

B: Die Burgerexperten
Du siehst sie abends in der Stadt: Sie stehen vor der Pommesbude und fressen Hotdogs, Döner, Burger, Bratwürste – alles mit Pommes frites und Ketschup. Sie wissen alles über Fastfood – nur ihre Gesundheit ist ihnen egal!

C: Die Surfer
Virtual surfing, natürlich! Sie wissen alles über Computer, Internet und DVDs. Per E-Mail sind sie mit Partnern in Indonesien, Grönland und Mexiko in Kontakt. Nur ihre eigene Familie sehen sie nie.

D: Die Marken-Fitness-Sportler
Tennis, Handball, Volleyball, Fußball: Alles spielen sie fantastisch. Rad fahren, Ski fahren, Pferde reiten, windsurfen, segeln – alles kein Problem, so lang sie die modischsten Markensportklamotten tragen können.

E: Die Gesundheit-Freaks
Wisst ihr, ob Butter *in* oder *out* ist? Sind Bananen gesund oder vielleicht gefährlich? Fragt die Gesundheit-Freaks. Diese Woche machen sie die Grün-Weiß-Diät: Alle grünen und weißen Sachen dürfen sie essen. Nächste Woche wird es etwas anderes sein!

RICHTIG ODER FALSCH?

Fastfood ist nichts Neues: Auch die Römer haben Fastfood geliebt! Statt Hamburger und Pommes haben sie aber Austern oder Fleischkugeln in Soße gegessen. Dieses Essen wurde am Straßenrand auf kleinen Tellern heiß serviert, damit die Kunden es schnell essen konnten.

statt = *instead of* Austern = *oysters*

b Beschreib jede Kategorie in einem Satz.

Die Surfer haben Freunde in ..., aber ...

c Du hörst vier Radiowerbungen. In welche Kategorien (A–E) passen sie?

3 **Grammatik: „wissen" *(to know)***

Such Beispiele dieses Verbs auf dieser Seite (Comic + Texte). Schreib die Formen im Präsens in dein Heft: **ich weiß, du ..., er/sie ..., wir ..., ihr ..., Sie/sie ...**

4 Lebst du gesund? Bist du fit?

a Karin und Natascha beschreiben ihren Tag. Welche Grafik passt zu welchem Mädchen?

Here's a tip
Look carefully at the graphs *before* the tape begins to play. You'll then know what you're listening out for.

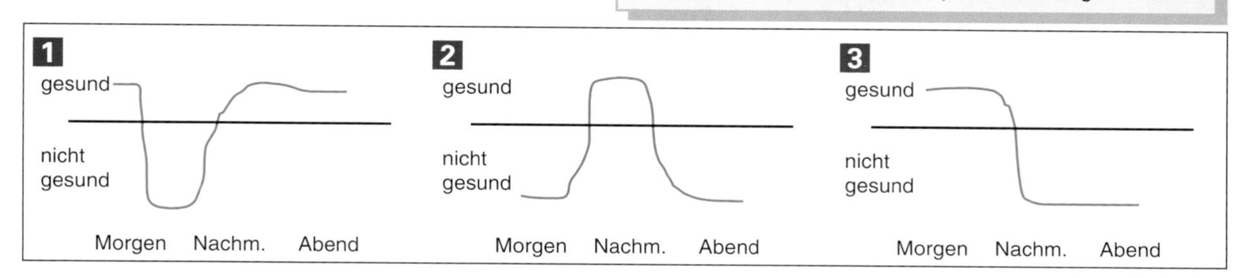

b Mach deine eigene Gesundheits-Grafik. Schreib dazu Kommentare.

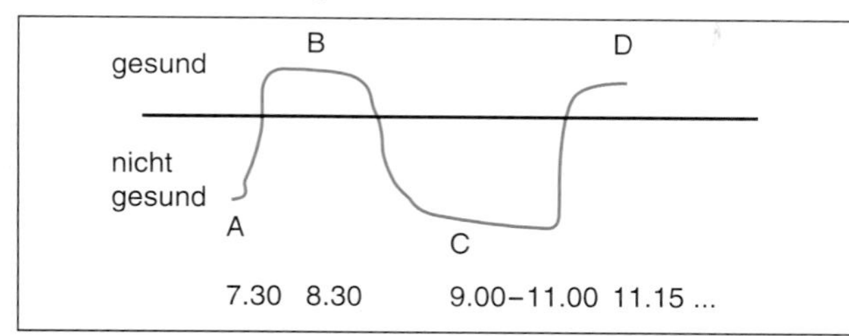

A Ich esse kein Frühstück – ungesund!
B Ich gehe zu Fuß zur Schule – gesund!
C Ich sitze zwei Stunden lang im Klassenzimmer – ungesund!
D In der Pause gehe ich hinaus – gesund!
E ...

Grammatik: *the future* >> F15

To talk about the future, use the future tense ... or the present tense.
You'll usually have to set the context with a future time phrase.

Future tense				*Present tense + future phrases*	
ich werde ...	*I'll ...*	wir werden	*we'll ...*	ich fahre ...	nächste Woche / nächsten
du wirst ...	*you'll ...*	ihr werdet ...	*you'll ...*	er trifft ...	Sonntag / nächstes Jahr /
er wird ...	*he'll ...*	sie werden ...	*they'll ...*	wir gehen ...	morgen / im Mai / am
sie wird ...	*she'll ...*	Sie werden ...	*you'll ...*		Wochenende
! + Infinitiv am Ende: Ich werde morgen nach Berlin **fahren**. Meine Oma wird mich am Bahnhof **treffen**.				! Verb Nr. 2 im Satz: Morgen **fahre** ich nach Berlin. Meine Oma **trifft** mich am Bahnhof.	

5 **Nächste Woche in Berlin** Schreib die fehlenden Sätze.

1 Nächste Woche werde ich nach Berlin fahren.

Future		*Present*
1 Nächste Woche ...	=	Nächste Woche fahre ich nach Berlin.
2 Am Montag ...	=	Am Montag besuche ich meinen Opa.
3 Am Dienstag werden wir einkaufen gehen.	=	Am ... einkaufen.
4 ... da ...?	=	Kaufst du da Sportklamotten?
5 Ja, ich werde Sportklamotten kaufen.	=	Ja, ich ...
6 Am ...	=	Am Freitag kommt mein Vater nach Berlin.
7 Am Sonntag werden wir nach Hause fahren.	=	Am ... nach Hause.

6 ***TRANSFER!*** >> Heute ist der 1. Januar! Schreib zehn Vorsätze für das kommende Jahr.

der Vorsatz = *resolution*

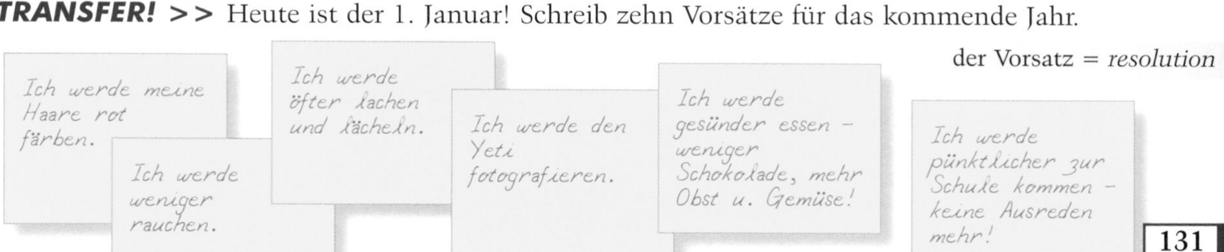

Lesen und hören

Unfälle in Deutschland in einem typischen Jahr
Das Leben ist gefährlich!

Ungefähr **2 Millionen**	Deutsche haben in einem Jahr im Haus einen Unfall.
Über **40 000**	Kinder vergiften sich jedes Jahr in Deutschland mit Haushaltschemikalien.
Ungefähr **10 000**	Kinder pro Jahr werden durch Tiere (meistens Hunde) verletzt.
Über **9 000**	Menschen sterben jährlich auf Deutschlands Straßen.
Etwa **1 800**	Drogentote gibt es in einem Jahr in Deutschland.
Rund **60**	Menschen in Deutschland ertrinken jedes Jahr in der Badewanne.
Rund **10**	Menschen werden jährlich in Deutschland tödlich von Bienen, Wespen usw. gestochen.
1 oder 2	Menschen pro Jahr werden in Deutschland tödlich vom Blitz getroffen.

die Biene(n) = *bee*   der Blitz = *lightning*   ertrinken = *to drown*   vergiften = *to poison*

Was dürfen Jugendliche in Deutschland – und ab wann?

Bei **Filmen und Videos** gibt es fünf Kategorien:

- ☐ Filme ohne Altersbegrenzung
- ☐ Filme für Kinder ab 6 Jahre
- ☐ Filme für Kinder ab 12 Jahre
- ☐ Filme für Jugendliche ab 16 Jahre
- ☐ Filme, die Jugendliche unter 18 Jahren nicht sehen dürfen.

Auch im **Fernsehen** gibt es Regeln je nach Tageszeiten.

- ☐ Während des Tages: Sendungen, die alle Kinder sehen können
- ☐ Ab 20 Uhr: Sendungen ab 12 Jahre
- ☐ Ab 22 Uhr: Sendungen ab 16 Jahre
- ☐ Ab 23 Uhr: Sendungen nicht unter 18 Jahren

Und wie sieht es beim **Alkohol** aus?

- ☐ Kinder unter 16 Jahren dürfen keinen Alkohol kaufen.
- ☐ 16- bis 18-Jährige dürfen Bier, Wein oder Sekt trinken, aber keinen Schnaps, Whisky, Likör usw.

Darfst du allein in ein **Café** oder **Restaurant** gehen?

- ☐ Mit Erwachsenen darfst du natürlich jeder Zeit ins Café oder Restaurant gehen.
- ☐ Kinder unter 16 dürfen auch allein in ein Café oder Restaurant gehen – bei Festen für Jugendliche, auf Reisen, oder um etwas zu essen oder zu trinken.
- ☐ 16- bis 18-Jährige dürfen bis 24 Uhr allein im Café oder Restaurant sein.

Diese Regeln gelten auch für **Diskotheken** und **Tanzveranstaltungen**.

Darfst du **rauchen**?

- ☐ Zu Hause musst du deine Eltern bitten.
- ☐ Kinder unter 16 dürfen aber draußen auf der Straße, in Parks usw. nicht rauchen.
- ☐ Kinder dürfen aber Zigaretten kaufen und Automaten hängen überall.

Wenn du **Auto fahren** willst, musst du warten, bis du 18 Jahre alt bist. Erst mit 18 Jahren darfst du den Führerschein machen.

Probleme: Freunde, Familie und die Gesundheit

1

a Look at questions 1–4 before listening to the first dialogue. What do you think it is about?

1 Wie groß ist Tatjana?
2 Wie viele Kilo wiegt sie?
3 Mit was für einer Diät hat sie angefangen?
4 Was für Tipps gibt ihr die Ärztin? (3)

b Now listen and answer the questions.

2

a Look at sentences 1–4 before listening to the second dialogue. What do you think it is about?

1 Stefan raucht.
2 Seine Freundin raucht.
3 Stefan liebt seine Freundin nicht mehr.
4 Stefans Mutter sagt ihm, er soll nicht mehr mit seiner Freundin ausgehen.

b Note down five words which you think you might hear in the dialogue. Then listen and see if you guessed right.

c Listen again note down whether statements 1–4 are true or false.

Tips for listening to German

Here are some hints to help you do well in listening activities, now and in the exam.

- You should always know what you are listening for. So read the question before you listen and pick up any clues in the question, the title or any pictures.
- Once you know what you are listening for, try to anticipate what sort of words might come up. The context will help you.
- Keep hold of key information (e.g. numbers, directions, prices) by saying it over and over in your mind until you've written it down.
- Remember to write large numbers 'backwards' – write the digits first, then the tens. 2 32
- You'll often have to match what you hear with questions or statements. Remember that you won't often hear the same words as you see: your task is to listen for similar meaning, even if it's expressed in different words.
- Usually, if you're told there are three points for an answer, your task is to note three separate pieces of information.

Meine Mutter hat Depressionen

Meine Mutter hat Depressionen. Sie redet nicht viel und wenn sie redet, geht es nur um *ihre* Probleme. Mein Vater möchte von den Depressionen nichts wissen. Wir Geschwister haben mit unseren Eltern wenig Kontakt, wenig Wärme.

Ich glaube, du brauchst Hilfe von außerhalb der Familie (Freunden, Schule, Kirche, …). Rede mit anderen Menschen: Dann findest du es auch leichter, mit deinen Eltern zu reden.

Drogen in der Clique

In unserer Clique in der Schule ist ein neuer Junge, der Drogen nimmt. Meine Freunde finden ihn toll und manche nehmen jetzt auch Drogen. Dieser Junge macht unsere Clique kaputt!

Allein kannst du nicht viel machen. Such die Hilfe von deinen Eltern, von Lehrern und von Organisationen, die Jugendlichen helfen. Aber wenn deine Freunde weiter Drogen nehmen, musst du eine neue Clique finden. Traurig, aber wahr.

Junge Zeit

nichts = *nothing* außerhalb = *outside* die Clique = *group of friends*
die Jugendlichen *(pl)* = *young people* wahr = *true*

1 **a** Was passt zusammen? Schreib die zwölf Wörter auf.

Apotheke, ...

Apo- Wespen- -theke ge- -lich Durch- -bogen Magen- -letten -gelenk -stich -brand -schnupfen Heu- -schmerzen Ell- -fallen -zeiten täg- Sonnen- -fall Tab- Hand- Mahl-

b Welche von den zwölf Wörtern beschreiben Probleme? Schreib sie in dein Heft.

Durchfall, ...

c Ergänze die Dialoge mit Wörtern aus Übung 1a.

▶ Guten Tag. Kann ich Ihnen helfen?
▶ Ja. Ich habe (1)___ und ich habe auch (2)___.
▶ Nehmen Sie diese (3)___.
▶ Wie oft muss ich sie nehmen?
▶ Dreimal (4)___, nach den (5)___.

▶ Grüß Gott. Kann ich Ihnen helfen?
▶ Ja. Der (6)___ und das (7)___ tun mir weh.
▶ Was ist passiert?
▶ Ich bin Rad gefahren und ich bin (8)___.

P **d** Übt die zwei Dialoge.

2 Lies die Information über die Medikamente und beantworte die Fragen.

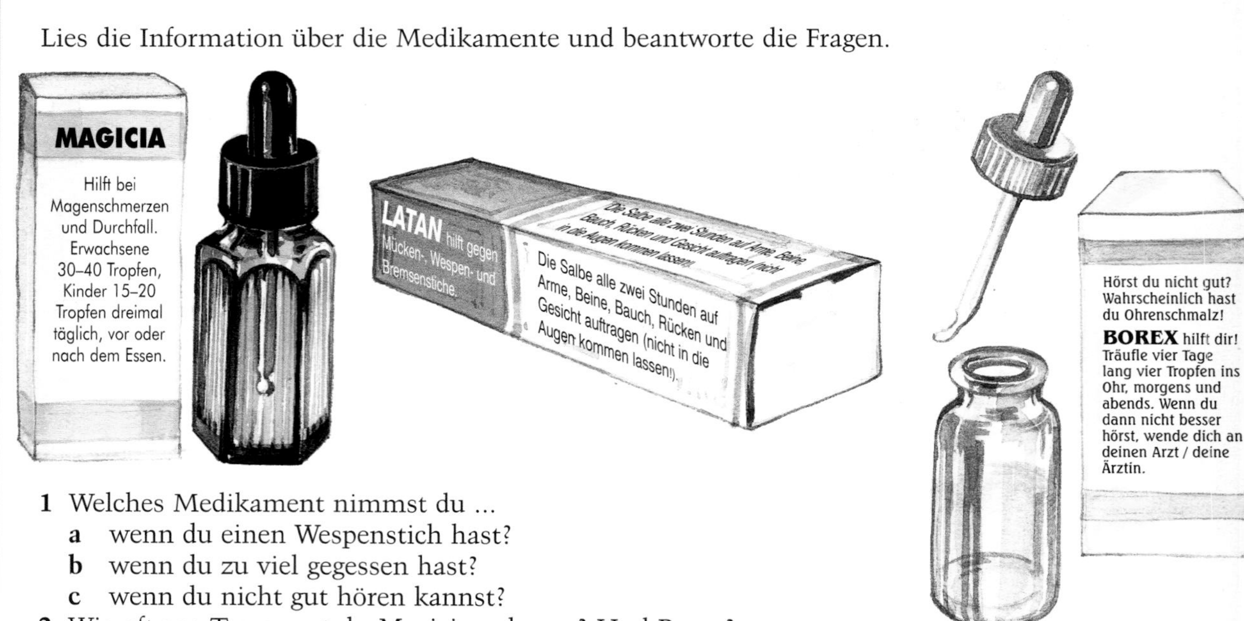

1 Welches Medikament nimmst du ...
 a wenn du einen Wespenstich hast?
 b wenn du zu viel gegessen hast?
 c wenn du nicht gut hören kannst?
2 Wie oft pro Tag musst du Magicia nehmen? Und Borex?

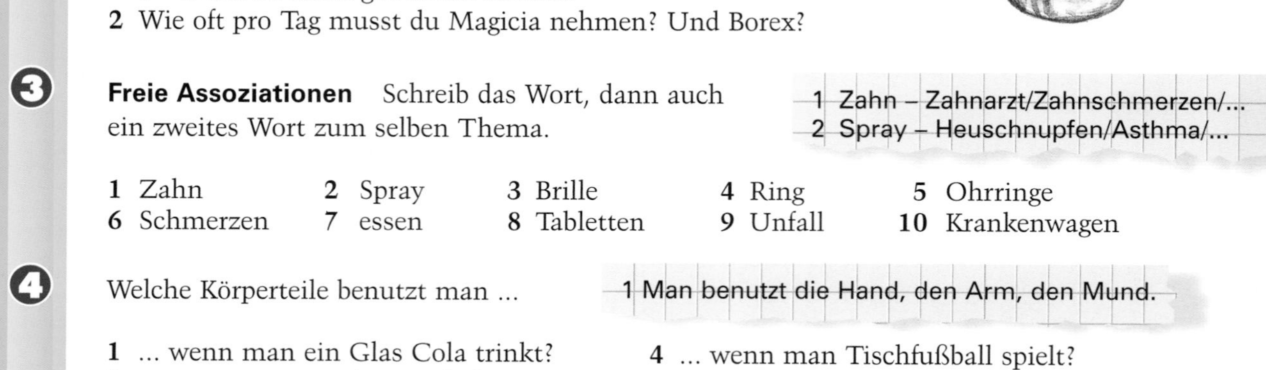

3 **Freie Assoziationen** Schreib das Wort, dann auch ein zweites Wort zum selben Thema.

1 Zahn – Zahnarzt/Zahnschmerzen/...
2 Spray – Heuschnupfen/Asthma/...

1 Zahn 2 Spray 3 Brille 4 Ring 5 Ohrringe
6 Schmerzen 7 essen 8 Tabletten 9 Unfall 10 Krankenwagen

4 Welche Körperteile benutzt man ...

1 Man benutzt die Hand, den Arm, den Mund.

1 ... wenn man ein Glas Cola trinkt?
2 ... wenn man spazieren geht?
3 ... wenn man einen Film anschaut?
4 ... wenn man Tischfußball spielt?
5 ... wenn man schreibt?
6 ... wenn man etwas isst?

Isst du gesund? Lebst du gesund?

Ich spiele gern Computerspiele. Ich surfe auch gern im Internet. O.K., ich sitze stundenlang in meinem Zimmer und das ist ungesund. Aber für Sport habe ich nicht viel Interesse.
Aschkan

Ich gehe manchmal joggen und ich treibe viel Sport im Sportzentrum. Aber ich esse ungesund – ich esse nicht genug Obst und zu viel Süßes: Schokolade, Eis usw.
Jutta

Das Problem ist ganz einfach: Ich habe keine Zeit. Gemüse kaufen, waschen, kochen – das ist mir zu kompliziert. Wenn ich allein bin, koche ich Fertiggerichte. Und wenn ich mit Freunden ausgehe, kaufen wir Bratwurst oder Hamburger oder so was. Die anderen machen das und ich mache es auch.
Thorsten

Abends essen wir meistens vor dem Fernseher. Da ist es unpraktisch, Fleisch mit Kartoffeln, Gemüse und Soße zu essen. Es ist viel einfacher, einen Hotdog oder ein Stück Pizza zu essen – und das mache ich gewöhnlich auch.
Josefine

Mir schmeckt Fastfood wie Dönerkebabs, Pizza, Bratwurst mit Senf. Wenn ich abends in der Stadt bin, habe ich manchmal so einen Hunger, und dann hilft kein Salat oder Apfel mehr! Ich weiß, es ist nicht gesund, aber ...
Tobias

Meine Eltern arbeiten oft abends und dann muss ich für mich und für meine jüngeren Geschwister kochen. Manchmal mache ich eine Suppe, aber oft essen wir Fertiggerichte oder etwas aus der Dose. Oder manchmal gehe ich schnell zur Imbissbude und hole was Warmes. Billig ist es nicht, aber es geht schnell.
Solveig

1

a Wer ...

1 ... isst Fastfood, obwohl es ungesund ist?
2 ... spricht überhaupt nicht vom Essen?
3 ... macht das Essen für den Bruder und die Schwester?
4 ... sieht beim Essen fern?
5 ... ist zu faul, richtig zu kochen?
6 ... versucht, ein bisschen Sport zu treiben?

b Welche Wörter/Ausdrücke im Text heißen ...?

1 Essen mit Fleisch, Gemüse und Soße in einem Paket, das man warm machen muss
2 ein Stand, wo man Bratwürste, Kebabs und allerlei Fastfood kaufen kann
3 ich mache zu viele andere Sachen
4 ich bin hungrig
5 normalerweise (zwei Beispiele!)

2 Und du? Isst du gesund? Warum oder warum nicht? Schreib 8–10 Zeilen zu diesem Thema.

Ich esse manchmal ...
Mir schmecken ...
Ich versuche, ... zu essen.
Es ist schwierig, ... zu essen.

Here's a tip
If you're looking to get extra marks, remember to use words and phrases that will impress your teacher or examiner! You'll find some in the texts above.

TRANSFER! >>
Wörter für Essen und Trinken: siehe Lektionen 7 und 9.

3 Was will diese Werbung sagen? Hat die Werbung Recht? Schreib 3–4 Sätze zu diesem Thema.

Die meisten Tiere essen gesünder als der Mensch.
Aktion: Gesundes Essen. **Die Krankenkassen.**

Here's a tip

Title and sub-headings often help you to orientate yourself in a text. And one way to understand their importance is to try matching some up with an article.

1

a In diesem Artikel fehlen der Titel (A) und vier Untertitel (B–E). Welcher Titel/Untertitel passt wohin?

Braun und superschlank | Geld und Arbeit | Die Clique | Druck von der Werbung | Kindheit ohne Stress?

A ....

Ach, die Kindheit! Die schöne Zeit ohne Stress, ohne Probleme, ohne Finanzkrisen. Viel Zeit zum Spielen, zum Lernen. Kind sein heißt frei sein, oder? Quatsch! Das ist vielleicht die Illusion mancher Erwachsene. Für viele Teenager sieht die Realität anders aus.

B ....

Auch Kinder haben Geldprobleme. Die Lösung: arbeiten, um Geld zu verdienen. Aber eine Stelle finden ist gar nicht so einfach. Wenn sie eine Stelle haben, müssen die Kinder oft sehr lang arbeiten, um ein bisschen Geld zu sparen, weil sie pro Stunde so wenig verdienen.

C ....

Oft haben Jugendliche Geldprobleme, weil sie teure Sportgeräte oder Musikinstrumente oder die neuesten CDs und Computerspiele kaufen wollen. Der Druck kommt aber oft von der Werbung. Die großen Firmen geben Millionen für Werbung aus, im Fernsehen, im Radio, auf großen Plakaten. Von Werbung sind Jugendliche überhaupt nicht frei.

D ....

Dazu kommt noch der Druck von der Clique. Die Freunde gehen trinken – also muss ich auch trinken gehen. Die anderen tragen Markenkleider – also muss ich auch Markenkleidung kaufen. Wer „in" sein möchte, steht oft unter enormen Druck von den Kameraden.

E ....

Teenagerzeitschriften versuchen manchmal, Jugendlichen Tipps zu geben, aber die vielen Bilder von bildschönen, superschlanken Mädchen (und Jungen) setzen die jugendlichen Leser auch unter Druck. Wer möchte in der Bikini-Saison nicht braun und schlank sein? Da hoffen viele, dass Kosmetika und Diätessen helfen werden – und sie kosten auch nicht wenig!

der Druck = *pressure* die Werbung = *advertising* die Lösung = *solution*

b Welcher Satz passt zu welchem Absatz (B–E)? der Absatz = *paragraph*

1 Ich muss immer sein wie die anderen.
2 Mit meinen Lehrern habe ich Streit, weil ich für meine Schularbeit zu wenig Zeit habe.
3 Wie die Menschen in den Fotos kann ich nicht sein, und das macht mich traurig.

2 Du hörst fünf Dialoge. Zu welchen Absätzen (B–E) im Text passen sie?

3

Bist du auch unter Druck?

- von deinen Eltern?
- von der Schule?
- von deinen Kameraden?
- von der Werbung?
- von Geldproblemen?
- von Stars und Supermodels?

Schreib uns! Wir interessieren uns für deine Meinung!

12 Schöne Ferien!

Vor dem Start

✔ Lektion 12 is all about holidays – holidays in the past, holidays to come, family holidays, and holidays in which you use your German to communicate with people you meet.

1 **P**

a Was passiert in dieser Szene? Schreibt so viele Sätze wie möglich!

Zwei Mädchen spielen ...

ein Junge / zwei Jungen
ein Mädchen / zwei Mädchen
ein Mann / zwei Männer
eine Frau / zwei Frauen

P

b Was passiert **nicht** im Bild? Schreibt noch sechs Sätze.

Niemand fährt mit dem Zug.
Es schneit nicht. Es gibt keinen ...

c Du warst letztes Jahr in diesem Badeort. Was hast du gemacht? Schreib acht Sätze.

Ich bin schwimmen gegangen.
Ich habe Fotos gemacht. Ich ...

2 **P**

a **W** Sagt diese Wörter. Wie sagt man also das **w** auf Deutsch?

Wo wohnst du? Wie heißt du?
Wann? Wasser?

b ***TRANSFER!*** >>Wie sagt man diese Wörter?

der **W**arteraum *waiting room*
der Speise**w**agen *dining car*
der **W**ohnwagen *caravan*
die Ferien**w**ohnung *holiday flat*
normaler**w**eise *normally*
ge**w**öhnlich *usually*

c Hört zu. Habt ihr die Wörter richtig ausgesprochen?

A Lisa kauft Zugfahrkarten

1

Am Bahnhof Wie kann man auf die Fragen 1–7 antworten (eine oder zwei Antworten)?

1. Wo kann ich bitte ein Zugticket kaufen?
2. Muss ich umsteigen?
3. Was kostet die Fahrkarte, bitte?
4. Entschuldigen Sie, ist der Platz frei?
5. Kommt der Zug aus Köln rechtzeitig an?
6. Wann fährt der nächste Zug nach Wien?
7. Gibt es einen Zug am Abend?

a Nein, der Zug fährt direkt.
b Ja, um 19 Uhr. **c** Dort, am Automaten.
d Nein, er hat zehn Minuten Verspätung.
e Ja, er ist frei. **f** Nein, er ist besetzt.
g Euro 24 mit Zuschlag.
h Die Schalter sind dort drüben.
i Um 15.32 Uhr, Gleis 2.
j Ja, Sie haben um 14.43 Uhr in Mainz Anschluss nach Berlin.

2 P

Übt zwei Dialoge am Schalter im Bahnhof. Erfindet dann eure eigenen Dialoge.

▶ Guten Tag. Wann fährt der nächste Zug nach Augsburg, bitte?
▶ Es gibt einen Zug um 16.03.
▶ Muss ich umsteigen?
▶ ...

A
Salzburg → Augsburg
Abfahrt Salzburg 16.03
Ankunft München 17.15
Anschluss nach Augs. 17.23
Ankunft in Augsburg 18.05
2 Karten h+zurück Euro 68

B
Hamburg → Berlin
Abfahrt Hamburg 9.06
Ankunft Berlin 11.15
15 Minuten Verspätung
Direkt
1 Ticket einfach Euro 24,50

3

Comic

2
Dreimal hin und zurück nach Stralsund, bitte. Können wir Plätze für Freitagnachmittag reservieren?
Mit welchem Zug fahren Sie?
Mit dem Zug um 14.24 Uhr. (...)

3
Wann triffst du Christoph heute?
Ach! Es ist schon zehn nach eins! Und wir treffen uns um eins im Burger-Prinz!

a Was ist richtig?

1. also = **a** *so*, **b** *also, too*
2. schon = **a** *pretty*, **b** *already*

b Notiere weitere Informationen über die Reservierung.

4

a Hör zu und schau den Plan an. Ist die Auskunft richtig oder falsch? (1–6)

b Wo kann man ...

1. sich informieren? Bei der ...
2. Fahrkarten kaufen? Am ...
3. auf den Zug warten? Im ...
4. den Rucksack lassen? In den ...
5. durch einen Tunnel gehen? In der ...
6. etwas zu trinken kaufen? In der ...
7. eine Zeitung kaufen? Im ...

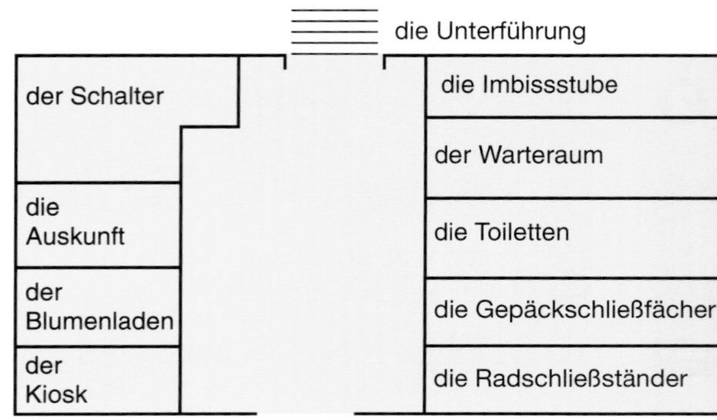

5 Du kennst die Wörter in Rot nicht. Was kannst du auf Deutsch fragen?

1 Where's the *ticket office*?
2 Can I *order* a ticket?
3 Is there a *bar* on the train?

Here's a tip
Q: What can you do if you don't know the exact word?
A: Find an easier way of saying it!
If you can't say *Where's the buffet car,*
ask *Where can I buy something to eat?*
→ Wo kann ich etwas zu essen kaufen?

RICHTIG ODER FALSCH?

Der Orient-Express war fünfzig Jahre lang der berühmteste Zug der Welt. Er war ein Luxushotel auf Rädern, ein Zug für Diplomaten, Prinzen und Prinzessinnen, Spione, Agenten. Kein anderer Zug kommt so oft in Filmen und Büchern vor (z.B. *Mord im Orient-Express* von Agatha Christie). Der Orient-Express war die Idee des belgischen Ingenieurs Georg Nagelmackers. 1883 fuhr zwischen Paris und Istanbul (Türkei) der erste Orient-Express. Für die 3186 km hat er drei Nächte und zwei Tage gebraucht. Dieser erste Zug hatte nur fünf Wagen: Nach der Lokomotive kam ein Gepäckwagen, danach der Speisewagen, dann zwei Schlafwagen, am Ende wieder ein Gepäckwagen.

6 **Der Orient-Express** Schreib die Sätze auf und füll die Lücken aus.

Der Orient-Express war ein Zug für (1)___ und wichtige Leute.
Das Buch *Mord im Orient-Express* (2)___ den Luxus in diesem Zug.
Ein (3)___ ist auf die Idee vom Orient-Express gekommen.
Die Reise nach Istanbul hat (4)___ als drei Tage gedauert.
Der erste Orient-Express (5)___ zwei Schlafwagen und zwei (6)___.

arme | Speisewagen | Franzose | reiche | mehr | Belgier | hatte | weniger | Gepäckwagen | beschreibt

7 **a** **Meinungen über das Zugfahren** Sind die Leute dafür oder dagegen?

A ist gegen, B ...

A Ich finde, die modernen Züge sind schnell und bequem.

B Meiner Meinung nach ist der Zug zu teuer.

C Zugfahren ist oft praktischer, weil man kein Auto parken muss.

D Abends und in der Nacht gibt es nicht genug Züge.

E Im Zug kann man lesen oder Musik hören.

F Die Züge fahren pünktlich und es gibt keine Staus!

G Ich finde, die Züge sind oft schmutzig und voll.

H Manche Züge fahren sehr langsam.

Here's a tip
Here's an impressive phrase to use when you see both the pros and the cons:
Auf der einen Seite + *verb* + ..., **auf der anderen Seite** + *verb* + ...
Auf der einen Seite sind die Züge oft zu voll, auf der anderen Seite fahren sie schnell.

b Schreib fünf Sätze mit **Auf der einen Seite ..., auf der anderen Seite ...** . Kombiniere die Sätze A–H.

Auf der einen Seite ist der Zug teuer, auf der anderen Seite ...

c ***TRANSFER!*** **>>** Schreib Sätze mit dieser Struktur in anderen Situationen.

1 Meine Stadt (✗ sie ist langweilig) (✔ ich habe viele Freunde hier)
2 Radfahren (✔ es ist billig) (✗ es ist unpraktisch, wenn es regnet)
3 Ferien mit meinen Eltern 4 Meine Schuluniform 5 Handys (= tragbare Telefone)

B Ferien mit den Eltern

Lisa	Ich war am Bahnhof. Ich habe Zugtickets gekauft. Ich gehe mit zwei Freunden zelten.
Christoph	Gehst du oft zelten?
Lisa	Nein, normalerweise mache ich mit meinen Eltern zusammen Ferien. Wir mieten meistens eine Ferienwohnung. Meine Eltern gehen baden und sonnen sich. Sie interessieren sich für nichts anderes. Und ich langweile mich nur! Und dann streiten wir uns.

Letztes Jahr waren wir zum Beispiel in Griechenland, auf einer Insel. Es gab überhaupt nichts zu tun! Meine Eltern haben sich tagelang gesonnt. Und ich habe mich furchtbar gelangweilt! Oh, tut mir Leid! Ich langweile dich, oder?

1 **Comic** Sind die Sätze richtig oder falsch?

1 Lisa und ihre Eltern verbringen ihre Ferien normalerweise in einem Hotel.
2 Lisas Eltern gehen oft schwimmen.
3 Die Familie ist in den Ferien immer gut gelaunt.
4 Die Familie war letztes Jahr in der Türkei.
5 Leider hat es letztes Jahr nur geregnet.

2 **Grammatik: Reflexivverben** >> F7

Präsens (jedes Jahr, jeden Tag ...)		*Perfekt* (letztes Jahr, vor zwei Jahren ...)	
ich streite mich	wir streiten uns	ich habe mich gesonnt	wir haben **?**
du streitest dich	ihr streitet euch	du hast dich gesonnt	ihr habt **?**
er/sie streitet sich	sie/Sie streiten sich	er/sie hat sich gesonnt	sie/Sie **?**

3 Wie sagt man diese Sätze auf Deutsch?

1 Ich freue mich auf die Ferien.

1 I'm looking forward to the holidays. (**sich auf die Ferien freuen**)
2 My mum only sunbathes. (**sich nur sonnen**)
3 Sarah and Nora, do you often quarrel? (**sich oft streiten**)
4 No, we never quarrel! (**sich nie streiten**)

5 My parents were interested in art. (**sich für Kunst interessieren**)
6 My sister relaxed on the beach. (**sich am Strand entspannen**)
7 We didn't look forward to the journey. (**sich nicht auf ... freuen**)
8 I was bored in the holiday flat. (**sich in ... langweilen**)

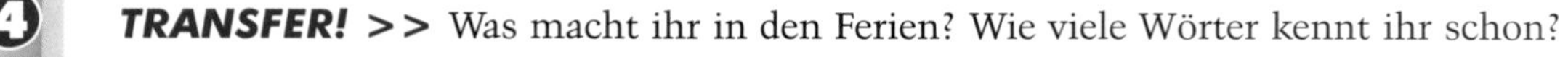

4 ***TRANSFER!*** **>>** Was macht ihr in den Ferien? Wie viele Wörter kennt ihr schon?

1 Wir mieten eine Ferienwohnung, Fahrräder, ein Auto, ... , ... , ...
2 Wir übernachten gewöhnlich bei Freunden, in einer Jugendherberge, ... , ... , ...
3 Wir besichtigen manchmal Schlösser, ... , ... , ...
4 In manchen Jahren bleiben wir in Großbritannien, ... , ... , ...
5 In anderen Jahren fahren wir ins Ausland, an den Strand , ... , ... , ...

5 **P** Ohne Pause, bitte! Ergänze die Sätze deines Partners / deiner Partnerin.

A Wir fahren zum Beispiel ...

... nach Frankreich. **B**

6 **Ferien mit den Eltern zusammen**

Anton

Ja, in den Ferien bin ich mit meinen Eltern zusammen. Wir fahren fast immer nach Italien, weil es nicht so weit weg ist, und weil es da heiß ist. Wir sonnen uns jeden Tag am Strand. Auf der einen Seite macht es Spaß, auf der anderen Seite möchte ich meine Ferien lieber mit meinen Freunden verbringen. Mit meinen Eltern darf ich abends nicht ausgehen: Das ist oft frustrierend!

Carola

Letztes Jahr bin ich mit meinen Eltern mit dem Auto nach Ungarn gefahren, aber meistens fliegen wir nach Spanien. Spanien ist nicht teuer und das Essen schmeckt gut. Abends ist es manchmal langweilig: Jeden Abend gibt es im Hotel Tanz, Musik oder Disko. Ich würde lieber allein in die Stadt gehen, aber meine Eltern sagen, das ist zu gefährlich.

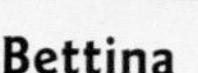

Bettina

Ich muss meistens mit meiner Familie in Bayern zelten, weil meine Oma in Bayern lebt. Ich möchte lieber mit ein paar Freunden durch Europa fahren, mit dem Zug oder mit dem Auto. Ich interessiere mich für andere Länder. Wenn ich älter bin, werde ich einen Campingwagen kaufen und jedes Jahr durch ein neues Land fahren.

David

Wir machen fast immer etwas Interessantes in den Ferien. Vor zwei Jahren sind wir mit dem Rad durch Deutschland gefahren. Letztes Jahr sind wir in den Alpen wandern gegangen und dieses Jahr wollen wir in Schweden Kanufahrten machen. Ich komme mit meinen Eltern gut aus. Und sie bezahlen auch – das ist recht praktisch!

a Wer hat in den Ferien Probleme mit den Eltern? Warum?

b Finde im Text zwei Ausdrücke für **normalerweise** und zwei Ausdrücke für **täglich**.

Extra! **c** Schreib deine eigene Meinung über die Ferien mit deinen Eltern.

7 Hier sind typische Examensfragen zum Thema **Ferien**.

- Was machst du gewöhnlich in den Ferien?
- Wo übernachtet ihr?
- Was **möchtest** du in den Ferien machen – und was **musst** du machen?
- Was würdest du machen, wenn du allein Ferien machen könntest?

Bonuspunkte!

- Give extra information in your answers, e.g. Who do/did you go with? How do/did you get there?
- Show off the perfect tense – even if the questions don't require it!
- Use some of the reflexive verbs you practised in exercise 2.

a Zwei Teenager, Sigrid und Manuel, beantworten die vier Fragen. Welche weiteren Informationen hörst du in den Antworten?

b Übt die Fragen mit euren Antworten. Kriegt ihr Bonuspunkte?

C Kommunikation

1 **Comic** Was sind die richtigen Wörter 1–5?

Skateboard
Ausflüge
Kanu
Musik
Handball
tanzen
klettern
Federball
grillen
Gitarre
singen
in Konzerte
in die Berge

2 Letztes Jahr ist Michael mit zwei Freunden mit dem Zug durch Europa gefahren. Sie haben viele tolle Menschen kennen gelernt. Als sie zum Beispiel in Polen waren, haben sie Herrn und Frau Warmuz besucht. Michael hat diesen Tag in seinem Tagebuch beschrieben.

Am nächsten Tag haben wir Krakow besichtigt. Krakow hat eine tolle Altstadt. (Der Marktplatz ist enorm!) Gegen Mittag haben wir die Burg besichtigt. Gegen drei Uhr sind wir mit dem Zug weiter nach Nowy Targ gefahren. Dort wohnen Herr und Frau Warmuz, die Eltern von der Bäckerin in unserem Dorf. Die Bäckerin hatte uns gesagt, wir müssen sie besuchen. Allerdings konnten sie nur zwei oder drei Wörter Deutsch, Englisch und Französisch sprechen ... und wir überhaupt kein Wort Polnisch!

Als wir das richtige Haus gefunden haben, hat Frau Warmuz uns begrüßt und uns in den Garten gebracht. Herr Warmuz hat Bratwürste gegrillt und wir mussten alle mindestens sechs riesige Würste essen! Sie haben toll geschmeckt. Nach den Würsten gab es ganze Berge von Kuchen!

Als wir nichts mehr essen konnten, haben Herr und Frau Warmuz mit uns geredet. Sie haben viel gelächelt, sie haben viel mit den Händen geredet und manchmal haben sie auch mit kleinen Zeichnungen kommuniziert. Es war nicht einfach, sie zu verstehen, aber sie haben es immer wieder versucht. Als wir dann nach fünf Minuten einen Satz verstanden haben, haben wir alle gelacht und wir haben die Kommunikation mit noch einem Stück Kuchen gefeiert! Es war ein fantastischer Abend. Was für ein Paradox: Wir konnten wenig sagen und verstehen, aber die Kommunikation war perfekt! Nach einem Abend waren diese Menschen wie gute, alte Freunde.

a Was ist die richtige Reihenfolge? Michael und seine Freunde ...

1 sind am Haus von Herrn und Frau Warmuz angekommen.
2 haben versucht, Herrn und Frau Warmuz zu verstehen.
3 haben eine schöne alte Stadt besucht.
4 haben viel gegessen.
5 sind mit dem Zug gefahren.

Extra! **b** Beantworte die Fragen.

1 Warum haben Michael und seine Freunde Herrn und Frau Warmuz besucht?
2 Warum konnte Michael nicht einfach mit diesen Menschen reden?
3 Welche Beispiele zeigen, dass Herr und Frau Warmuz liebe Menschen waren?

3 Du hörst den Text – mit weiteren Informationen. Notiere sie in deinem Heft.

4 Ergänze die Listen in deinem Heft.

Land	*Staatsangehörigkeit*	*Sprache*
England	Er ist Engländer. / Sie ist Engländerin.	Man spricht Englisch.
Deutschland	Er ist Deutscher. / Sie ist Deutsche.	Man spricht Deutsch.
?	Er ist Franzose. / Sie ist **?**	Man spricht Französisch.
?	Er ist **?** / Sie ist Irin.	Man spricht Irisch und **?**

Extra! Ergänze die Listen mit: Schottland, Belgien, Spanien, Wales, Schweiz, Österreich.

5 Erzähl die Geschichte. Was ist passiert?

Letztes Jahr bin ich in die Türkei ...

Extra! Letztes Jahr ist Inga in die Türkei ...

am dritten Tag – Ausflug – Bus – einsteigen – voll – heiß

in die Berge – Ruinen sehen – kleine Straße – langsam

gegen Mittag – Dorf mitten in den Bergen – das Café

Jungen kennen lernen – ein bisschen Deutsch – lächeln

rennen – den Bus verpassen – zu spät – was jetzt?

mit dem neuen Freund – Eltern – freundlich – schlafen

Here's a tip

Real life isn't an exam! If you really have to use German (e.g. because you meet a cool German boy/girl on holiday), use your hands, feet, drawings, mime, words of French – *anything* to get your meaning across. There's no examiner listening: everything's allowed!

6

a Rob has met a nice German girl. She's got a magazine with a photo of the Queen on it, and Rob wants to tell her: 'The Queen visited the factory where my mum works.'
Problem is, Rob doesn't know the German for *Queen*, *visit* or *factory*! Listen to him and note the steps he uses to get his meaning across.

P

b Can you get these messages across to your partner in German?

My aunt is a dog breeder and one of her dogs won the Cruft's dog show last year.

In a cable car in the Alps last year we met a family who used to live in the house we live in.

c Make up messages. Write them in English – then try to communicate them in German to your partner. Remember, the examiner's not listening: anything goes!

SPEZIAL!

„Was hast du in den Ferien gemacht?"

Akkusativ, Dativ, Verben mit *sein*, Verben mit *haben*: alles zusammen!

„Was hast du in den Ferien gemacht?"

It's a typical exam question, isn't it! And when you answer it, you have to think of several grammar points all at the same time:

- Does the verb in the past tense take **haben** or **sein**?
- What's the right word order?
- Which words are in the accusative? Which are in the dative?

It's useful to think in terms of two main categories: going to a place, and activities at a place. The grid on page 145 gives you a useful overview:

- The **blue** section involves *going to a place.*
- The **yellow** section involves activities *at a place.*
- The **green** section can be used with both.

1 Schau dir die Tabelle auf Seite 145 an.

a Schreib noch vier Beispiele für **A**, **B**, **C**, **D**.

A Ich bin in den Dom gegangen.

b Schreib noch vier Beispiele für **E**.

E Ich habe in einem Büro gearbeitet.

2 **P** Schaut euch die Tabelle auf Seite 145 an. Übt Fragen und Antworten.

- Was hast du in den Ferien gemacht?
- Was hast du letztes Wochenende gemacht?
- Was hast du gestern Abend gemacht?

Here's a tip

To help you learn the phrases:

- first practise looking at all of page 145;
- then lay a strip of paper or a ruler over one column;
- then cover two columns, and so on.

3 Schreib den Text in dein Heft. Füll die Lücken aus.

Gestern Abend (1) ___ ich mit (2) d__ Bus in (3) d__ Stadt gefahren. In (4) d__ Stadt habe ich etwas fotokopiert und dann (5) __ (6) ___ ein neues T-Shirt gekauft. Um sechs Uhr (7) ___ (8) ___ meinen Bruder in (9) ein__ Café getroffen. Dann (10) ___ (11) ___ mit (12) mein__ Bruder zu Fuß (13) ___ Hause gegangen. Ich war müde. (14) ___ (15) ___ in (16) mein__ Zimmer gegangen und (17) ___ (18) ___ ferngesehen.

4 **Besondere Verben** Schreib die Sätze richtig.

1 gestern – wir – Ausflug – Berge – (machen)
2 wir – um halb neun – Bergen – (ankommen)
3 es – geregnet – und – wir – nichts – (sehen)
4 wir – den ganzen Tag – in – Auto – (bleiben)
5 am Abend – wir – nach Hause – (zurückfahren)
6 wir – gegen sieben Uhr – zu Hause – (ankommen)

!

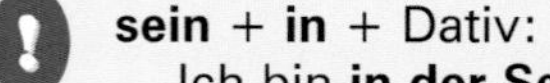

sein + **in** + Dativ:
Ich bin **in der Schule** angekommen.
Ich bin **im Hotel** geblieben.
haben + **in** + Akkusativ:
Ich habe einen Ausflug **in die Berge** gemacht.

5 Und du? Was hast du letztes Wochenende gemacht? Schreib zehn Sätze.

Here's a tip

Write your description *without* looking at the overview. Then use the overview to check and correct your work.

subject + verb 1 (+ time) **wer? (+ wann?)**	*manner* **mit ...?**	*place* **wohin? wo?**	*verb 2* **was gemacht?**
sein Ich bin ... und ich bin ... und dann bin ich ... Am nächsten Tag bin ich ... Am Samstagabend bin ich ... Letztes Jahr bin ich ... Vor zwei Wochen bin ich ...	***mit + Dativ*** mit dem Zug mit dem Bus mit dem Auto mit dem Rad zu Fuß *(m)* mit meinem Bruder mit meinem Vater mit meinem Freund *(f)* mit meiner Schwester mit meiner Mutter mit meiner Freundin *(Plural: m/f)* mit meinen Eltern mit meinen Freunden	**A *in + Akkusativ*** *(m)* in den Wald in einen Laden *(f)* in die Stadt in die Schule in eine Disko *(nt)* ins Kino in ein Restaurant in ein Café *(Plural: m/f/nt)* in die Läden **B *an + Akkusativ*** *(m)* an den Strand *(f)* an die Küste **C *zu + Dativ*** *(m)* zum Bahnhof zu einem Freund *(f)* zur Schule zu einer Freundin *(nt)* zum Schwimmbad zu einem Postamt *(Plural: m/f/nt)* zu den Läden **D *nach*** nach Cardiff nach Schottland nach Hause	gegangen. gefahren. gekommen. geflogen.
haben Ich habe ... und ich habe ... und dann habe ich ... Am ersten Tag habe ich ... Am Wochenende habe ich ...		**E *in/bei + Dativ*** *(m)* im Zoo in einem Laden bei meinem Freund *(f)* in der Disko in der Bibliothek in der Stadtmitte in einer Kirche bei meiner Freundin *(nt)* im Sportzentrum in meinem Zimmer *(Plural: m/f/nt)* in den Läden	(Musik) gehört. (Fußball) gespielt. gearbeitet. (Fotos) gemacht. (Karten) gekauft. (Freunde) besucht. (mit Jan) telefoniert. (Eva) kennen gelernt. (Sarah) eingeladen. ferngesehen. (Eis) gegessen. (Limo) getrunken. (gut) geschlafen. (Freunde) getroffen. (einen Film) gesehen.
Two exceptions! Ich bin ... Ich bin ...		am See / an der See zu Hause	angekommen. geblieben.

Here's a tip

In the exam, it's quite likely that you'll have to write a postcard. What you usually have to do is answer a postcard from a friend. If so, remember to pick out the points in the friend's card that you can use in your own!

1 **Eine Postkarte im Examen**

a Lies die Postkarte von Lizzy.

Liebe Freunde!
Am Mittwoch sind wir in Davos, in den Alpen, angekommen. Wir sind mit dem Zug und mit dem Bus gefahren: Alles ist gut gegangen! Gestern bin ich Ski gefahren. Das Wetter ist toll!
Bis nächste Woche!
Eure
Lizzy

b Schreib jetzt deine eigene Postkarte an Lizzy mit dieser Information.

Here's a tip

Tip 1 Don't start writing from nothing – start with good German phrases: the ones in Lizzy's card! Copy into your exercise book the parts of Lizzy's card that you can use in your own.

Tip 2 You have to give some new information. If you get stuck on how to say anything, try to find a way round it. For example, if you've forgotten the word for 'swimming pool', just say 'I went swimming'.

What can you say if you've forgotten how to say 'it rained'?

Tip 3 Go ahead and write your postcard. Then check that you haven't missed any of the information you were asked to give. You'll lose marks if you leave out anything.

2 Read the postcard from Max, your German penfriend. Then write a card back to him, and tell him:

- You're in Scotland.
- You're in a hotel.
- You go to the beach every day.
- Yesterday you bought sunglasses.
- The weather is excellent.
- You're going home next Saturday.

Lieber Carl / Liebe Nora,

seit einer Woche bin ich in Spanien. Wir sind in einer Ferienwohnung, sie ist ein bisschen klein. Wir gehen oft in die Stadt. Gestern haben wir ein Schloss besichtigt. Das Wetter ist kühl. Wir fahren am nächsten Wochenende nach Deutschland zurück.
Alles Liebe,
Max

Bonuspunkte! In your exam, you'll get more marks if you use the past, present and future tenses. The trick is to show you can use them, even when the exam question doesn't actually mention them.

1 Sammle mehr Wörter/Ausdrücke für jede Liste.

Vergangenheit (past)	*Gegenwart (present)*	*Zukunft (future)*
Letztes Jahr … Vor zwei Jahren … **?** …	Jedes Jahr … Manchmal … **?** …	Nach meinen Prüfungen … **?** … **?** …
sind wir nach Irland gefahren.	fahren wir nach Irland.	werden wir nach Irland fahren.

2 **Dialoge über die Ferien** Sechs Leute reden von ihren Ferien. Reden sie von der Vergangenheit, von der Gegenwart oder von der Zukunft? Schreib V, G oder Z.

1 V

3 **Ein Brief über die Ferien**

Here's a tip

Three tips for extra marks when writing letters:

Tip 1 Ask some questions. (See 3a below.)

Tip 2 Don't wait to be told: use every opportunity to build in examples of the present, past and future tenses. (See 3b below.)

Tip 3 Learn a number of expressions that will impress the examiner. Then build them into your written work. (See 3c below.)

Lieber Nikolai,

vielen Dank für deinen Brief, der gestern angekommen ist.

Während der Sommerferien werden wir nach Devon fahren. Ich freue mich sehr darauf! Wir werden meine Großeltern besuchen. Sie wohnen in einem kleinen Dorf in der Nähe von der Küste. Letztes Jahr sind wir auch nach Devon gefahren. Es hat fast jeden Tag geregnet! Trotz des schlechten Wetters hat es Spaß gemacht! Einmal sind wir nach Plymouth gefahren, um eine tolle Show zu sehen.

Was macht ihr im Sommer? Werdet ihr ins Ausland fahren?

Schreib bitte bald.

Dein

Steve

a Wie viele Fragen gibt es im Brief?

b Die Verben im Brief sind in Rosa. Schreib sie in dein Heft. Stehen sie in der Gegenwart (G), in der Vergangenheit (V) oder in der Zukunft (Z)?

werden ... fahren (Z)
wohnen (G)

c Die sechs Ausdrücke in Blau sind gute Ausdrücke. Schreib sie auf Deutsch und auf Englisch in dein Heft. (Du darfst ins Wörterbuch schauen!)

4 ***TRANSFER! >>*** Beantworte die Fragen aus zwei Briefen. Vergiss nicht die drei Tipps!

A Was machst du normalerweise in den Sommerferien?

B Was werdet ihr nächstes Wochenende machen? Bleibt ihr zu Hause?

C Was sind deine Hobbys?

D Gehst du manchmal zu Fußballspielen?

Here's a tip
Practise words and structures that will impress the examiner. Then learn them and use them!

1

a Der Großvater macht sieben Fehler. Kannst du sie finden?

1 Die Alpen sind nicht in Ostdeutschland.

b Sechs nützliche Verben

versuchen, zu + Infinitiv = *to try to*
(ich habe versucht)

helfen + Dativ = *to help*
(ich habe geholfen)

sich freuen auf + Akk. = *to look forward to*
(ich habe mich gefreut)

sich erinnern an + Akk. = *to remember*
(ich habe mich erinnert)

warten auf + Akkusativ = *to wait for*
(ich habe gewartet)

anfangen, zu + Infinitiv = *to begin to*
(ich habe angefangen)

Großvater spricht über seine Jugend

Als ich klein war, haben wir in den Alpen, in Ostdeutschland, gewohnt. Wir waren neun Kinder: sechs Jungen und sechs Mädchen. Wir haben in einem kleinen, alten Haus gewohnt. Alle Jungen haben in einem Zimmer geschlafen und alle Mädchen in einem anderen.

Wir mussten hart arbeiten. Unser Vater war Metzger und wir haben ihm in der Bäckerei geholfen. Wir mussten oft um halb sechs, kurz nach Mitternacht, aufstehen. Manchmal haben wir natürlich versucht, länger im Bett zu bleiben. Dann ist unser Vater wütend geworden.

Im Sommer haben wir jedes Jahr unsere Großeltern in Salzburg, am Mittelmeer, besucht. Wir haben uns enorm darauf gefreut. Wir sind mit dem Zug nach Salzburg gefahren und unsere Großmutter hat am Flughafen in Salzburg auf uns gewartet. Ich erinnere mich gut an meine Großmutter: Sie hatte schöne schwarze Haare und sie hat immer gelächelt. Bei der Arbeit in der kleinen Küche hat sie immer angefangen, schön zu singen, und mit ihren langen, blonden Haaren war sie wie ein Engel! Ach, die schönen alten Zeiten!

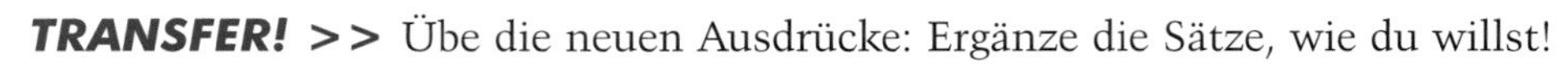

2

***TRANSFER!* >>** Übe die neuen Ausdrücke: Ergänze die Sätze, wie du willst!

1 Peter war am Flughafen. Er hat ... (warten)
2 Das Wetter war schön, aber plötzlich hat es ... (anfangen)
3 Bald sind Ferien! Ich ... (sich freuen)
4 Wenn ich müde bin, ... (versuchen)
5 Wenn ich zu Hause bin, ... (helfen)
6 Als ich klein war, haben wir in einem kleinen Haus gewohnt. Ich ... (sich erinnern)

Grammatik: Adjektive im Dativ >> D5

Mask.	in ein**em**/d**em** klein**en** Wohnwagen	The article (**ein, der**) takes the **-m-r-m-n** endings. The adjective ends in **-en**, whether singular or plural, and no matter which gender.
Fem.	in ein**er**/d**er** klein**en** Wohnung	
Neut.	in ein**em**/d**em** klein**en** Zelt	
Plural	in (**den**) klein**en** Zimmer**n**	

3

Unsere Ferien letztes Jahr Ergänze die fehlenden Buchstaben.

Letztes Jahr waren wir in (1) ein__ (2) schön__ Ferienwohnung in (3) d__ Bergen. Die Wohnung war in der Nähe von (4) ein__ (5) dunkl__ Wald, wo wir Holz holen konnten. Abends haben wir in (6) d__ (7) groß__ Garten vor (8) d__ Haus ein Feuer gemacht. Wir waren aber nicht weit weg von (9) ein__ (10) klein__ Stadt, wo es jedes Jahr ein Folk-Festival gibt.

4

Find a text you once wrote about a journey or an outing. Rewrite it, adding a touch of sophistication with dative adjectives and some new verbs. Use this improved text to revise for your exams.

13 Ferienland Deutschland

Vor dem Start

✔ What's Germany like for holidays? Could you arrange accommodation – or a house swap?

✔ And can you avoid being taken in by the smooth talk in holiday brochures?

1 **Fragen und Antworten im Hotel** Was passt zusammen?

1 c

1 Haben Sie ein Zimmer frei?	**a** Nein, im Erdgeschoss.
2 Wie viele Nächte?	**b** Nein, aber es gibt ein Restaurant um die Ecke.
3 Wie viele Personen?	**c** Nein, wir sind leider voll.
4 Was für Zimmer haben Sie?	**d** Ja, es ist im Preis inbegriffen.
5 Ist Frühstück im Preis inbegriffen?	**e** Zwei Erwachsene und zwei Kinder.
6 Ist das Zimmer im ersten Stock?	**f** Eine Nacht.
7 Gibt es einen Aufzug?	**g** Wir haben Doppelzimmer mit Dusche oder Bad.
8 Können wir hier zu Abend essen?	**h** Nein. Die Treppe ist dort drüben.

2 P Wie viele Wörter kennt ihr schon? Schreibt vier Wörter für:

kennen = *to know*, schon = *already*

1 Menschen: Erwachsene, Schüler, ...
2 Räume im Hotel: das Restaurant, ...
3 Wie man hinfahren kann: mit dem Reisebus, ...

3 **sp/st** Spricht man das **s** wie „sch" oder wie „s" in den Wörtern (1–8) aus? Hör zu. Hast du die Wörter richtig gesagt?

1 der **St**rand
2 am zwanzig**st**en Juli
3 die **St**adtmitte
4 ich mag **Sp**ort
5 bi**st** du müde?
6 ich gehe **sp**azieren
7 wo wohn**st** du?
8 die **Sp**eisekarte

Here's a tip

The **s** in **sp** and **st** is pronounced like the German 'sch'

- at the start of a word: im zweiten **St**ock
- at the start of a word within a compound word: Früh**st**ück

But not inside or at the end of a word – **s** is 's' in: das be**st**e Hotel, am er**st**en Mai

4 P

a **Daten** Sag die Daten deinem Partner oder deiner Partnerin.

1 Ich komme spät am 5. Mai an.
2 Wir möchten ein Zimmer vom 25. Juni bis zum 1. Juli.
3 Wir fahren am 7. August ab.
4 Haben Sie ein Zimmer vom 18. bis zum 23. März frei?
5 Musst du am 31. August weiterfahren?
6 Wir fahren nicht am 26., sondern am 27. Juli ab.

b Hört zu. Habt ihr die Daten richtig gesagt?

A Ferien an der Ostsee

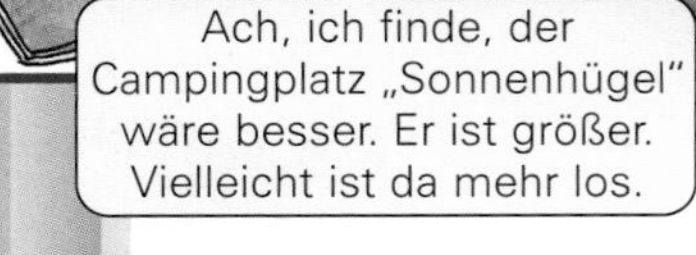

1 **Comic** Was sind die vier Fragen der Rezeption auf dem Campingplatz?

2 **a** **Broschüren** Welche Wörter in den Texten geben dir diese Auskunft?

A: 1 Hier ist es nicht laut. **2** Die Stadtmitte ist historisch. **3** Man kann draußen sitzen.
B: 1 Junge Leute sind willkommen. **2** Hier kann man Lebensmittel kaufen.
C: 1 Nicht im Stadtzentrum. **2** Hier kann man ein Fahrrad mieten.

A Hotel „Alte Post"

ruhige Lage, nur fünf Gehminuten zur Altstadt.
Eigener Parkplatz.
Alle Zimmer mit Kabel-TV, Minibar und Durchwahltelefon ausgestattet.
Sauna, Hallenbad, Gartenanlage, sonnige Terrasse.
Unser Speisesaal ist täglich geöffnet.
Fischspezialitäten, Grillabende, Frühstücksbüfett.
Einzelzimmer mit Dusche/Bad/WC ab Euro 56.
Doppelzimmer mit Du/Bad/WC ab Euro 76.
Dreibettzimmer ab Euro 90.
Vollpension: Bitte fragen Sie nach unserem Prospekt.

B Camping *Karibik*

Traumhaft an einem See gelegen.
250 Stellplätze für Zelte, Wohnwagen und Wohnmobile (100 mit Elektroanschluss).
Kinder- und familienfreundlich.
Warme Duschen, Einzelwaschkabinen, Behindertenwaschraum.
Campingküche, Kühlschrankverleih, Waschmaschinen, Wäschetrockner.
Swimmingpool, Spielplatz, Grillplatz.
Laden mit Selbstbedienung.
Hunde nur an der Leine.
Geöffnet Ende März bis Anfang Oktober.
Weitere Auskunft:

C Jugendherberge

am Stadtrand.
Vierbettzimmer und Familienzimmer.
Warme Duschen.
HOSTELLING INTERNATIONAL
Übernachtung mit Frühstück:
Junioren (bis einschließlich 26 Jahre) Euro 10
Senioren/Familien Euro 14
(nur mit Jugendherbergsausweis)
Wenn Sie keinen Schlafsack haben, können Sie für 3 Euro Bettwäsche ausleihen.
Tischtennis. Radverleih.
Rad- und Wanderwege vor Ort.

b Beantworte die Fragen.

1 Kann man das Auto vor dem Hotel parken?
2 Wo stehen die Preise für Vollpension?
3 Darf man Tiere mit zum Campingplatz bringen?
4 Ist der Campingplatz im Oktober geöffnet?
5 Was kostet die Übernachtung in der Jugendherberge für 26-Jährige?
6 Wann kann man Bettwäsche ausleihen?

Extra! 7 Was kann man im Hotel, auf dem Campingplatz und in der Jugendherberge machen? Schreib drei Sätze.

Im Hotel kann man zum Beispiel ...

c Wie viele Wörter findest du in den Texten zu diesen Kategorien? Mehr als vierzig?

1 wo **2** Freizeit **3** schlafen **4** essen **5** waschen

1 wo: ruhige Lage, ...

3 Schreib die zehn Wörter auf Deutsch und auf Englisch in dein Heft.

Aus- Park- Alt- Rad- Wander- Stadt- Kühl- Wasch- täg- An-	-rand -verleih -wege -lich -stadt -platz -schrank -maschinen -fang -kunft

4 **Ich möchte ein Zimmer ...** Hör zu und füll die Tabelle aus. (1–3)

Was für Zimmer?	Daten?	Wie viele Personen?	Preis?	anderes

5 Wie kann man die Lücken ausfüllen?

- ▶ Guten Abend. Haben Sie ein Zimmer frei?
- ▶ Was für ein Zimmer wollen Sie?
- ▶ Ein (1) ___.
- ▶ Für wie lange?
- ▶ Für (2) ___ vom 2. August.
- ▶ Ich möchte ein Zimmer mit (3) ___.
- ▶ Wir haben ein Zimmer im (4) ___.
- ▶ Was kostet es?
- ▶ Es kostet 59 Euro (5) ___ (6) ___.
- ▶ Darf ich das Zimmer sehen?
- ▶ Natürlich. Kommen Sie bitte mit.

Familienzimmer · Fernseher · Einzelzimmer · pro Person · Toilette · Frühstück · mit Vollpension · zwei Nächte · eine Nacht · Nebengebäude · Doppelzimmer · zweiten Stock · eine Woche · pro Zimmer · Erdgeschoss · Bad · mit Halbpension · Übernachtung mit Frühstück

6 **a** Sind wir hier auf einem Campingplatz (C), in einer Jugendherberge (J) oder sowohl als auch (C, J)?

A Zwei Mädchen und ein Junge.

B Kann man hier Wäsche waschen?

C Haben Sie Platz für ein Zelt?

D Für wie viele Personen?

E Darf ich bitte Ihren Herbergsausweis sehen?

F Haben Sie Lunchpakete zum Mitnehmen?

G Haben Sie einen Wohnwagen?

H Ja, zwei Erwachsene und drei Kinder.

I Gibt es eine Küche?

Ich zelte gern, weil ich die Natur liebe.

P **b** ***TRANSFER! >>*** Erfindet Dialoge auf dem Campingplatz und in der Jugendhergberge. Der Hotel-Dialog in Übung 5 hilft euch dabei.

7 Eine Marketing-Agentur macht eine Broschüre für dieses Hotel. Schreib den Text. (Weitere Details darfst du erfinden.)

Ideal für Skifahrer. VP Hauptsaison ab Euro 600 (HP ab Euro 490; Ü/F ab Euro 200). Hallenbad, Whirlpool, Tiefgarage, Skikurse, Sporttrainer, ...

B Auf dem Campingplatz

1

Comic

a Über welche Themen reden Christoph und Lisa am Strand?

Familie | Freizeit | das Wetter | Woher sie kommen | die Schule | ihre Freunde

Extra! b Was ist für Christoph die wichtigste Auskunft, die Lisa gibt?

2

Lies die Fragen. Du hörst die Antworten. Welche Frage passt auf welche Antwort?

A Wo sind bitte die Duschen?
B Wo ist der beste Strand?
C Wo ist die nächste Bäckerei?
D Gibt es Lunchpakete zum Mitnehmen?
E Was kosten die billigsten Postkarten?
F Wo sind bitte die Abfalleimer?

Here's a tip
You won't necessarily hear the same words as in the questions, remember? (See page 133.)

3

Grammatik: Superlative *(Superlative adjectives)* >> D2

billig	Wo ist ... der billigste Laden? die billigste Bäckerei? das billigste Café?	Wo sind ... die billigsten Läden?
spannend	Was ist ... der **?** Film? die **?** Geschichte? das **?** Buch?	Was sind ... die **?** Videofilme?

!
gut – besser – der beste
nah – näher – der nächste
hoch – höher – der höchste

TRANSFER! **>>** Remember the adjectives with umlaut in the comparative (Lektion 10, page 119)? They take an umlaut in the superlative, too:
lang – länger – der längste Fluss
groß – größer – das **?** Schloss
kurz – kürzer – der **?** Spaziergang

4

a Schreib die Broschüre – mit vielen Superlativen!

Der (1) ___ Strand liegt 2 km weit weg. Die (2) ___ Läden und das (3) ___ Kino sind in der Bahnhofstraße. Das (4) ___ Museum ist das Bergbaumuseum. Das Rathaus ist das (5) ___ in dieser Gegend.

1 nah 2 gut 3 groß 4 interessant 5 alt

Extra! b Akkusativ! Mach Werbung für einen Campingplatz in deiner Stadt – mit vielen Superlativen!

Besuchen Sie
Campingplatz „Binz".
Wir haben den schönsten Strand
die ruhigste Lage
das interessanteste Programm
und die günstigsten Preise
auf der Insel Rügen!

5

Ein Haustausch Die Annonce:

Haustausch

- Familienhaus auf dem Land in der Nähe von Bonn/Köln
- Drei Schlafzimmer
- Garten

Gute Bus- und Zugverbindung nach Köln und Bonn
Gisela Brauner, Waldstraße 9, 53298 Alfter

... und die Anweisungen für die Gastfamilie:

Herzlich willkommen!

Hier noch ein paar Details!

- *Der beste See zum Schwimmen ist der Riedersee (5 km).*
- *Die Müllabfuhr ist am Dienstag.*
- *Der Bus nach Bonn fährt vor dem Gasthof Adler ab (Bus Nummer 32X, alle 30 Minuten).*
- *Die freundlichste Bäckerei ist die Bäckerei gegenüber der Kirche. Der billigste Supermarkt ist neben der Tankstelle.*
- *Sie können gerne die Waschmaschine benutzen. Sie steht unten im Keller. (Achtung bei kleinen Kindern: Die Treppen runter zum Keller sind sehr steil!)*
- *Unsere Landkarten liegen im Wohnzimmer. Wir haben die interessantesten Sehenswürdigkeiten auf den Karten markiert.*

Wir wünschen Ihnen schöne Ferien in unserem Heim!

a Ergänze die Sätze. Du brauchst nur **sechs** von den Satzhälften a–g.

1 Das Haus von Familie Brauner ...
2 Die Bushaltestelle ist ...
3 Neben der Tankstelle gibt es ...
4 Am Dienstag müssen ...
5 Die Treppen runter zum Keller sind ...
6 Die Landkarten zeigen, ...

a ... die Mülltonnen an die Straße gestellt werden.
b ... alle dreißig Minuten.
c ... vor dem Gasthof Adler.
d ... für kleine Kinder gefährlich.
e ... was man sich in der Gegend ansehen kann.
f ... einen billigen Supermarkt.
g ... befindet sich auf dem Land.

b Du hörst jetzt Gisela Brauner am Telefon. Welche **drei** weiteren Informationen bekommst du? Mach Notizen auf Deutsch in deinem Heft.

c Deine Familie möchte einen Haustausch mit einer deutschen Familie machen. Schreib eine Annonce mit den wichtigsten Angaben.

Extra! Schreib auch Anweisungen für die Familie.

C Eine Deutschlandkarte

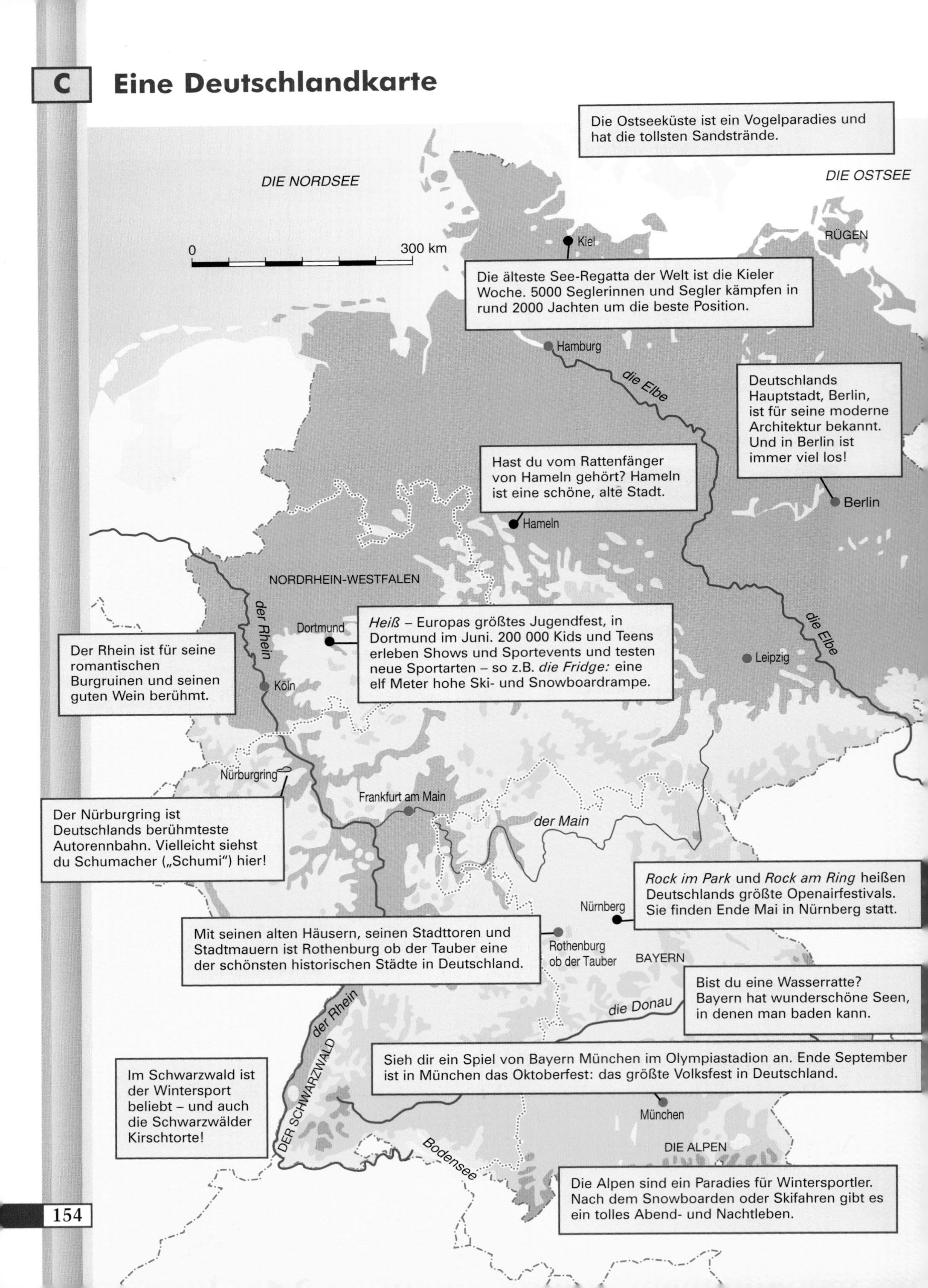

Die beliebtesten Urlaubsziele
Von je 100 Reisenden besuchen ...

Inlandsziele

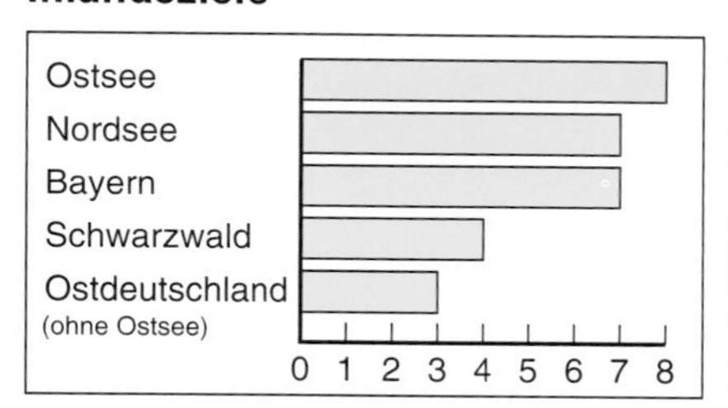

Auslandsziele

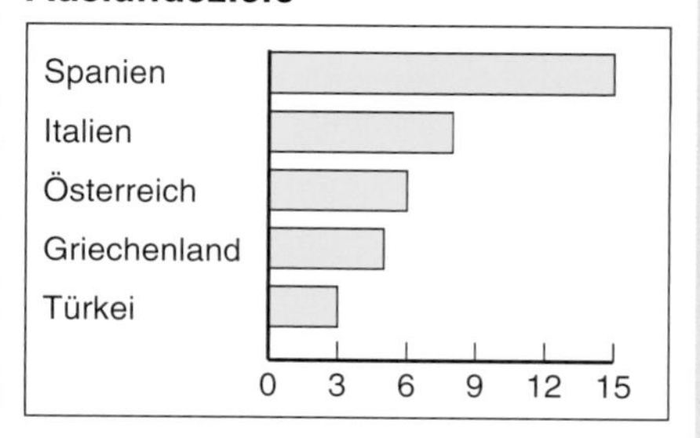

1 **Ein bisschen Erdkunde**

1 Wo sind die Berge in Deutschland?
2 Wie heißt der größte See?
3 Die Namen von drei Flüssen, bitte!
4 An welchen zwei Meeren liegen die Küsten?

2 Was meinst du: Wo sollen diese Leute ihre Ferien verbringen?

1 Ich bin Fan von Formel 1.
2 Ich mag alte Städte mit viel Geschichte.
3 Ich möchte mal Wintersport treiben.
4 Ich möchte mich am Strand sonnen.
5 Ich mag Städte mit alten Legenden.
6 Ich mag Feste für junge Leute.

3 

Extra! Du hörst Informationen über zwei Ferienorte in Deutschland. Mach Notizen. Wie heißen sie? Sind sie gute Ziele für eine Klassenfahrt? Warum (nicht)?

4 Such Informationen im Internet über eine Region oder eine Stadt in Deutschland. Mach Notizen und halte ein kurzes Referat. das Referat = *a talk*

Here's a tip

To find tourist information on the web:

- click **Germany** in Local Yahoo!s at the bottom of the Yahoo homepage
- enter [name of town] + **Tourismus**.
- Unterkunft (accommodation)
- Sehenswürdigkeiten (things to see)
- Freizeit (things to do)

5 Zeichne eine Karte von Großbritannien. Beschreib, wo man seine Ferien verbringen kann / was man machen und sehen kann.

RICHTIG ODER FALSCH?

Wenn 80 Millionen Deutsche (+ Dänen, Holländer, Tschechen und andere!) alle an einem Wochenende in die Ferien fahren würden, gäbe es auf den Straßen ein furchtbares Chaos! Deshalb beginnen die Sommerferien in einem Bundesland Mitte Juni, im nächsten Anfang Juli, im dritten Ende Juli usw. So gibt es auf den Autobahnen weniger Staus.

deshalb = *that's why*
das Bundesland = *state, province*
der Stau = *traffic jam*

SPEZIAL!

Lesepause: Die Ostsee

Für Tausende von Deutschen ist die Ostsee das Ferienparadies Nummer 1!

ein Strandkorb

DÄNEMARK
Kopenhagen
OSTSEE
RÜGEN
Prerow
Scharbeutz

	Mai	Juni	Juli	Aug	Sept	Okt
Wassertemperaturen in °C	10	12	16	17	15	12
Lufttemperaturen max. in °C	14	18	20	20	16	12
min. in °C	6	11	13	13	11	7
Sonne: Stunden täglich	9	9	8	7	6	3
Regen: Tage im Monat	7	7	8	8	9	10

Suchst du ein Geschenk oder ein Andenken? Der heiße Tipp: Kauf einen Ring oder eine Kette aus **Bernstein**. Bernstein, ein schöner gelb-brauner Stein, ist das „Gold" der Ostsee!

Super für Bike-Fans: der **Ostsee-Küstenradweg** ist 800 km lang!

Segelschulen (für Kinder ab 7 Jahren), Streetballturniere, Fun-Parks für Skater, Theater, historische Segelschiffe, die schönsten Sandstrände – und die tollsten Eisdielen: An der Ostsee ist immer viel los!

Mit der Fähre ist **DÄNEMARK** nicht weit weg! Besuch mal Kopenhagen oder mach einen Ausflug nach Legoland!

Prerow

In **Prerow** darf man richtig am Strand und in den Dünen zelten.

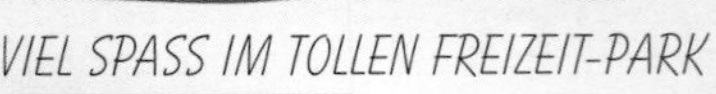

HANSA-PARK!
FAMILIENKARTE: 52 EURO FÜR 4 PERSONEN.

Rügen

Deutschlands größte Insel hat auch Deutschlands höchste Kreidefelsen. Rügen ist ideal für Pferdefreunde, Surfer und Golfer. Idyllisch ganz im Norden: die romantischsten Sonnenuntergänge!

Scharbeutz

hat vielleicht den schönsten Strand an der westlichen Ostseeküste. Am Strand sitzt man im „Strandkorb" – d.h. in einem hohen Stuhl, bequem und gut gegen Sand, Wind und Wetter!

der Bernstein = *amber* die Eisdiele = *ice-cream café* die Fähre = *ferry* die Insel = *island*
die Kette = *necklace* der Kreidefelsen = *chalk cliff* die Luft = *air* segeln = *to sail*
der Sonnenuntergang = *sunset*

Extra! Zwei Legenden

Die Loreley

Schiffe auf dem Rhein bringen Güter von Rotterdam nach Basel oder (über den Rhein-Main-Donau Kanal) von Rumänien nach Köln. Die Felsen im Wasser waren früher für Schiffe gefährlich. Eine Stelle war besonders gefährlich. Warum? Lies die Legende von der Loreley:

Hoch auf einem Hügel neben dem Rhein saß eine wunderschöne Frau. Sie hatte lange, blonde Haare und sie sang schöne Lieder. Sie hieß die Loreley.

Die Männer auf den Schiffen auf dem Rhein hörten die Lieder. „Wer singt so magisch?", fragten sie. Und sie sahen weg vom Fluss hinauf auf den Berg.

Sie sahen die wunderschöne Frau ... und ihre Schiffe rammten gegen die Felsen im Wasser und zerschellten, und die Männer ertranken im Rhein.

der Felsen = *rock* die Stelle = *place* besonders = *especially*
der Hügel = *hill* rammen = *to ram*
zerschellen = *to be dashed to pieces* ertrinken = *to drown*

Der Teufel am Sankt-Gotthard-Pass

Der Sankt-Gotthard-Pass ist ein berühmter Pass über die Alpen in der Schweiz. Es war nicht einfach, die Straße und die Brücken zu bauen. Die Legende sagt, dass einmal der Teufel geholfen hat ...

An einer schwierigen Stelle konnte der Ingenieur keine Brücke bauen. Die Felsen waren zu hoch, die Berge zu wild. Was konnte der Ingenieur machen?

Er traf den Teufel. „Kannst du mir helfen?", fragte er.

„Ja, natürlich", antwortete der Teufel. „Ich helfe dir, die Brücke zu bauen. Aber gib mir die erste Seele, die über die Brücke geht!" Der Ingenieur sagte zu.

Und der Teufel baute eine tolle Brücke aus Stein. „Unser Ingenieur ist fantastisch!", sagten die Leute. Sie wussten nicht, dass der Teufel die Brücke gebaut hatte.

Am Eröffnungstag gab es eine große Zeremonie. Der Bürgermeister sagte ein paar Worte, es gab Musik. Nur der Ingenieur wusste, dass der Teufel auf die erste Seele wartete ...

Als aber der Bürgermeister über die Brücke gehen wollte, kam eine Ziege und lief über die Brücke! „Das ist die erste Seele!", rief der Ingenieur. Der Teufel bekam also keinen Menschen – sondern nur eine Ziege!

bauen = *to build* der Teufel = *devil* die Seele = *soul*
zusagen = *to agree* die Ziege = *goat* rufen = *to cry*
bekommen = *to get*

Tips for reading German

- You don't always have to read through a long text if you're looking for specific information. Skim through the text till you find the part you need – then focus in on it.
- Make the most of vital clues that help you to understand what a text is about:
  - the title and subheadings
  - photos, pictures and graphs.

  It's easier to understand what you're reading once you know what the context is!
- Remember that German word order is different from English, and let your eye jump about to find the verbs: they may be second in a sentence, or they may be right at the end.
- If your task is to answer questions, remember that the wording in the text will often be different. For example, a question about **schwimmen** may lead you to **Hallenbad** or **gebadet** in the text.
- Stuck? Think of the context: what is the word likely to mean? Is it a verb or a noun? Do you recognise a part of the word? All of these things can help you.

1 Can you work out the meanings of these words in the St Gotthard legend?

- **Ingenieur** (like the English!)
- **aus Stein** (what's the context?)
- **Eröffnungstag** (you know **geöffnet** = *open*; **Tag** = *day*)

2 Both texts use the imperfect tense (see Grammatik F13). What is the imperfect of **sitzen**, **singen**, **hören**, **fahren**, **treffen**, **sagen**, **geben**, **warten**, **kommen**, **laufen**?

1 **Sechs Dialoge** Hör zu. Sind wir im Hotel (H), auf dem Campingplatz (C) oder in der Jugendherberge (J)?

2 Erfindet einen Dialog für jedes Diagramm. (Tipp: Seht euch Seite 151 an!)

A

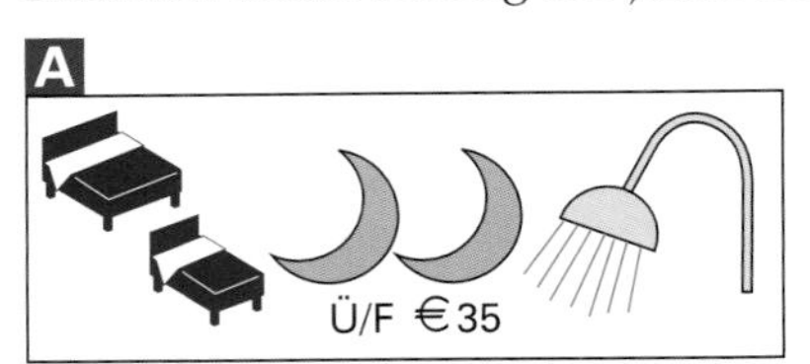

B

C

3 **Zwei Briefe an ein Hotel** Wie sagt man auf Deutsch ...?

1 Can we eat in the hotel?
2 We'd like to spend a week.
3 Can you send us a price list?
4 We'd like bed and breakfast.
5 We'll arrive at about 6 p.m.
6 from 21st to 28th July

27 Richmond Close
Bristol BS12 3AX

Hotel Salzach
Grabenstr. 34
Salzburg

15. Mai

Sehr geehrte Damen und Herren,

im Juli fahren wir nach Österreich. Wir möchten eine Woche in Salzburg verbringen. Können Sie uns bitte eine Broschüre von Ihrem Hotel schicken? Können Sie uns bitte auch eine Preisliste schicken?

Hat das Hotel einen Parkplatz? Und können wir im Hotel essen?

Vielen Dank für Ihre Hilfe.
Mit freundlichen Grüßen

Susan Tiggs

27 Richmond Clo
Bristol BS12 3A

Hotel Salzach
Grabenstr. 34
Salzburg

30. Ma

Sehr geehrte Frau Kreisler,

vielen Dank für Ihren Brief. Wir möchten zwei Doppelzimmer vom 21. Juli bis zum 28. Juli buchen. Wir möchten bitte Zimmer mit Bad und Toilette. Wir möchten Übernachtung mit Frühstück.

Wir werden am 21. Juli gegen 18 Uhr ankommen.

Wir freuen uns auf Salzburg.
Mit freundlichen Grüßen

Susan Tiggs

4 **Alles über das Hotel** Schreib sechs Sätze.

Können Sie Können wir Wir werden	zwei Einzelzimmer im Hotel uns bitte einen Stadtplan hinter dem Hotel um 20 Uhr abends Zimmer mit Dusche und Bad uns den Schlüssel	ankommen. geben? reservieren? schicken? parken? haben? essen?

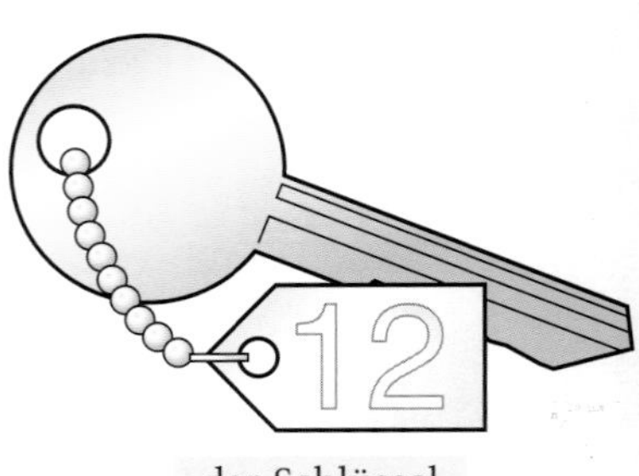

der Schlüssel

5 Jetzt bist du dran. Schreib zwei Briefe an ein Hotel.

- 10 days in Berlin, end of August
- brochure + price list, please

- thanks for letter
- book single room/ shower/breakfast 20th–30th Aug.

1 **Werbung von den Reise-Agenturen** Kennst du die Klischees in den Fotos in den Broschüren?

a Findest du die Klischees in den Antworten 1–6?

1 Der Himmel ist immer
  a dunkelblau.
  b grau.
2 Das Wasser ist immer
  a klar.
  b schmutzig.
3 Der Sand ist
  a voll Müll.
  b golden.
4 Der Mann ist
  a schlank.
  b wie ein Schrank.

5 Die Frau trägt
  a eine Einkaufstasche.
  b eine Sonnenbrille.
6 Die Kinder
  a streiten sich.
  b lachen.
7 Das Café ist immer
  a geöffnet.
  b geschlossen.
8 Das Wetter ist
  a furchtbar.
  b wunderbar.

b Was sind die Gegenteile?

schrecklich sauber spannend schlank es ist viel los gesund geöffnet schön laut zentral enorm groß

fantastisch hässlich langweilig winzig klein es gibt nichts zu tun krank ruhig dick geschlossen weit weg von allem schmutzig

c Vier Touristen beschreiben ihre Ferien am Strand. Wie war die Realität?

1 Das Wetter 2 Das Wasser **Extra!** 3 Der Strand 4 Die Leute 5 Die Cafés

2

a Lies diese Informationen für Touristen.

Oberstdorf (843m) bietet das spannendste Skifahren in den schönsten Bergen. Das Zentrum von Oberstdorf ist die Fußgängerzone: Nur Gäste, die im Zentrum eine Unterkunft haben, dürfen durchfahren. Kostenloser Skibus zu den Liften. Drei Eislaufhallen, eine Skibobschule, Skigymnastik, Diskotheken usw.

b Du warst letztes Jahr auf Rügen oder in Oberstdorf. Aber es war schrecklich! Beschreib deine Ferien in einem Brief an deinen Brieffreund / deine Brieffreundin.

1 Viele Touristen – hier in meiner Stadt!

Drei Teenager reden über die Touristen in ihrer Stadt. Wer ...

a mag die vielen Touristen?
b beklagt sich über die Preise?
c möchte selber Tourist sein?
d findet die Touristen arrogant?

2 Ein schreckliches Hotel

a Du beklagst dich über ein Hotel. Wie viele Beispiele kannst du geben?

1 Mein Zimmer war ...
2 ... war/waren kaputt.
3 Es gab keinen/keine/kein/keine ...
4 Das Personal war ...

TRANSFER! >> Auf Seite 63 hast du dich über eine Ferienwohnung beklagt, auf Seite 112 über ein Restaurant. Du darfst zurückschauen!

b In welche Sätze 1–4 passen die Wörter im Kasten?

a der Radiowecker
b faul
c das Badetuch(¨-er)
d nicht sauber
e das Zimmerfenster
f der Aufzug
g die Zentralheizung
h das Leintuch(¨-er)
i das Toilettenpapier
j winzig klein

3 Grammatik: das Plusquamperfekt *(the pluperfect tense)* >> F14

Am Dienstag habe ich Tennis gespielt. Am Montag **hatte** ich einen Schläger **gekauft.**
On Tuesday I played tennis. On Monday I ***had bought*** *a racquet.*
Gestern Abend habe ich einen Film gesehen. Zuvor **war** ich einkaufen **gegangen**.
Yesterday evening I saw a film. Before that I ***had gone*** *shopping.*

The pluperfect is often used with **nachdem** *(after).* The word order is the same as with **weil** or **als**.
Ich habe Tennis gespielt, nachdem ich einen Tennisschläger **gekauft hatte**.
Nachdem ich einkaufen **? ?**, habe ich einen Film gesehen.

4 Ein katastrophales Hotel!

Schreib die Verben im Plusquamperfekt.

1 Ich war am Donnerstagabend im Hotel angekommen.

Die Katastrophen begannen am Freitagmorgen. Ich (1 ankommen) am Donnerstagabend im Hotel und ich (2 schlafen) nicht gut, weil das Bett so unbequem war. Ich bin aufgestanden, und nachdem ich mich (3 waschen), bin ich zum Aufzug gegangen. Aber er war kaputt!

Nachdem ich die 126 Treppen (4 herunterkommen), bin ich in den Speisesaal gegangen. Das Frühstücksbüfett war miserabel. Nachdem ich eine Tasse kalten Kaffee (5 trinken) und eine Scheibe Toast (6 essen), bin ich zu meinem Zimmer zurückgegangen.

Ein junger Mann (7 kommen) während des Frühstücks in mein Zimmer und (8 putzen) das Badezimmer – aber die Badewanne war immer noch schmutzig! Ich habe gebadet, nachdem ich selber die Badewanne (9 putzen).

Nachdem ich aus der Badewanne (10 steigen), habe ich bemerkt, dass es keine Handtücher gab! Ich habe natürlich die Rezeption angerufen. Keine Antwort! Nachdem ich zwanzig Minuten (11 warten), habe ich mich angezogen.

die Treppen herunterkommen = *to come down the stairs*
sich anziehen (ich habe mich angezogen) = *to get dressed*
steigen aus (ich bin aus ... gestiegen) = *to climb out of*

Extra! Wie geht die Geschichte weiter? Schreib noch fünf bis sechs Sätze.

14 Probleme und Diskussionen

Vor dem Start

✔ Lektion 14 gives you the chance to air your views on some important issues: social problems, transport, the environment, addictions ...

✔ And you'll realise that you can use your German to have some quite serious conversations.

1 **Es gibt zu viel(e) / nicht genug ...**
Schreibt sechs Beispiele zu jedem Thema.

> 1 Es gibt zu viel Verkehr, zu viele Lastwagen ...
> Es gibt nicht genug Parks ...

1 in der Stadt
2 in der Schule
3 im Fernsehen
4 das Wetter

2 Wie viele Beispiele könnt ihr in drei Minuten schreiben?

1 Wo kann man in der Stadt essen?
an der Wurstbude, ...

2 Transport-Wörter
Motorräder, Ampel, ...

3 Was hat eine Papierpackung?
Süßigkeiten, ...

> **Here's a tip**
> Giving opinions plays a big part in this unit. Check that you know what the words in bold mean in English.
>
> Die Seen **gefallen** mir nicht, **weil** sie schmutzig sind.
>
> **Meiner Meinung nach** gibt es zu viel Verkehr.
>
> Igitt! **Ich finde,** Rauchen **ist eklig**.
>
> **Ich glaube, dass** bei uns der Vandalismus kein großes Problem ist.
>
> **Auf der einen Seite** gibt es nicht genug Busse, **auf der anderen Seite** gibt es zu viele Autos.

3 Integriere die Ausdrücke in deine Sätze aus Übung 1.

> Es gibt nicht genug Parks ➔ Meiner Meinung nach gibt es nicht genug Parks.

> **Here's a tip**
> Some long words are a bit of a mouthful. Practise them on their own in advance, so that they won't trip you up in the middle of a conversation.

4

a Here are some long words used in Lektion 14. Build them up from the end.

-keit	-keit	-ung	-schutz
-losigkeit	-losigkeit	-verschmutzung	-weltschutz
Arbeitslosigkeit	Obdachlosigkeit	Umweltverschmutzung	Umweltschutz
(unemployment)	*(homelessness)*	*(pollution)*	*(protection of the environment)*

b ***TRANSFER!*** **>>** Use this technique to practise any words you find tricky.
Try it with the words in bold below, then say the whole phrase.

Was für **Sehenswürdigkeiten** gibt es in der Stadtmitte?
Entschuldigen Sie bitte, gibt es eine **Straßenbahnhaltestelle** hier in der Nähe?
Ich möchte ein Stück **Schwarzwälder Kirschtorte**.

A Probleme in der Stadt

1 Comic Wo und wann werden sich Magda und Lisa am Samstag treffen?

2 Was sind die Probleme in unserem Viertel? Was passt zusammen?

1 zu viel Verkehr

1 viele, viele Autos
2 Leute ohne Arbeit
3 gefährlich, wenn man abends allein die Straße entlanggeht
4 schmutzige Luft, schmutzige Flüsse usw.
5 unfair gegenüber Minderheiten
6 Papier, Dosen, Tüten auf der Straße
7 viele Leute ohne Haus oder Wohnung

	ein großes Problem	kein großes Problem	überhaupt kein Problem
die Arbeitslosigkeit			
die Obdachlosigkeit			
der Rassismus			
zu viel Verkehr			
zu viel Lärm			
der Abfall auf den Straßen			
die Umweltverschmutzung			
der Vandalismus			
die Graffiti			
Parkplätze für Räder und Autos			
dunkle, unsichere Straßen			

3 *TRANSFER!* >> Schreib die Wörter auf Deutsch und auf Englisch in dein Heft.

racism	der Rassismus
?	der Vandalismus
sexism	**?**
nationalism	**?**

homelessness	die Obdachlosigkeit
unemployment *('workless-ness')*	die Arbeits?
?	die Hilflosigkeit
?	die Hoffnungslosigkeit

Hilfe! = *help!* ich hoffe = *I hope*

4 Diskutiert über die Themen. Seid ihr einer Meinung?

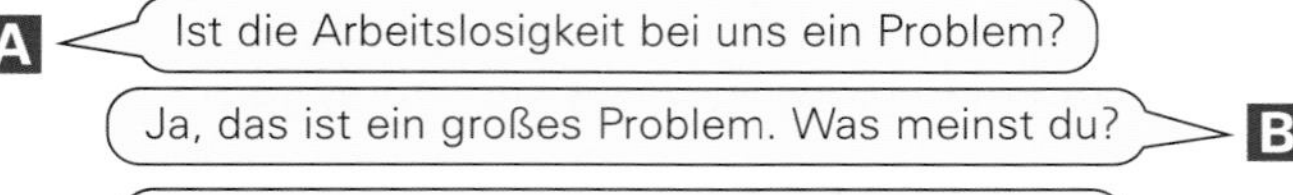

Extra! Weitere nützliche Ausdrücke
Ich bin deiner Meinung.
Ich bin anderer Meinung.
Meiner Meinung nach ist das ...
Ich glaube, dass es ... ist.

Bei der großen Umfrage schreiben manche Leute ein paar Sätze.

Bei uns liegt zu viel Abfall auf den Straßen. Das sieht furchtbar aus! Die Stadt sollte die Straßen öfter sauber machen. Wir sollten auch mehr Abfalleimer haben. Helena Barth

Die Autos und Lastwagen machen enorm viel Lärm. Nachts sollten wir alle Autos außer Krankenwagen und Feuerwehr einfach verbieten. Uta Beck

Ich glaube, dass wir Kinderspielplätze bauen sollten. Viele Kinder spielen auf der Straße und das ist gefährlich und ungesund! Markus Link

Ich fahre gern Rad, aber auf den Straßen in unserem Viertel fühle ich mich nicht sicher. Es gibt viel zu viel Verkehr. Wir brauchen mehr Radwege und mehr Ampeln für Radfahrer. Anton Winkler

Wenn es dunkel ist, sind die Straßen in unserem Viertel gefährlich. Abends kann ich nie allein aus dem Haus. Das finde ich inakzeptabel! Christa Moritz

Immer mehr Leute haben Hunde. Sie gehen mit ihren Hunden spazieren – und wir haben immer mehr Hundedreck auf unseren Straßen! Das finde ich so eklig! Meiner Meinung nach sollten die Hundebesitzer den Hundedreck wegmachen – oder eine Geldstrafe bezahlen. Benjamin Schmidt

a Wer ist dieser Meinung? Schreib den Namen (oder die Namen).

Die Straßen sind **1** zu schmutzig **2** nicht sicher genug **3** zu laut.

b Such in den Texten von **Helena** und **Christa** die Gegenteile von diesen Wörtern.

1 fantastisch **2** schmutzig **3** weniger **4** hell **5** sicher **6** immer

c Welche Definitionen passen zu welchen Wörtern?

> **Here's a tip**
> Find the words in the texts. The context will help you decide what they must mean.

1 Verkehr	**a** Sie fahren oft schnell und bringen kranke Menschen ins Krankenhaus.
2 Radwege	**b** Die Zeit so zwischen 22 Uhr und 6 Uhr morgens.
3 Ampeln	**c** Das muss man bezahlen, wenn man etwas Illegales gemacht hat.
4 Abfall	**d** Zum Beispiel: Autos, Taxis, Busse, Straßenbahn, Lastwagen ...
5 Abfalleimer	**e** Menschen, die einen Hund haben.
6 Lastwagen	**f** Dosen und Tüten, die auf die Straße gefallen sind und dort liegen.
7 Nachts	**g** Die Lichter sind rot, gelb und grün und sie regeln den Verkehr.
8 Geldstrafe	**h** Auf diesen Wegen dürfen nur Radfahrer fahren.
9 Krankenwagen	**i** Diese großen, langen, lauten Wagen transportieren Güter.
10 Hundebesitzer	**j** Container für Papier und Dosen, die man nicht mehr braucht.

d Lest die Sätze in Übung 5 vor – und ändert mindestens ein Wort in jedem Satz.
Beispiel:

Bei uns liegen zu viele Tüten auf den Straßen.

Das sieht eklig aus!

B Transport und Umwelt

1 Am Sonntag

Diese Umfrage gestern hat Spaß gemacht, Stefan. Du hättest mitkommen sollen. (...)

Und nächstes Wochenende gibt es eine Demonstration gegen den Verkehr auf dem Marktplatz. Gehen wir hin?

Comic Gib weitere Informationen über die Umfrage.

1 Von wann bis wann haben sie gearbeitet?
2 Wie viele Leute hat Lisa befragt? Und Magda?
3 Wie war das Wetter?
4 Wo haben sie gestanden?

In vielen Städten gibt es zu viel Verkehr. Augsburg, eine Stadt mit rund 300 000 Einwohnern etwa 50 km von München entfernt, hat versucht, eine Lösung zu finden.

Die Haltestelle *Königsplatz*

Die Wünsche der Passagiere

- Mehr Busse und Straßenbahnen
- Keine teuren Fahrpreise
- Saubere, moderne Busse und Straßenbahnen
- Einfacheres, problemloses Umsteigen

Das zentrale Problem: das Umsteigen

Ohne problemloses Umsteigen geht nichts. Wer nicht leicht und schnell umsteigen kann, fährt lieber mit dem Auto. Um das Umsteigen in alle Linien möglich zu machen, haben wir eine zentrale Haltestelle gebaut, wo die Busse und Bahnen von *allen* Linien halten.

Der Königsplatz – Umsteigeplatz

Die Haltestelle *Königsplatz* liegt mitten in der Stadt. Sie sieht wie ein kleiner Bahnhof aus. Hier kann man in alle Busse und Straßenbahnen umsteigen. Man muss nie lang warten. Es gibt kleine Läden und man kann hier essen und trinken. Die Haltestelle ist sauber und unkompliziert.
Das Ergebnis? Viel mehr Leute fahren mit dem Bus oder der Straßenbahn und die Haltestelle *Königsplatz* ist ein beliebter Treffpunkt geworden.

die Lösung = *solution* problemlos = *problem-free* möglich = *possible*
bauen = *to build* umsteigen = *to change (bus/tram)* das Ergebnis = *result*

2

a Lies den Text über die Haltestelle Königsplatz.

b Welche Zusammenfassung ist die beste? die Zusammenfassung = *summary*

A	B	C
Die Haltestelle Königsplatz ist vor dem Bahnhof in Augsburg. Die Fahrkarten an dieser Haltestelle sind besonders billig.	Die Autofahrer wollen nicht mit dem Bus fahren, weil die Busse zu alt und zu langsam sind. Mit dem Bus kann man nur in die Stadtmitte fahren.	Die Haltestelle Königsplatz ist praktisch, weil man dort in die Busse und Straßenbahnen von allen Linien umsteigen kann. Die Passagiere mögen das.

c Kannst du die Fragen beantworten?

1 Was für Busse und Straßenbahnen wollen die Passagiere ? Sie wollen ...
2 Welche Busse und Straßenbahnen halten an der Haltestelle Königsplatz? Die ...
3 Wo ist die Haltestelle Königsplatz? Sie ist ...
4 Was kann man machen, während man auf den Bus wartet? Man kann ... während = *while*

Extra! 5 Wann fahren die Leute lieber mit dem Auto als mit dem Bus? Wenn sie ...
6 Die Haltestelle Königsplatz war eine gute Idee. Wieso weißt du das? Weil ... und weil ...

3

Vier Augsburger sagen ihre Meinung zur Haltestelle Königsplatz.
Wer findet die Haltestelle gut (✔); nicht gut (✗); teils gut, teils schlecht (–)?

Extra! Schreib auch warum.

4 **P**

TRANSFER! >> Schreibt Argumente für und gegen eine zentrale Haltestelle in eurer Stadt.
Für: Sehr praktisch für Schüler, ... **Gegen:** Sie braucht viel Platz, sie ...

5

a Zeichne einen Plan für eine tolle neue, zentrale Bushaltestelle in deiner Stadt.
Mach Notizen dazu.

Die Haltestelle liegt fünf Minuten zu Fuß vom Bahnhof entfernt.

b Präsentiere deine Ideen deiner Klasse.

6

Umwelt und Ethik Welcher Satz passt zu welchem Bild?

1 Beim Duschen verbrauchst du weniger Wasser als beim Baden!
2 Mach das Licht aus, wenn du aus dem Zimmer gehst.
3 Kauf Produkte ohne viele Verpackungsmaterialien.
4 Jedes Grad weniger Zimmertemperatur spart Energie.
5 Lass beim Zähneputzen das Wasser nicht laufen!
6 Kauf Eier von Hühnern, die frei laufen dürfen.
7 Laute Musik ist für die Nachbarn auch ein Umweltproblem!
8 Kauf nur Kosmetika, die nicht mit Tierversuchen getestet wurden.

RICHTIG ODER FALSCH?

In deutschen Wohnungen muss man von 22 bis 8 die Uhr die Ruhezeit einhalten. In dieser Zeit muss man ganz still sein und man darf nicht kochen oder auf die Toilette gehen.

A

B
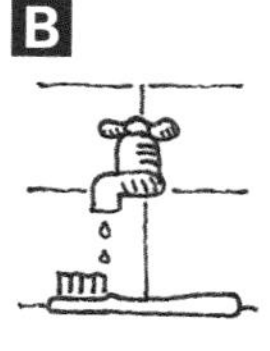

C

D

E

F

G

H
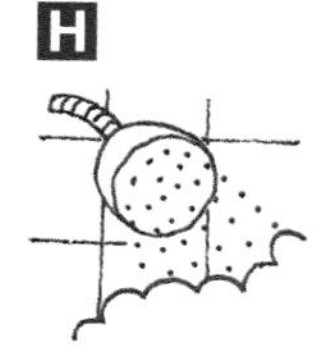

C Drogen und Alkohol

Eine Stunde später sind Christoph und Lisa allein

3

Die arme Frau Müller! Einen Alkoholiker heiraten! Gott sei Dank bist du nicht süchtig, Christoph.

Ach, vielleicht kennst du mich noch nicht gut genug! Ich bin zum Beispiel computerspielsüchtig ...

1 **Comic** Was ist richtig?

1 sie haben sich gestritten = **a** they've quarrelled **b** they've arrived
2 süchtig = **a** dirty **b** addicted

2 Du hörst zwölf kurze Dialoge. Über welche Themen reden die Leute?

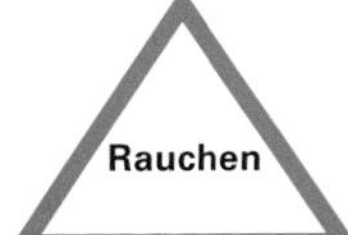

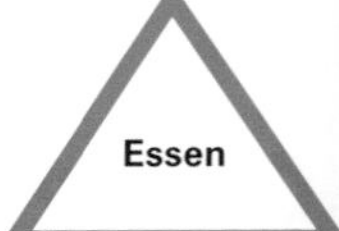

3
a Lies die Briefe an eine Teenager-Zeitschrift. Welche Antworten passen auf welche Briefe?
b Es gibt drei Antworten und nur zwei Briefe. Schreib den fehlenden Brief.

A *Ich habe ein Problem. Ich habe einen guten Freund: Wir sind schon zweieinhalb Jahre zusammen. Seit zwei Wochen weiß ich, dass er Drogen nimmt. Ich habe versucht, mit ihm darüber zu reden, aber er sagt mir, er darf machen, was er will. Soll ich es meinen Eltern sagen? Oder seinen Eltern? Einem Lehrer oder einer Lehrerin?*

B *Vor drei Jahren haben meine Eltern mir mein erstes Computerspiel geschenkt und jetzt habe ich fast hundert Spiele. Ich finde sie faszinierend – und ich verbringe meine ganze Freizeit am Computer. Ich habe keine Lust mehr, Sport zu treiben oder meine Freunde zu treffen. Ich weiß, es ist schlecht; ich weiß, ich bin computerspielsüchtig. Was kann ich machen?*

1 Wenn deine Eltern zu viel rauchen und trinken, ist es sicher schlecht für die ganze Familie. Laut streiten ist auch nicht fair. Versuch, in einer ruhigen Minute mit ihnen darüber zu reden.

2 Verkauf 70 von deinen Spielen. Mit dem Geld kannst du eine tolle Party für deine Freunde geben. Mit Freunden auszugehen ist wichtiger, als bei Computerspielen zu gewinnen!

3 Wer Drogen nimmt, braucht Hilfe. Wenn du deinem Freund nicht helfen kannst, solltest du zu einer Beratungsstelle gehen. Die Leute dort helfen dir weiter.

soll = *should* darüber = *about it* die Beratungsstelle = *advice centre*

4 **Grammatik: „sagen" + Dativ** >> Seite 68

Sag es *Say it*	deinem Bruder *to your brother*		dein**?** Mutter *to your mother*		dein**?** Kind *to your child*		dein**?** Eltern *to your parents*	
Sie sagt es	**?** *to me*	dir *to you*	ihm *to him*	**?** *to her*	uns *to us*	euch *to you*	ihnen *to them*	**?** *to you*

Dilemmas Was solltest du machen? Was würdest du machen?

B: Ja, aber ich würde es ihrer Mutter auch sagen.

1 Deine Freundin stiehlt Geld.
2 Dein Bruder trinkt zu viel Alkohol.
3 Deine Mutter raucht zu viel.
4 Deine Freundin nimmt Drogen.
5 Dein Freund schlägt jüngere Kinder.
6 Ältere Schüler drohen deinem jüngeren Bruder.

schlagen = *to hit, to beat*   drohen + *Dat.* = *to threaten*

Debatte: Was meint ihr zu diesem Thema?

Meine Eltern sagen mir, dass Drogen gefährlich sind. Aber viele von meinen Freunden rauchen Zigaretten und trinken Alkohol und sie lachen mich aus, wenn ich gar nicht rauche und trinke. Ein bisschen rauchen und trinken ist O.K., oder?
Barbara Krohn, Uelzen

Ich finde, alle Drogen sind gefährlich. Zuerst nimmt man nur ein bisschen, dann immer mehr – und am Ende ist man süchtig. Am besten fängt man nie an!
Sebastian Löw, Bornheim

Pfui! Rauchen ist mega-out, Barbara! Rauchen ist total eklig. Wer küsst gern ein Mädchen, das nach Rauch riecht? Ich nicht!!
Bernhard Lindermayr, Rosenheim

Ich darf zu Hause nicht rauchen, obwohl meine Eltern rauchen. Das ist doch unfair, oder? Ich rauche im Geheimen, wo meine Eltern mich nicht sehen können (in der Stadt, bei Freunden). Ich möchte es meinen Eltern sagen, aber sie würden in die Luft gehen!
Sonja Anzenhofer, Chemnitz

Warum dürfen junge Leute nicht machen, was sie wollen? Ein bisschen rauchen ist doch harmlos, finde ich. Die Erwachsenen möchten uns alles verbieten! *Matt Huber, Fürth*

Rauchen und Drogen sind reine Geldverschwendung, Barbara. Rauchen ist keine Freiheit, es ist Sklaverei! Bald hast du kein Geld mehr für Kino, Eis, CDs, Zeitschriften, Ausgehen, Freunde.
Jutta Sperber, Wiesbaden

Du möchtest rauchen, nur weil deine Freunde auch rauchen – wo bleibt deine Individualität, Barbara? Wenn alle deine Freunde eine Bank ausrauben würden, würdest du auch Bankräuberin werden? *Max Hirsch, Freiburg*

6

a Wer findet das Rauchen O.K.? Wer ist dagegen?

b Wie sagt man auf Deutsch ...?

1 they laugh at me
2 to begin with
3 more and more
4 in the end
5 never
6 to kiss
7 a waste of money
8 freedom

Extra! c Wie heißen diese Verben auf Deutsch?   1 nehmen

1 to take
2 to begin
3 to smell
4 to get really angry
5 to forbid
6 to rob

d Schreib deine Meinung.

1 Ich finde, alle Drogen sind ...
2 Ich darf zu Hause ...
3 Die Erwachsenen ...
4 Bald hast du kein Geld mehr für ...

Extra! 5 Wenn alle deine Freunde (Graffiti schreiben) würden, würdest du auch ...?

e Schreib deine eigene Antwort an die Zeitschrift.

SPEZIAL!

Lesepause

Eine Klasse in Geiselbach, Deutschland, hat Ideen für einen umweltfreundlichen Bus auf Papier gesammelt. Findet ihr die Ideen gut? Habt ihr weitere Ideen?

1. ***Der Bus hat einen elektrischen Motor. Windräder auf dem Dach erzeugen Strom.***
2. ***Eine Solarfläche auf dem Dach erzeugt Strom.***
3. ***Die Passagiere treten die Pedale: Das erzeugt Strom. Die Passagiere zahlen nichts, wenn sie die Pedale treten.***
4. ***Der Bus erzeugt mehr Strom, als er braucht. Er lädt Autobatterien auf: Die Batterien werden an Tankstellen verkauft. Das Geld verdient der Busfahrer / die Busfahrerin.***
5. ***Der Straßenstaubsauger saugt Abfälle von der Straße, während der Bus fährt.***
6. ***Der Bus fährt ganz sicher. Ein Infrarot-Sensor aktiviert die Bremse, wenn Personen, Tiere oder Autos vor dem Bus stehen.***
7. ***Raum für Fahrräder, Kinderwagen, Rollstühle usw.***
8. ***Ein Sensor aktiviert automatisch die Lichter (innen und außen), wenn es dunkel wird.***
9. ***Ventilatoren sorgen für frische Luft im Bus.***
10. ***Weil der elektrische Busmotor so still ist, warnt ein Lautsprecher, dass der Bus kommt!***

Der Öko-Bus: stinkt nicht, schmutzt nicht und ist nicht laut

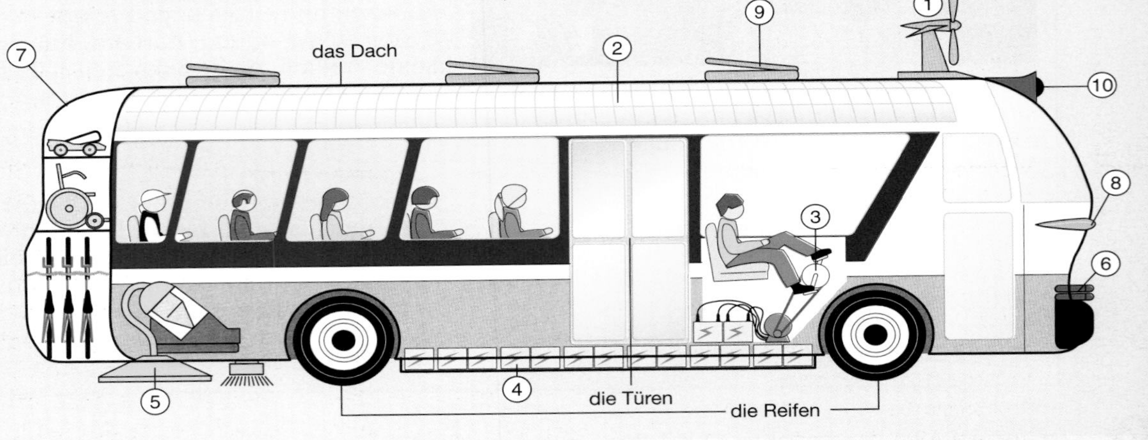

Strom erzeugen = *to produce electricity* die Solarfläche = *solar panel* zahlen = *to pay*
eine Batterie aufladen = *to charge a battery* während = *while* die Bremse = *brake* dunkel = *dark*

„Mein Vater raucht nur nach dem Frühstück. Und er frühstückt nur zwölf Mal am Tag!"

Lehrerin: Kannst du mir die Namen von sechs australischen Tieren nennen, Franz?
Franz: Ja. Ein Koalabär und fünf Kängurus.

Angelika und Monika zelten. Mitten in der Nacht weckt Angelika ihre Freundin. „Schau, Monika", sagt sie. „Schau dir den Himmel an, den Mond, die Sterne. So viele Sterne ... Was heißt das, was meinst du?" Und Monika antwortet: „Das heißt, dass jemand unser Zelt gestohlen hat!"

der Himmel = *sky*
jemand = *somebody*
hat gestohlen = *has stolen*

Frohe Weihnachten
Eine moderne Parabel

Vormittags am 24. Dezember stieg Bastian, 15 Jahre alt, am Bahnhofsplatz aus der Straßenbahn aus. Seine Freundin, Heike, wartete auf ihn. Sie küssten sich und gingen Hand in Hand Richtung Marktplatz. Die Straßen waren voller Menschen, die die letzten Weihnachtsgeschenke kauften. Oben waren weiße Weihnachtslichter. „Brrr, ist es kalt!", sagte Heike. „Ja, minus fünf Grad", antwortete Bastian. „Lass uns auf dem Weihnachtsmarkt eine Currywurst kaufen, O.K.?"

Gert, 48 Jahre alt, wachte spät auf. Er lag in einer Ecke vor dem Bahnhof. „Brrr, ist es kalt!", dachte er. Er stand auf und trank ein bisschen billigen Wein. Das war seit vier Monaten sein tägliches Frühstück. Seit vier Monaten ... Vor vier Monaten hatte er seine Stelle in der Fabrik verloren. Er hatte Geld bekommen, aber das Geld hatte er im Kasino verloren. Dann konnte er die Miete für die Wohnung nicht mehr zahlen und seine Frau hatte ihn verlassen. Um sich zu wärmen, ging Gert Richtung Marktplatz.

Bastian und Heike aßen Currywurst mit viel Ketschup. Am Weihnachtsmarkt trafen sie Eva. „Ich kaufe mir neue Skier",

sagte sie. „Meine Eltern geben mir Geld als Weihnachtsgeschenk. Kommt doch mit!" Bastian und Heike legten ihre Currywurstreste auf eine Bank vor dem Sportladen und gingen mit Eva hinein.

Gert hatte Hunger. Er hatte aber kein Geld in der Tasche seines alten Mantels. Plötzlich hatte er Glück. Auf einer Bank vor einem Sportgeschäft am Weihnachtsmarkt sah er zwei Restportionen Currywurst mit viel Ketschup. Er nahm sie schnell in die Hand und aß sie, während er die Bahnhofstraße entlangging.

Bastian und Heike kamen aus dem Sportladen heraus. „Eva hat Glück!", sagte Bastian. „Skier für 200 Euro! Meine Eltern geben mir nur die Hälfte!" „Und ich muss immer so lang auf meine Geschenke warten", sagte Heike. „Wir müssen Weihnachtslieder singen und in die Kirche gehen." „Komm", sagte Bastian, „sonst verpasse ich die letzte Straßenbahn." Und sie gingen die Bahnhofstraße entlang.

Gert saß an der Straßenbahnhaltestelle vor dem Bahnhof und rauchte seine letzte Halbzigarette. Es war furchtbar kalt und er hatte noch Hunger. Kein Mensch war da: Die Einkäufer waren schon nach Hause gefahren. Plötzlich kamen zwei junge Menschen. „Habt ihr ein bisschen Geld für mich?", fragte er. „Ach, geh weg!", sagte der Junge. „Meinst du, wir haben unendlich viel Geld?", sagte das Mädchen. Gert ging zu seiner Ecke zurück. Als die letzte Straßenbahn ankam, küssten sich die jungen Leute und wünschten sich Frohe Weihnachten. Der Junge stieg in die Straßenbahn ein, das Mädchen ging zu Fuß nach Hause. Und Gert blieb vor dem Bahnhof allein.

Junge Zeit

aussteigen aus (+ Dativ) = *to get off (bus/tram)*
Richtung Marktplatz = *in the direction of the market square*
denken (dachte, ich habe gedacht) = *to think* die Miete = *rent*
sich wärmen = *to get warm* die Bank = *bench* Glück haben = *to be in luck*
während = *while* verpassen = *to miss* einsteigen in (+ Akkusativ) = *to get on (bus/tram)*

1 a Transport Wie fährst du / gehst du ...

1 zur Schule?
2 in die Stadtmitte?
3 zu deinem besten Freund?
4 zu deinen Großeltern?
5 zum Supermarkt?
6 zum Bahnhof?
7 zum Flughafen?
8 in die Ferien?

es kommt darauf an = *it depends*
manchmal = *sometimes*

1 Zur Schule fahre ich mit dem Bus oder manchmal gehe ich zu Fuß.

mit dem Auto
mit dem Bus
mit dem Rad
mit dem Zug
zu Fuß
mit der Straßenbahn

P b Warum?

billiger praktischer schneller bequemer gesünder einfacher

A: Wie fährst du zur Schule?
B: Ich fahre mit dem Bus.
A: Warum?
B: Es ist billiger.
Extra! Weil es billiger ist.

2 Was für Probleme gibt es **bei euch** in der Stadt und in der Schule? Mach zwei Wortnetze.

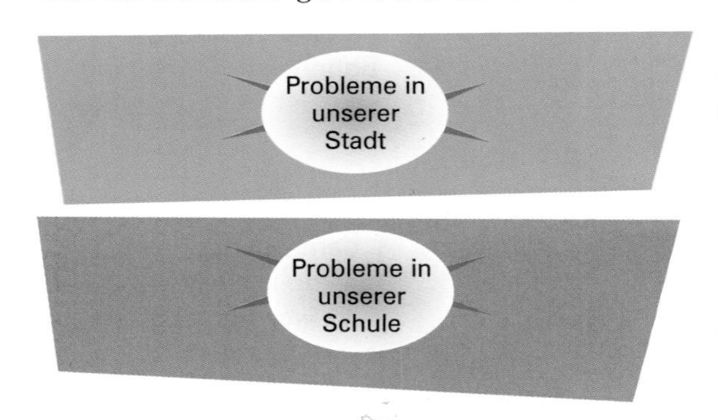

zu viele Autos
Betrunkene
die Arbeitslosigkeit
nichts für junge Leute
der Vandalismus
es ist zu laut
Drogen
der Ladendiebstahl
langweilig
Rauchen
gefährlich für Kinder
unfreundliche Leute
nicht genug Busse
der Rassismus
die Umweltverschmutzung
Hundedreck auf den Straßen
Tüten auf dem Boden

3 a Lies den Artikel.

Du bist in München auf Besuch. Du hast kein Auto, du gehst nicht gern zu Fuß und du hast keine Lust, mit der Straßenbahn zu fahren. Was kannst du machen?

Kein Problem – mit Münchens neuem Radverleihsystem! Es heißt „Call a bike“ und ist total unkompliziert. Ruf die Service-Nummer 0800 522 55 22 an und lass dich registrieren. Dann darfst du eines von 2000 Rädern in München ausleihen. Sie stehen an 900 Telefonzellen in der Stadt.

Du zahlst 1 Euro pro Fahrt plus 2 Cent pro Minute. Und wenn du das Rad nicht mehr brauchst, kannst du es in der Nähe von einer der 900 Telefonzellen abstellen.

Das System gibt es seit dem Jahr 2000. Nach vier Wochen hatten schon 10 000 Menschen ein Rad ausgeliehen.

ausleihen = *to hire* das Rad abstellen = *to leave the bike*

b Which is the one correct option in each statement?

1 'Call a bike' is for people who **a** like walking and cycling **b** like phoning **c** don't want to walk or take the tram.
2 The system is **a** rather complicated **b** very simple **c** for adults only.
3 You phone 0800 522 55 22 **a** in order to register **b** every time you want a bike **c** in order to pay for the bike.
4 There are 2000 **a** cyclists in Munich **b** places where you can pick up the bikes **c** bikes that can be hired.
5 You pay **a** 1 euro per bike ride plus 2 cents per minute **b** 1 euro and 2 cents plus 2 cents per minute **c** 1 euro and 2 cents per bike ride.
6 10 000 people used the system in its first four **a** months **b** weeks **c** days.

Here's a tip

- You get extra marks for giving opinions – and you get more marks for using varied and sophisticated language.

Ich mag die Schule nicht. Die Schule ist langweilig.	➜	Ich mag die Schule nicht, weil sie oft langweilig ist.	➜	Auf der einen Seite ist die Schule oft langweilig, auf der anderen Seite ist die Mittagspause lustig.

Here are some useful phrases:
ich mag ... (nicht)   ... gefällt mir (nicht)   ... gefallen mir (nicht)
weil ... *(+ verb to end)*   obwohl ... *(+ verb to end)*
ich finde, ... ist ...   ich glaube, dass ... *(+ verb to end)*
meiner Meinung nach ist ...   auf der einen Seite ist ..., auf der anderen Seite ist ...

1 ***TRANSFER!* >>** Was ist deine Meinung? Schreib einen Satz zu jedem Thema.
1 angeln **2** die Mode **3** Sportsendungen **4** Zigaretten **5** deine Stadt

- Vary the adjectives you use. You can also use **zu** *(too)* or **nicht ... genug** *(not ... enough)*.

2 Such andere Wörter für: **1** schlecht **2** gut.

1 schlecht: furchtbar, ...

- Don't wait to be asked – take the initiative! Make sure you give an opinion even if you aren't asked for one. Give a reason for your opinion, too, if you can.

3 **P** ***TRANSFER!* >>** A stellt die Fragen, B antwortet und gibt seine/ihre Meinung.

- Was für Fächer hast du in der Schule?
- Wie lang ist die Mittagspause?
- Fährst du mit dem Bus zur Schule?

- Treibst du viel Sport?
- Was für Hobbys hast du?
- Siehst du oft fern?

- Wo wohnst du?
- Wohnst du in einem Haus oder in einer Wohnung?
- Hast du Haustiere?

- Was hast du letztes Jahr in den Sommerferien gemacht?
- Gehst du manchmal zelten?
- Hast du Pläne für diesen Sommer?

Kredit: Freiheit oder Sklaverei?

Immer mehr Bankkonten werden von jungen Leuten eröffnet: Rund ein Drittel aller 14-Jährigen und rund die Hälfte aller 16-Jährigen haben ein Bankkonto. Zehn Prozent der Unter-20-Jährigen haben einen Kredit aufgenommen und müssen wöchentlich oder monatlich der Bank Geld zurückzahlen. Fünf Prozent der 18- bis 25-Jährigen werden aber Schuldner, das heißt, sie können das Geld nicht zurückzahlen.

Jens ist Kfz-Mechaniker. Er ist 20 Jahre alt. „Als ich 18 Jahre alt wurde", sagt er, „habe ich meinen Führerschein gemacht. Eines Abends bin ich Auto gefahren, nachdem ich zu viel Bier getrunken hatte. Ich hatte einen Unfall." Wenn der Autofahrer zu viel Alkohol getrunken hat, wird von der Versicherung kein Geld gezahlt. „Das Auto hatte 3000 Euro gekostet und nach dem Unfall musste ich 5000 Euro zahlen. Ich hatte also 8000 Euro Schulden. Das konnte ich natürlich nicht zahlen."

„Es ist sehr schwierig", sagt er. „Ich wohne zu Hause, ich mache Überstunden und manchmal werde ich total verrückt vor Sorge. Wenn ich Glück habe, werde ich meine Schulden in fünf Jahren zurückzahlen können. Dann werde ich wieder leben ..."

Conni hat mit 18 Jahren die Schule verlassen. In einem Laden wurden Computer billig verkauft und Conni ist hineingegangen. „Dieser Computer kostet nur 3000 Euro und zwei Jahre lang brauchen Sie überhaupt nichts zahlen", hat die Verkäuferin gesagt. „In zwei Jahren zahlen Sie nur 300 Euro pro Monat. Bis dann werden Sie wahrscheinlich eine gute Stelle haben und Sie werden das Geld problemlos zurückzahlen können." Zwei Jahre später bekommt Conni die erste Rechnung für 300 Euro. Sie ist arbeitslos und hat auch für ihr Handy und einen neuen Scanner Schulden. Die 300 Euro kann sie nicht zahlen. Ihr steht finanziell das Wasser bis zum Hals.

„Meiner Meinung nach wird das Kreditaufnehmen zu leicht gemacht", sagt Rainer Seebald. Er arbeitet mit jungen Leuten, die Schulden haben. „Kredit wird von Kaufhäusern und Banken angeboten, es klingt toll und zu viele Leute denken nicht an die Zukunft. Für viele junge Leute ist Kredit keine Freiheit. Sie werden unsicher und verlieren jede Hoffnung."

die Bankkonto = *bank account* die Versicherung = *insurance*
die Schulden = *debts* die Sorge = *worry* anbieten = *to offer*

1

a Welche Wörter **in den ersten acht Zeilen** heißen ...?

1 ungefähr **2** 33% **3** 50% **4** jede Woche **5** jeden Monat
6 Auto **7** der Test, nachdem man Auto fahren darf

b Erkläre auf Deutsch: „Ihr steht finanziell das Wasser bis zum Hals" (Absatz 4).

Grammatik: „werden"

1 werden = *to become*
Die jungen Leute werden unglücklich. *The young people become unhappy.*

2 werden + *past participle* = *passive* (Passiv) >> F17
Computerspiele werden meistens von jungen Leuten gekauft.
Computer games are bought mainly by young people.
Das Auto wurde von der Polizei gesehen. *The car was seen by the police.*

3 werden + *infinitive* = *future* (Zukunft) >> F15
Ich werde bald die Schule verlassen. *I'll leave school soon.*

2

Schreib Beispielsätze aus dem Text in dein Heft.

1 drei Sätze mit **werden** = *become*
2 drei Sätze mit **werden** = Passiv
3 drei Sätze mit **werden** = Zukunft

3

Die Sätze 1–5 sind im Passiv. Schreib sie als **aktive** Sätze.

1 Handys werden von vielen jungen Leuten gekauft. ➜ Viele junge Leute ... Handys.
2 Billige Autos werden von Autohäusern verkauft. ➜ Autohäuser ...
3 Kredit wird von Banken und Kaufhäusern angeboten. ➜ Banken und Kaufhäuser ...
4 Kein Geld wurde von der Versicherung gezahlt. ➜ Die Versicherung hat ...
5 Das neue Auto wurde von drei jungen Menschen gestohlen. ➜ Drei junge Menschen ...

4

Du hörst Axel, Mario, Beate und Lara. Wer ...

1 wurde von der Polizei gestoppt? **2** hat Schulden? **3** hatte einen Unfall?
4 ist arbeitslos? **5** hat Probleme zu Hause?

15 Freunde, Familie und Geld

Vor dem Start

✔ Friends, family and money – sources of happiness or hassle? Have your say in this unit!

✔ But first, revise some useful vocabulary and grammar.

1

Freunde und Familie Was passiert in einer idealen Familie? Gib zwei Beispiele.

1 Wir reden über die Schule. Wir reden über Sport.

1 Wir reden über ... 2 Wir teilen ... 3 Wir gehen ... zusammen.
4 Wir spielen ... zusammen. 5 Mein Bruder leiht mir oft ... 6 Meine Mutter hilft mir, wenn ...

2

Charakter

a ***TRANSFER!*** >> Wie viele Adjektive kennst du aus anderen Lektionen? Mach zwei Wortnetze.

b Hat dein Partner oder deine Partnerin andere Adjektive geschrieben?

c Hörst du weitere Adjektive? Schreib sie auf.

Extra! d Such diese Adjektive im Wörterbuch und schreib sie in das richtige Wortnetz.

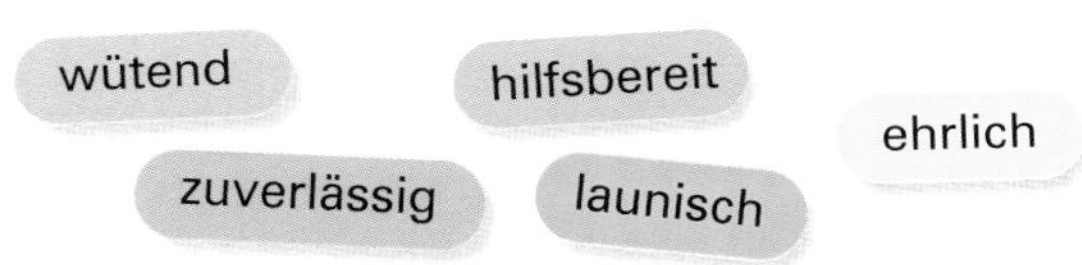

3

a **Eine Fernsehserie: Monika und Frau Schmidt** Was ist hier richtig?

1 Monikas Eltern (wohnt/wohnen) um die Ecke. *Hilfe ➜ Seite 12*
2 (Sein/Ihr) Ex-Mann sitzt im Gefängnis. Gefängnis = *prison* *Hilfe ➜ Grammatik D4*
3 Letztes Jahr (hat/ist) Monika einen reichen Amerikaner getroffen. *Hilfe ➜ Seite 96*
4 Monika will in die USA (gehen/fahren). *Hilfe ➜ Seite 75*

b **Akkusativ oder Dativ?** Schreib die Wörter richtig auf. *Hilfe ➜ Seite 68*

1 Frau Schmidt arbeitet in ein**?** Laden.
2 Sie hat ein**?** Tochter.
3 Abends geht sie oft in d**?** Kneipe.
4 Sie kommt mit ihr**?** Tochter gut aus.

4

Hier sind Wörter und Ausdrücke aus Lektion 15. Wie spricht man sie deiner Meinung nach aus?

1 wir streiten uns *(we argue)*
2 die Arbeitslosigkeit *(unemployment)*
3 das Taschengeld *(pocket money)*
4 abends lange wegbleiben *(to stay out late)*
5 man verdient sehr wenig *(you earn very little)*
6 meine eigenen Klamotten *(my own clothes)*

Hör zu. War es richtig?

Here's a tip
Remember the pronunciation you've practised on previous Vor dem Start pages!

Das geht mir auf die Nerven!

A

1

Comic

1 Was wollte Magda machen?

Magda wollte ...

2 Was waren Stefans Ausreden?
eine Ausrede = *an excuse*

Stefan hat gesagt, er muss ...

Das geht mir auf die Nerven!

Worüber streitest du dich mit deiner Familie?

Ich komme mit meinem Bruder gut aus, aber wir streiten uns über Fernsehsendungen. Er will Shows sehen, aber ich sehe lieber Sportsendungen. Matthias

Ich streite mich mit meinem Vater über mein Taschengeld. Er gibt mir nicht genug **und** ich muss zu Hause helfen, um mein Geld zu verdienen. Karl

Ich streite mich mit meinen Eltern über Klamotten. Meine Mutter kauft mir immer altmodische Klamotten. Ich würde lieber meine eigenen Klamotten kaufen, aber ich darf nicht. Judith

Meine Eltern und ich streiten uns, wenn ich Freunde einladen will. Sie sagen, dass es nicht geht, dass die Wohnung unordentlich ist oder dass meine Freunde und ich zu laut werden. Marina

Normalerweise komme ich mit meinen Eltern ganz gut aus, aber wir streiten uns, wenn ich abends lange wegbleibe. Dann geht meine Mutter immer in die Luft und ich kriege drei Tage Hausarrest. Erich

Ich streite mich mit meiner jüngeren Stiefschwester, wenn sie meine Blusen und Pullis ausleiht. Sie nimmt immer meine Sachen, ohne mich zu fragen. Das geht mir auf die Nerven. Carolin

sich streiten über (+ Akkusativ) = *to argue about*

2

a Worüber streiten sich Matthias, Karl und Judith mit ihren Familien? worüber? = *about what?*

Extra! Und Marina, Erich und Carolin?

b ***TRANSFER!*** >> Ergänze mit fünf weiteren Beispielen: „Wir streiten uns über ..."

3

Du hörst vier Streitereien. Was passt zusammen?

Wir streiten uns ...
- **a** wenn ich abends spät zurückkomme
- **b** wenn ich laute Musik spiele
- **c** wenn ich mehr Taschengeld haben will
- **d** wenn wir fernsehen
- **e** wenn wir essen.

4

a Schreib fünf Sätze: „Ich streite mich mit ... über ..."

b Schreib fünf Sätze: „Ich komme mit ... gut / ziemlich gut / nicht gut aus."

Extra! c **Wann/Warum** streitest du dich mit deiner Familie? **Wann/Warum** kommt ihr gut aus?

Ich streite mich mit meiner Schwester, wenn sie meine Zeitschriften liest.

Die Themen: Liebe, Intrigen, Scheidung, Freundschaft, Hass, ...
Die Zuschauer: lieben die Soaps, lieben aber andere Sendungen noch mehr, z.B. Formel-1-Rennen, Shows und die Nachrichten.

Deutsche Soaps

Szene aus *Unter uns*

Manche bekannte deutsche Soaps

Gute Zeiten, schlechte Zeiten war die erste tägliche Soap im deutschen Fernsehen. Die Serie läuft seit 1992 im RTL (Montag bis Freitag 19.40 Uhr bis 20.15 Uhr). Eine der beliebtesten Charaktere ist Cora: Sie ist jung, frech und spielt in ihrer Freizeit Saxofon.

Marienhof läuft täglich um 18.25 Uhr im ARD. Die Episoden von 25 Minuten behandeln auch realitätsnahe, aktuelle Konfliktthemen. Die Serie spielt in einem Viertel in Köln.

Unter uns (17.30 Uhr im RTL) ist vor allem bei jüngeren Zuschauern beliebt.

Verbotene Liebe ist eine romantische Soap. Die Serie beginnt um 17.55 Uhr und läuft im ARD direkt vor *Marienhof*.

Lindenstraße ist eine der beliebtesten Serien, keine Daily Soap. Sie kommt sonntags von 18.40 Uhr bis 19.10 Uhr im ARD.

Krimiserien, wie zum Beispiel **Tatort**, sind in Deutschland besonders beliebt. Die Serie **Im Namen des Gesetzes** war im Jahr 2000 die beliebteste Serie bei 14- bis 49-Jährigen. In manchen Wochen hatte diese Serie eine Quote von über 7 Millionen Zuschauern.

die Scheidung = *divorce* der Zuschauer = *viewer, spectator*
behandeln = *to treat, to deal with* aktuell = *up-to-date*

5 Lies den Artikel. Kannst du die Fragen beantworten?

1 Wann läuft *Lindenstraße*?
2 Wer ist Cora?
3 Wann ist *Marienhof* zu Ende?
4 Wie lang ist eine Episode von *Verbotene Liebe*?
5 Gib die Namen von zwei deutschen Krimiserien.
6 Was für Themen findest du in *Marienhof*?

6 **a** Beschreib deine Lieblingsserie – den Kontext und ein paar Hauptpersonen.
Zum Beispiel, der Kontext: Es spielt im Osten von Australien.
Die Personen: Namen? Wie alt? Familie? Beruf? Aussehen? Charakter? Liebe?

TRANSFER! >> Sieh dir den Wortschatz von z.B. Lektion 1 an.

Extra! **b** Vergleiche zwei Serien.
- Sind die Menschen reich und superschön oder wie die Menschen in deinem Viertel?
- Gibt es auch problematische Themen, wie zum Beispiel Mord, Scheidung, AIDS, Arbeitslosigkeit, Drogen, Prostitution, Homosexualität ...?

7 **G** Ein neuer Sender sucht Ideen für eine neue Fernsehserie.
Erfindet eure eigene Serie.
- Beschreibt den Kontext.
- Beschreibt die Hauptpersonen.
- Beschreibt die erste Episode.

Here's a tip
Don't let grammar go out of the window!

Sie wohnen in einem Vorort. *(position:* **in** *+ dat.)*
Er hat einen Sohn *(object: acc.)*
Sie ist oft wütend, weil ... *(***weil** *+ verb to end)*
Er besucht / Sie besuchen ... *(verb endings)*
Er geht in die Stadt. *(direction:* **in** *+ acc.)*

Write carefully and check your work afterwards.

B

Der Wochenendjob

1

Comic

1 Was isst Lisa?
2 Was trinken Magda und Lisa?
3 Hat Magda gewusst, dass Stefan hier arbeitet?

wissen (hat gewusst) = *to know*

2

Dialog: Gabis Wochenendjob

a Schau dir die Antworten (1–8) rechts an. Was waren die Fragen?

b Hör zu und checke deine Antworten.

c Stefans Freund, Peter, beschreibt seinen Job. Hör zu und notiere die Details.

d Beschreib Peters Job. Peter arbeitet in ...

1 Ja, ich habe einen Job.
2 Ich arbeite in einem Laden.
3 Ich arbeite jeden Samstagnachmittag.
4 Ich fange um elf Uhr an.
5 Ich arbeite bis achtzehn Uhr.
6 Ich arbeite seit sieben Monaten da.
7 Ich verdiene fünf Euro fünfzig pro Stunde.
8 Ja, der Job gefällt mir gut.

3

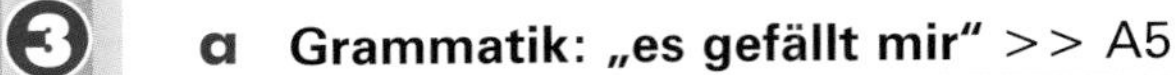

a **Grammatik: „es gefällt mir“** >> A5

Singular	Der Job **gefällt** mir. *I like the job.* Der Job gefällt ihm/**?**/**?**. *He/She/They like(s) the job.*
Plural	Neue Klamotten **gefallen** mir. *I like new clothes.*

b ***TRANSFER!*** >> Erfinde acht Sätze mit **gefällt** (Singular) oder **gefallen** (Plural).

4

Hast du einen Job? Erfindet Dialoge.

Supermarkt *(m)*	Garage *(f)*	Apotheke *(f)*	Laden *(m)* von Onkel
Donnerstagabend	Sonntagmorgen	Samstag	Mittwoch/Freitag
18.00–20.30	9.30–11.45	9.45–17.30	13.30–17.30
seit vier Wochen	seit zwei Jahren	seit 10 Wochen	seit 18 Monate
€ 8/Stunde ☺	€ 6,50/Stunde 😐	€ 54/Tag ☹	€ 5,75/Stunde ☺

5

Eine Umfrage in einer österreichischen Klasse

Jobs für Schüler: pro und kontra

PRO	KONTRA
Man verdient viel Geld.	Alle Jobs sind langweilig.
Es ist gutes Training für das Leben.	Es hindert die Schularbeit.
Es macht Spaß.	Man hat zu wenig Freizeit.
Man trifft neue Leute.	Man verdient sehr wenig.

a Hör zu. Wie viele Leute sind derselben Meinung? (Antworten in Prozent)

b Bist du derselben Meinung? Diskutiere mit deinem Partner oder deiner Partnerin.
Wenn ja: Details/Warum? Wenn nein: Warum nicht?

c Und du? Hast du einen Job?

Der Regenschirm

Am Wochenende arbeitest du als Kellner in einem Café. Letztes Wochenende ...

6 Schreib die Geschichte.

Bonuspunkte! Remember to earn as many bonus points as you can!

Es war halb drei. Ich habe das Haus verlassen.	←	*Accurate German, simple sentences.*
Um halb drei habe ich das Haus verlassen.	←	*Accurate German, more complex sentences.*
Als ich um halb drei das Haus verlassen habe, habe ich den Regenschirm von meiner Mutter mitgenommen.	←	*Accurate German, good command of sophisticated structures.*

C Hast du genug Geld?

1 Comic

a Was sind Stefans Gefühle?

- Er ist glücklich, weil Magda ihn küsst.
- Er ist traurig, weil er allein sein wollte.
- Er schämt sich, weil sein Vater arbeitslos ist.
- Er ist wütend, weil er Hamburger nicht leiden kann.
- Es ist ihm peinlich, weil Magda ihn vor seinen Kollegen küsst.

das Gefühl = *feeling*
sich schämen = *to be ashamed*
wütend = *angry*
peinlich = *embarrassing*

Extra! b Warum sagt Magda: „ich war so dumm"?

2 Das Geld

Ich bekomme Taschengeld von meinen Eltern und meiner Oma. Normalerweise bekomme ich elf Euro pro Woche. Mit meinem Geld kaufe ich Zeitschriften, CDs oder Bonbons – es kommt drauf an. Manchmal gehe ich ins Kino. Ich spare auch auf einen Urlaub bei meinem Brieffreund in Großbritannien.

a Dagmar, Inken, Lizzy und Torsten reden von ihrem Taschengeld. Notiere die Details.

b Wie ist es bei dir? Ergänze diese Sätze in deinem Heft.

1 Ich bekomme Taschengeld von ... (+ Dativ)
2 Normalerweise bekomme ich ...
3 Mit meinem Geld kaufe ich ... (+ Akkusativ)
4 Ich spare auf ... (+ Akkusativ)

Du kannst die Details erfinden, wenn du willst.

3 Rätsel Welches Wort fehlt?

1	HAND	TASCHEN	MESSER
2	FREI		SCHRIFT
3	TASCHEN		BEUTEL
4	BRIEF		LICH
5	FERN		SWÜRDIGKEITEN
6	BEI		PLATZ

RICHTIG ODER FALSCH?

Mittwochs ist es in Europa wärmer als sonntags. Nicht viel wärmer – nur zwei Hundertstel Grad. In Afrika, Südamerika und Australien sind Mittwoche aber genau so warm (oder so kalt!) wie andere Tage.

4

Rollenspiel
- **Teenager + Vater oder Mutter**
- **Diskussion: Der Sohn / Die Tochter will mehr Taschengeld**

Der Teenager

P

a Schreibt eine Liste: **Warum** braucht der Teenager mehr Taschengeld?

Meine Freunde bekommen mehr als ich.
Ich brauche Geld für ...

Extra! Schreib Sätze mit „weil".

Ich brauche mehr Taschengeld, weil ...

b Du hörst sechs Teenager. Was für Strategien hörst zu?

A Er/Sie ist aggressiv.

B Er/Sie macht Vergleiche.

C Er/Sie ist besonders lieb und freundlich.

D Der/Die Jugendliche sagt, er/sie verdient das Geld.

E Der/Die Jugendliche sagt, warum er/sie mehr Geld braucht.

P

c Schreibt zwei Beispiele für jede Strategie A–D.

C Mami, kann ich dir helfen?

Der Vater / Die Mutter

d Lies die Reaktionen von den Eltern. Welche Eltern sagen „nein"?

Du spinnst! Du bekommst genug Geld! Als ich in deinem Alter war, hatte ich kein Geld! Nein, das kommt nicht in Frage!

Frau Weiß

Warum brauchst du mehr Geld? Wofür gibst du dein Geld aus? Mach eine Liste und wir können darüber diskutieren.

Herr Ransmayr

Mehr Taschengeld? Vielleicht, aber du musst das Geld verdienen. Du könntest öfter zu Hause helfen.

Frau Podaky

Es tut mir Leid, aber ich kann dir nicht mehr Geld geben. Ich verstehe dich, aber ich habe das Geld nicht.

Herr Fiebig

e Such diese nützlichen Wörter und Ausdrücke in den Texten.

1 You're joking!
2 That's out of the question!
3 Why?
4 What do you spend your money on?
5 Perhaps.
6 You could help more often at home.
7 I'm sorry.
8 I understand you.

Das Rollenspiel

f Bist du der Teenager oder der Vater / die Mutter? Was wirst du sagen? Mach Notizen.

P

g Spielt das Rollenspiel. Wie beendet der Vater / die Mutter die Diskussion?

O.K. Ab nächster Woche bekommst du mehr Taschengeld.

Nein, das kommt nicht in Frage.

Es tut mir Leid: Ich verstehe dich, aber so viel Geld habe ich nicht.

SPEZIAL!

Lesepause: Liebe und Freundschaft

Geschwister

Gero (16) und sein Bruder Kai (14) spielen zusammen in einer Band. Läuft das gut? Interview mit Gero.

Hit Kommst du mit deinem Bruder gut aus?
Gero Ja. Er ist nur 14 Jahre alt, aber er ist absolut nicht kindisch. Ich kann ganz toll mit ihm reden. Und wir können gut zusammen lachen.
Hit Ihr spielt zusammen in einer Band: Du spielst Bass und dein Bruder spielt Gitarre. Geht ihr euch nie auf die Nerven?
Gero Nur selten. Mein Bruder ist mein bester Freund. Wir mögen dieselbe Musik ...
Hit Aber ihr habt euch sicher mal gestritten?
Gero Ja, das passiert natürlich. Meistens bei Computerspielen. Mein Bruder spielt besser als ich, obwohl er jünger ist. Ich mag es nicht, wenn er immer gewinnt.
Hit Hattet ihr mal Streit wegen eines Mädchens?
Gero Noch nicht. Tja, ich bin nur 16 Jahre alt. Wenn ich 20 Jahre alt bin und mein Bruder 18, ist es vielleicht anders.
Hit Hast du eine Freundin?
Gero Ja. Sie ist schwarz und 98 Zentimeter groß – meine Gitarre!

selten = *seldom*

Designer-Freunde

Was meint Carola zum Thema Freunde?

Ich habe ein paar gute Freundinnen und Freunde, aber sie wollen immer im Trend sein. Im Fernsehen sehen sie Werbung für eine neue Mode – und sie wollen die neuen Sachen sofort haben. Was sie machen, ist mir egal, aber wenn ich nicht mitmache, wollen sie mit mir nichts zu tun haben. Dann müssen wir lang reden, bis alles wieder in Ordnung ist. Das ist nicht immer leicht.

die Werbung = *advertisement*
die Sache = *thing*
sofort = *immediately*
ist mir egal = *I don't care*
mitmachen = *to go along with it*
nichts zu tun = *nothing to do*
in Ordnung = *all right*

Zwei Gedichte

Ihr
Ich will immer nur das machen,
was IHR macht.
Ich will immer nur so sein,
wie IHR seid.
Ich will immer das haben,
was IHR habt.
Ich mag nur die Musik,
die IHR mögt.
Ich mag nur die Klamotten,
die IHR mögt.
Ich mag nur die Menschen,
die IHR mögt.
Bin ich schon abhängig von euch?
Monika aus Rosenheim

X-mag

die ihr mögt = *which you like*
abhängig = *dependent*

Ich denke immer an Dich
Wenn ich gehe oder stehe,
denke ich immer an Dich.
Wenn ich hocke oder liege,
denke ich immer an Dich.
Wenn ich schlafe oder wache,
denke ich immer an Dich.
Wenn ich schreibe oder lese,
denke ich immer an Dich.
Wenn ich esse oder trinke,
denke ich immer an Dich.
Was ich auch tue,
ich denke immer an Dich.
WARUM?
Katharina aus Kühbach

X-mag

denken an = *to think of*
hocken = *to crouch, to sit*
was ich auch tue = *whatever I do*

Zurück zum Ex

Birgit (15), Benjamin (17) und Oliver (16) waren gute Freunde – bis plötzlich die Liebe sie getrennt hat.

Oliver

Benjamin und Birgit waren jahrelang gute Freunde von mir. Wir sind oft zu dritt ausgegangen. Dann wollten Benjamin und ich mehr von Birgit. Für sie war es sicher nicht leicht. Wir haben um Birgit gekämpft und Benjamin hat den Kampf gewonnen. Nach einer Klassenfahrt nach Frankreich waren Benjamin und Birgit fest befreundet. Und dann ... Ja, ich verstehe nicht, was passiert ist. An einem Wochenende habe ich Birgit in der Stadt getroffen. Sie hat traurig ausgesehen. Wir haben geredet und es war schön. Wir haben uns in den nächsten Tagen immer öfter getroffen und plötzlich haben wir Händchen gehalten. Natürlich war ich glücklich, obwohl ich gewusst habe, dass das nicht von Dauer sein konnte.
Tja, es hat auch nicht gehalten. Birgit ist zu Benjamin zurückgegangen und ich war allein. Ein paar Wochen lang war ich auf beide sauer, aber jetzt ist es wieder O.K. Ich kann mit Birgit und Benjamin wieder reden und lachen wie vor der Affäre.

Birgit

Die paar Tage in Frankreich mit Benjamin zusammen haben enorm Spaß gemacht. Dann hat die Schule wieder angefangen und es war nicht mehr so leicht. Wir haben uns immer öfter gestritten.
Als ich so richtig down war, habe ich an einem Samstag Oliver in der Stadt gesehen. Er hat zugehört, er war ganz lieb zu mir. Und plötzlich lag ich in seinen Armen ...
Benjamin hat nichts gesagt und ich habe auch nicht mit ihm gesprochen. Ich hatte aber mit Benjamin nicht Schluss gemacht und nach ein paar Wochen bin ich zu ihm zurückgegangen. Und jetzt sind wir sehr glücklich zusammen. Oliver tut mir Leid. Er war lieb zu mir und ich habe ihm wehgetan. Ich wollte ihm nicht wehtun, aber ich musste zu Benjamin zurück. Mit Benjamin ist es spannender, es ist die Liebe ...

Benjamin

Auf der Klassenfahrt nach Frankreich hat alles angefangen: In den Ferien ist alles einfacher, man hat keine Schule, keine Hausaufgaben, die Eltern sind nicht da, die Sonne scheint. Ich habe gehofft, dass Birgit und ich auch nach der Reise zusammenbleiben, aber zu Hause war alles schwieriger. Birgit hatte wieder ihren Samstagjob im Supermarkt, ich musste wieder Cello üben. Als ich plötzlich Birgit mit Oliver zusammen gesehen habe, wollte ich weinen. Im Geheimen habe ich auch geweint. Komischerweise war ich aber auch wieder frei: Ich hatte für meine anderen Freunde mehr Zeit und ich hatte auch ein bisschen Zeit allein. Das war sicher gut für mich. Seit ein paar Monaten sind Birgit und ich wieder zusammen. Warum? Weil sie ein wunderbarer Mensch ist. Und jetzt verstehen wir uns besser als vorher.

Junge Zeit

plötzlich = *suddenly*
trennen = *to separate*
kämpfen = *to fight*
der Kampf = *fight, battle*
fest = *firm, solid*
sauer auf = *angry with*
wehtun = *to hurt*
weinen = *to cry*
vorher = *before*

1

Wer bin ich?

a Beschreib auf einem Blatt Papier ...
- einen Filmstar

oder • einen Rockstar

oder • einen Sportstar.

Schreib deinen Namen unter die Beschreibung – aber schreib **nicht** den Namen des Stars!

b Hängt alle Beschreibungen an der Wand im Klassenzimmer auf.

Wer bin ich?
Emma Millar

Wer bin ich?
Jack Hill

c Lest alle Beschreibungen. Könnt ihr die Personen identifizieren?

Emma hat Brad Pitt beschrieben.

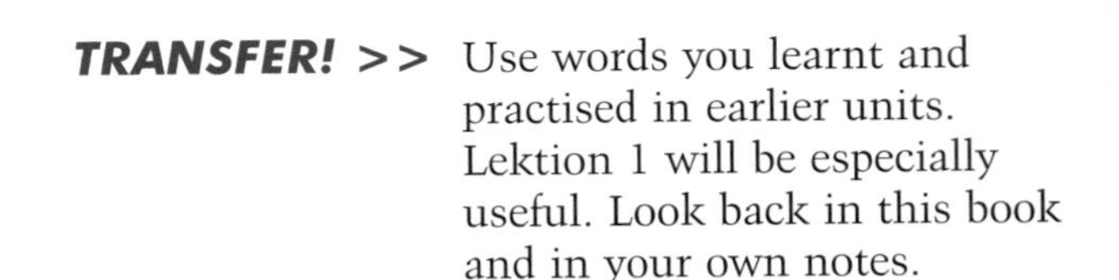

***TRANSFER!* >>** Use words you learnt and practised in earlier units. Lektion 1 will be especially useful. Look back in this book and in your own notes.

Ideen
- **Aussehen**
  Haare? Augen? jung? schön?
- **Staatsangehörigkeit**
  z.B. Sie ist Amerikanerin.
- **Charakter**
  z.B. lustig? tolerant? ungeduldig?
- **Familie?**
  z.B. Seine Frau heißt Jennifer.
- **Andere Details**, z.B.
  Er interessiert sich für UFOs.
  Sie singt in einer Gruppe.
  Er ist sehr sportlich.
  Sie ist Schauspielerin.
  Er arbeitet in einer Kneipe.

2

Deine Familie

Du musst zwei Minuten lang sprechen. Das Thema? Deine Familie.

Here's a tip
- This isn't an inquisition! If you don't want to talk about some things in your family (e.g. how you get on with your parents, how much pocket money you get), you can *make up* the details.
- If you don't know a word, don't leave a gap. Say something else instead, e.g.
  Meine Mutter ist ... *(personnel officer?)*
  ➜ Meine Mutter arbeitet in einem Büro in der Stadtmitte. Sie verlässt das Haus um acht Uhr ...
- Record yourself so that you can hear how you sound. Where you hesitate, you need more work and practice. Can you improve your pronunciation?
- If there's a word you always stumble over, avoid using it altogether in the oral exam.
- Build in some 'show-off' phrases – see for example Lektion 1, page 8, Here's a tip.

1

Probleme mit den Eltern

a Lies Kerstins Brief. Welche Wörter fehlen? (Du brauchst nicht alle Wörter im Kasten!)

Mit meinen Eltern habe ich nur Streit

Liebe Freya!
Seit Monaten habe ich mit meinen Eltern nur Streit. Sie (1)___ mir auf die Nerven und nichts gefällt ihnen mehr. Ich trage nicht die richtigen (2)___, ich (3)___ die falschen Freunde, ich höre laute Musik. Meine Eltern sagen, ich sei faul und (4)___.
Meiner (5)___ nach sind meine Eltern viel zu streng mit mir. Sie geben (6)___ keine Freiheit. Sie geben mir zum (7)___ so wenig Taschengeld, dass ich nicht oft in die Stadt fahren kann. Und wenn ich nicht Punkt 18 Uhr zu (8)___ bin, bekomme ich kein Abendessen mehr.
Mit meinem Vater kann ich nicht (9)___. Wenn ich meine Meinung (10)___, geht er in die Luft.
Und meine Mutter hat kein Vertrauen zu mir. Als sie herausgefunden (11)___, dass ich einen Freund habe, durfte ich zwei (12)___ lang nicht allein aus dem Haus! Sie will nicht, dass ich (13)___ sehe. Sie hat Angst, dass ich mit ihm schlafe und schwanger werde.
Ich möchte nur leben, wie meine (14)___ und Kameraden in der Klasse auch leben. Was kann ich (15)___?
Kerstin, 15

sie sagen, ich sei ... = *they say I am ...* das Vertrauen = *confidence* schwanger = *pregnant*

Wochen spielen Meinung habe gehen Freunde Beispiel hat reden frech genug keine wir sage machen ihn mir nie Hause Klamotten

b Lies jetzt Freyas Antwort an Kerstin. Wähle die richtigen Modalverben.

Liebe Kerstin,
danke für deinen Brief. Du hast dein Problem sehr klar beschrieben. Du (1 möchtest/musst) so oft in die Stadt gehen wie deine Freunde, aber du (2 musst/kannst) es nicht, weil du zu wenig Geld hast. Du hast einen Freund und du (3 willst/darfst) ihn sehen, aber du (4 solltest/darfst) es nicht, weil deine Mutter es verbietet. Kurzum, du (5 solltest/willst) einfach wie alle andere Teenager leben, aber deine Eltern sind zu streng mit dir.
Du sagst, du (6 musst/kannst) mit deinem Vater nicht reden. Vielleicht (7 kannst/darfst) du mit deiner Oma, mit einem Onkel oder mit einer Lehrerin über deine Probleme sprechen?
Wenn das unmöglich ist, (8 willst/solltest) du mit deiner Mutter allein reden. Beschreib deine Probleme, aber geh bitte nicht gleich in die Luft! Vielleicht (9 kann/möchte) deine Mutter lieber von deinen Problemen nichts hören, aber das hilft nichts. Sie (10 sollte/kann) wissen, warum du so traurig bist.
Viel Glück!
Deine Freya

2

Zu viel Stress? Schreib einen Artikel: „Zehn Top-Tipps gegen Stress".

Zehn Top-Tipps gegen Stress
1 Du könntest vielleicht mit einem Freund joggen gehen.
2 Du solltest vielleicht ...

joggen gehen
weniger Kaffee trinken
in der Natur spazieren gehen
schwimmen gehen
ein Bad nehmen
mehr Sport treiben
Komödien im Fernsehen sehen
Joga machen
öfter allein in deinem Zimmer Musik hören

Here's some practice with more difficult listening passages. To help you, the recorded texts are printed on the page – but you can try answering without reading them if you prefer.

1

Du hörst vier Jungen:
Benjamin, Markus, Mustafa und Michael.

Wer ...
- **a** ist anderer Meinung?
- **b** sagt Danke?
- **c** hatte einen Unfall?
- **d** bittet um Entschuldigung?
- **e** fragt, ob er etwas machen darf?

Read these tips!

The rubric tells you how many speakers.

Read these key words *before* you listen. But remember: the words you hear will probably be *different* from the words in the rubric.

Listen not only to individual words, but to the sentence as a whole.

Benjamin Mutti, ich möchte am Samstagabend mit Jonas ausgehen. Geht das?
Markus Quatsch! Das stimmt nicht! Ich verstehe, was du sagst. Aber du hast Unrecht!
Mustafa Frau Böhme? Ich möchte mich für den schönen Abend bei Ihnen bedanken. Es hat mir sehr gefallen.
Michael Andreas, es tut mir Leid, dass ich gestern Abend nicht kommen konnte. Leider hatte ich zu viele Hausaufgaben. Ist es gut gegangen?

2

Du hörst drei Tipps für den ersten Arbeitstag.
Ergänze jeden Satz mit dem richtigen Wort.

- Schau, dass du genug (1)___ hast.
- Checke, was du morgen (2)___ wirst.
- Nimm etwas zu (3)___ mit.

essen – tragen – trinken – lesen
Arbeit – Geld – Stifte

Read these tips!

The rubric gives you the context.

Read the sentences, and check the words below, *before* you start listening.

With this kind of question, the word you need summarises a number of words in the listening text.

O.K., morgen ist dein erster Arbeitstag und du bist fürchterlich nervös. Was kannst du machen, damit du heute Nacht ruhig schlafen kannst? Hier sind drei Tipps:
- Schau gleich jetzt in dein Portmonee. Kannst du morgen die Busfahrt bezahlen? Doof, wenn du morgen den Bus verpasst, weil du einen Schein wechseln musstest.
- Schau in deinen Schrank. Ist die richtige Hose da? Ist das Hemd gewaschen? Sind deine Schuhe sauber? Du fühlst dich besser, wenn du weißt, dass es morgen früh keine Panik gibt.
- Vergiss nicht, eine Zeitung, eine Zeitschrift oder ein Buch für die Fahrt in die Stadt mitzunehmen.

3

Karin, Aylin, Silvia und Daniela reden über ihre Schwestern.

Wer ...
- **a** hat eine sehr sportliche Schwester?
- **b** hat eine kranke Schwester?
- **c** hat eine ältere Schwester?
- **d** kommt mit ihrer Schwester gut aus?
- **e** kommt mit ihrer Schwester nicht so gut aus?

Read these tips!

The rubric shows you there are five options but only four speakers.

With this kind of question, listen to the text and *infer* what the right answer must be.

Karin Mit meiner Schwester kann ich gut lachen. Wir machen viel zusammen.
Aylin Meine Schwester läuft gut, springt gut, schwimmt gut. Sie macht alles besser als ich.
Silvia Ich sehe meine Schwester nur selten. Sie ist verheiratet und wohnt in Berlin.
Daniela Meine Schwester versteht mich überhaupt nicht. Wir streiten uns oft.

Was wirst du machen ...?

VOR DEM START

✔ Where do you see yourself in ten years' time? Lektion 16 looks to the future: your immediate plans for the holidays, as well as your plans, hopes and expectations for the years to come.

✔ Start with some basic revision and preparation ...

1

Berufe

a Findest du elf Berufe?

Er ist ... / Sie ist ...

Kell- -ferin -rer Ingen- Kauf- Kranken- -tin Verkäu- -ieur Gesch- -ner -mann Mech- Ärz- Sekre- -aniker -äftsfrau Lkw- -Fahrer -schwester Leh- -tärin

Grammatik

Er ist Tennisspieler. *He's **a** tennis player.*
No 'a' in German.

b Welche Wörter für Berufe brauchst du, um **deine** Familie zu beschreiben? Such sie im Wörterbuch *oder* schreib, **wo** die Person arbeitet, z.B. „Meine Mutter arbeitet in einem Büro."

2

Du hörst acht Adressen. Kannst du die Namen der Straßen schreiben?

1 Gerastraße

Here's a tip
Listen carefully. Think about the German spelling and pronunciation patterns you already know, and try to picture how the words are likely to be written.

Bonuspunkte! This is the last unit, so it's your big chance to show off all the German you know. This means making a conscious effort to earn extra marks by:
- using varied, sophisticated language with a good range of vocabulary
- giving your opinions
- referring to the past and to the future
- checking your grammar.

3

Checking your German grammar starts here!

a Copy and complete this diagram for the accusative case.

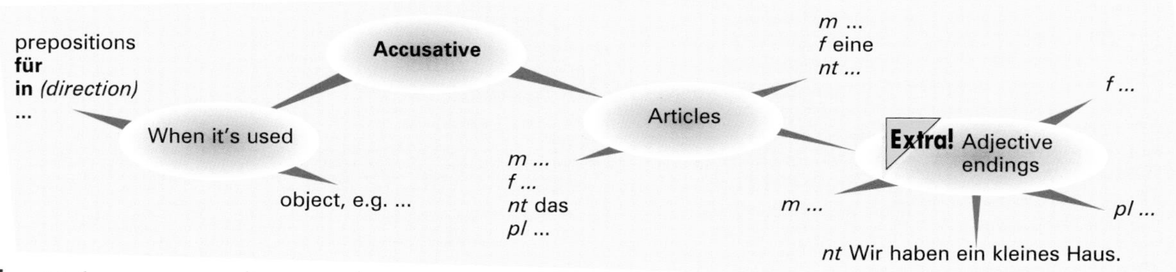

b Make your own diagrams for:

Dative **Word order** **Perfect tense** A grammar point you're always getting wrong!

A Was sind deine Pläne?

Christoph	Was sind deine Pläne, Lisa?
Lisa	Es kommt darauf an. Wenn ich meine Prüfungen bestehe, werde ich weiter zur Schule gehen, in Schottland also. Wenn nicht, dann weiß ich's nicht.
Christoph	Könntest du nicht in Berlin bleiben?
Lisa	Das wäre schön, aber ... Wer weiß?

Christoph	Du bist sehr still, Stefan. Was ist los?
Stefan	Mein Vater bewirbt sich um eine Stelle als Manager eines Kaufhauses. Einerseits bin ich glücklich, aber ...
Lisa	Toll! Warum siehst du so traurig aus?
Stefan	Aber die Stelle ist in Köln! Wenn er die Stelle kriegt, werden wir nach Köln umziehen.
Magda	Nach Köln!

1 Comic

a Such die deutschen Wörter.

1 What's wrong? **2** is applying for **3** a job as **4** If he gets the job, we'll move. **5** It depends. **6** if I pass my exams **7** I'll stay at school **8** That would be nice.

b Warum ist Stefan glücklich? Warum ist er aber auch traurig?

Grammatik: Genitiv (= „von" + Dativ) >> B6

Er ist Manager ...	ein**es** Zoo**s**.	*(m)*	= von einem Zoo
Sie ist Managerin ...	ein**er** Konditorei.	*(f)*	= von einer Konditorei
	ein**es** Kino**s**.	*(nt)*	= von einem Kino

! das Kaufhaus *(already ends in* **s***)* → ein**es** Kaufhaus**es**

2

a **Ich habe eine Familie voll Manager!** Schreib Sätze.

1 Mein Vater ist Manager eines Supermarkts. 2 Meine Cousine ist Managerin ...

1 Tante – eine Disko *f* **2** Cousine – eine Bibliothek *f* **3** Mutter – ein Computerladen *m*
4 Onkel – ein Café *nt* **5** Vater – ein Supermarkt *m* **6** Stiefvater – ein Sportzentrum *nt*

Extra! **b**

1 (Meine/Mein) Zimmer ist neben (dem/das) Zimmer (meines/meiner) Bruders.
2 Das Haus (meiner/meines) Oma ist nicht weit von (unser/unserem) Haus.
3 Ich spiele oft (am/an der) Computer (meines/meiner) Freundes.
4 Die Stelle (meiner/meines) Mutter ist besser als die Stelle (meiner/meines) Vaters.
5 (Schreib deinen eigenen Satz mit Genitiv.)

Here's a tip

You won't need the genitive often, but use it to show off in the exam! Practise the genitive in these sentences – but make sure you get the other parts of the sentence right as well.

3 **Berufe** Lies die Meinungen über verschiedene Berufe.

a Was sind **Vorteile**? Was sind **Nachteile**? Schreib die Meinungen in zwei Listen.

Man verdient viel Geld.
Man hat viele Überstunden.
Man ist immer im Stress.
Man lernt viele neue Leute kennen.
Man kann ins Ausland fahren.
Man arbeitet nachts und am Wochenende.
Man hat wenig Freizeit.
Man kann im Ausland arbeiten.
Man kann sich weiterbilden.
Es ist hart und ermüdend.
Man trägt eine Uniform.
Man kann Karriere machen.
Man muss früh aufstehen.
Es ist interessant.
Es macht Spaß.
Es ist gefährlich.

b Hör zu. Von welchen Berufen spricht man?

Briefträger/in — Frisör/in — Manager/in einer Fabrik — Feuerwehrmann/frau — Bäcker/in — Lastwagenfahrer/in — Internet-Programmierer/in — Aerobiklehrer/in

c Schreib einen Vorteil und einen Nachteil für jeden Beruf A–D.

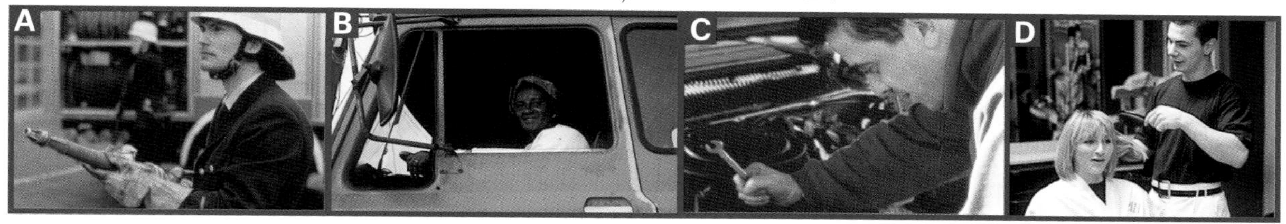

Extra! **d** Beschreib die Vorteile **und** Nachteile von fünf Berufen mit dem Satz:
„Auf der einen Seite ..., auf der anderen Seite ...“

4 **Was wirst du nächstes Jahr machen?**

A Ich werde die Schule verlassen und mir eine Stelle suchen.

B Ich werde eine Ausbildung machen.

C Ich werde weiter zur Schule gehen.

D Ich werde auf eine Hochschule gehen.

E Ich werde an der Universität Psychologie, Informatik und Wirtschaftswissenschaft studieren.

a Welche Sätze hörst du in welcher Reihenfolge?

Extra! Weitere Informationen, bitte.

b Schreib die Sätze A–E. Beginne: „Wenn ich meine Prüfungen bestehe, werde ich ...“

5 **a** Beantworte die Fragen.

1 Was wirst du nächstes Jahr machen?
2 Was für einen Beruf willst du später haben?
3 Möchtest du hier in dieser Stadt bleiben?
4 Möchtest du Lehrer/Lehrerin werden?
5 Möchtest du viel Geld verdienen?

b Diskutiert über eure Antworten.

Bonuspunkte!
You can answer questions at many levels. To earn as many marks as you can, show off with full, impressive sentences, e.g.:

3 ***Ja, ich möchte in meiner Stadt bleiben.***
➜ gute Antwort

3 ***Ja, ich möchte in meiner Stadt bleiben, weil meine Freunde hier sind.***
➜ besser ➜ mehr Punkte!

B

Eine Stelle finden

1

Comic Notiere die Angaben über die Stelle in der Zeitung:
- wann die Arbeit beginnt
- die Telefonnummer.

Extra! Notiere weitere Informationen.

2

Lies den Lebenslauf.

a Hier sind alternative Angaben. Notiere die Angaben in der richtigen Kategorie.

Familienname: Braun

- 12. Februar 1985
- Andreas
- Ich spiele Schlagzeug in einer Band.
- Ich habe zwei Wochen lang in einem Architektenbüro gearbeitet.
- Braun
- Ich spreche fließend Französisch und ziemlich gut Englisch und Spanisch.
- österreichisch
- Marktstraße 14, 1010 Wien
- verheiratet

Lebenslauf

Familienname	Schreiber
Vorname	Miriam
Anschrift	Silberstraße 29, 14839 Berlin
Telefonnummer	Privat: (030) 89 34 19 Handy: (0177) 6 55 30 29
Geburtsdatum	9. Oktober 1984
Staatsangehörigkeit	deutsch
Familienstand	ledig

Ausbildung
Ich besuche das Gymnasium Wilmersdorf und ich bereite mich auf das Abitur vor.

Arbeitserfahrung
- Zweiwöchiges Arbeitspraktikum in einer Fahrradfabrik.
- Ich habe einen Wochenendjob in einem Supermarkt.

Fähigkeiten
- Ich spreche Englisch und ein bisschen Französisch.
- Ich habe gute PC-Kenntnisse.
- Ich habe einen Pkw-Führerschein.

Hobbys
Ich bin Mitglied des Computerklubs in der Schule und ich interessiere mich für Musik.

b **Hobbys** Schreib diese Sätze richtig auf.

1 spiele ich Volleyballmannschaft in einer
2 eines Mitglied bin ich Tierschutzvereins
3 mich interessiere fürs ich sehr Kino
4 ich eine Artikel schreibe für Musikzeitschrift
5 in ich der Chor singe hier im Schule

c ***TRANSFER!*** **>> Andere Hobbys** Schreib sechs weitere Sätze.

d Schreib **deinen** Lebenslauf.

Auf Computer geschrieben sieht er gut aus!

3 **Eine Anzeige, ein Bewerbungsbrief**

CAMPINGPLATZ „OSTSEE-PARADIES"

Wir suchen für diesen Sommer fünf Jugendliche für Teamarbeit auf unserem Campingplatz. Wir bieten Unterkunft und bezahlen Reisekosten.

Sie müssen Deutsch und Englisch sprechen können, vielleicht sprechen Sie auch Französisch.

158 Tulloch Avenue
Inverness IV2 3JL
Schottland

30. März

Sehr geehrte Damen und Herren,

ich habe Ihre Annonce gelesen und ich möchte mich um eine Stelle auf Ihrem Campingplatz bewerben. Ich lege meinen Lebenslauf bei. Ich könnte vom 25. Mai bis zum 20. Juli bei Ihnen arbeiten.

Ich bin siebzehn Jahre alt und lerne seit fünf Jahren Deutsch. Ich spreche natürlich fließend Englisch und ich spreche auch ein bisschen Französisch.

Ich habe schon Arbeitserfahrung: Ich arbeite am Wochenende in einem Souvenirladen. Ich bin auch schon oft mit meiner Familie zelten gegangen.

Ich freue mich auf Ihre Antwort.
Mit freundlichem Gruß

Callum Davidson

a Wie heißt es auf Englisch?

1 wir bieten Unterkunft
- **a** we sell underwear
- **b** we offer accommodation

2 ich möchte mich um ... bewerben
- **a** I'd like to apply for ...
- **b** I'd like to ask about ...

3 ich lege ... bei
- **a** I'm enclosing ...
- **b** I'm laying money aside

Here's a tip
Convince people that you're the right person for the job:
- Tell them of any skills you have which you know they're looking for.
- Tell them about any other relevant skills or experience you have.

You can also use the letter to ask any questions about the job.

b Schreib die Fragen in vollen Sätzen. **1** die Arbeitsstunden? **2** die Bezahlung? **3** Swimmingpool auf dem Campingplatz? **4** Busse in die Stadt? **5** Feiertage?

c Wähle eine Stelle aus und schreib einen Bewerbungsbrief an das Hotel „Alpenblick".

Hotel Alpenblick
Wir stellen ein:
- an der Rezeption
- im Restaurant
- Zimmerpersonal

4 **Here's a tip**
Your oral exam is like a job interview: you have to make a good impression. Important criteria for the exam are listed in the table. Here's your chance to practise them!

Kriterien ↓ Kandidaten →	1	2	3	4
Gibt volle, interessante Antworten.				
Gibt seine/ihre Meinung.				
Benutzt Zukunftsformen.				
Benutzt Vergangenheitsformen.				
Hat einen guten, umfassenden Wortschatz.				

a Schreib die Tabelle in dein Heft ab. Du hörst vier Kandidaten in einer Prüfung. Haben sie die Kriterien erfüllt? Mach Haken (✓) oder Kreuze (✗).

b Übt einen Dialog mit folgenden Themen. Erfüllt ihr die Kriterien?

Wirst du im Sommer Geld verdienen?

Warst du mal in Deutschland?

Hast du einen Wochenendjob?

Fährst du im Sommer ins Ausland?

C

Endlich Ferien!

1 **Comic**

a Wie sagt man auf Deutsch ...?

1 I'll miss you.
2 I can hardly believe it!
3 We're celebrating.
4 I've passed all my exams!
5 I'm looking forward to ...
6 I'm happy for you.
7 Congratulations!

Extra! b ***TRANSFER! >>***
Schreib es auf Deutsch.

1 I'll miss him.
2 I'll miss her.
3 I can hardly hear you.
4 I'm looking forward to the holidays.
5 I'm celebrating because I've passed my exams.

2 **Interviews mit drei deutschen Teenagern**

Was werdet ihr während der Ferien machen?

Es kommt darauf an. Wenn mein Vater Zeit hat, werden wir zusammen angeln gehen. Ich werde auch eine Woche bei meinen Cousins in der Schweiz verbringen. Ich freue mich darauf, weil ich mit ihnen gut auskomme. *Rudi*

Ich weiß es noch nicht genau. Hoffentlich werde ich wieder in der Fabrik arbeiten können. Ich muss Geld für meinen Tenniskurs im August verdienen. Wir haben Freunde aus Italien eingeladen, aber wir wissen noch nicht, ob sie kommen. *Silke*

Während der Ferien wollen wir nach Ungarn fahren, weil wir dort Freunde haben. Ich freue mich sehr darauf. Mitten in den Ferien werde ich die Noten von meinen Prüfungen bekommen. Ich habe ein bisschen Angst davor. *Markus*

1 Wer wird ins Ausland fahren?
2 Wer möchte eine Stelle finden?
3 Wer wird eine Sportart lernen?
4 Wer wird Freunde besuchen?
5 Wer wird Familie besuchen?
6 Wer freut sich nur teilweise auf die Ferien?

3 Hör zu. Was wird Anna im Sommer machen? **Extra!** Worauf freut sie sich (nicht)?

a Wie viele Sätze könnt ihr über das Foto sagen? Ihr dürft eure Fantasie benutzen!

Extra! Auch Sätze mit: „Auf der einen Seite ..., auf der anderen Seite ...“

Der Himmel ist blau.

Diese Leute sind zwei Wochen hier.

Die Frau im Bikini sucht ihren Sohn.

RICHTIG ODER FALSCH?

Die Bürger eines EU-Staates haben das Recht, in einem anderen EU-Staat zu wohnen und zu arbeiten. Briten dürfen zum Beispiel in Deutschland arbeiten oder Deutsche in Großbritannien. Wenn man in der Schule gute Noten hat, hat man auch das Recht, auf einer Uni in einem anderen EU-Staat zu studieren.

der Bürger(-) = *citizen*
der EU-Staat = *European Union country*

b Sieh dir das Foto an und ergänze die Sätze in deinem Heft. Erfinde die Details.

1 Im Sommer werde ich ...
2 Wenn ich in ... bin, werde ich ...
3 Abends werde ich ...
4 Wenn ich Glück habe, werde ich ...
5 Ich werde wahrscheinlich ... essen.
6 Ich werde vielleicht ... übernachten.

Extra! c Erfinde zwei Dialoge am Strand.

1 Jemand kauft ein Eis.
2 Zwei Touristen sprechen miteinander.

5 Hier sind deine Sommerpläne. Schreib sie in vollen Sätzen. Erfinde die Details.

Diesen Sommer:
Freunde einladen —
Fußball spielen — Ferienjob —
in Café arbeiten —
einen Theaterkurs machen —
ins Ausland fahren —
zwei Wochen in den USA verbringen

Extra! Schreib Sätze mit:
- vielleicht/wahrscheinlich
- wenn ich Glück habe ...
- es kommt darauf an
- ich freue mich auf ...

Vergiss nicht Bonuspunkte! auf Seite 185!

A Du bist jung, sprichst Englisch und kennst dich mit Musik aus. Online-Shop sucht Mitarbeiter/innen für PC-Arbeit. Tel. 891 34 02.

B **Call-Center-Mitarbeiter (m/w)** Sie telefonieren gern, Sie arbeiten gern am PC, Sie mögen flexible Arbeitsstunden. Dann finden Sie bei uns den richtigen Job! Tel. (030) 895 01 64.

C Suche eine tierliebende **Haushaltshilfe mit Führerschein** für 15 Stunden wöchentlich. Tel. 895 26 89.

D Wir suchen nette Kellner(innen). Tel. 897 03 61.

E **Wir suchen für unsere liebe schwerhörige Oma 1× täglich 1–2 Stunden eine nette Hilfe, z.B. Student(in). Tel. (030) 891 26 57.**

F Agentur für Babysitting sucht Schüler/innen – besonders mit Englischkenntnissen. Tel. (030) 895 18 09.

G Wir suchen **Elektriker** mit Pkw. Tel. 895 62 50.

1

Stellenanzeigen Answer with one or more letter(s) A–G. Which adverts are for someone who ...

1 is computer literate?
2 can speak English?
3 wants to work in a café or restaurant?
4 is willing to look after someone?
5 likes animals?
6 has a car / can drive?

2

Der Rennfahrer im Rennauto

Mit zehn Jahren hat Michael Schumacher gewusst, was er werden wollte. „Ich werde Polizist oder Rennfahrer", hat der 10-Jährige gesagt. Klar, er hatte einen Vorteil: Seine Eltern hatten eine Gokart-Bahn. Im Alter von vier Jahren ist der junge Michael Gokart gefahren. Seinen ersten Motorsport-Titel hat er gewonnen, als er sechs Jahre alt war! Neun Jahre später ist Schumacher Testfahrer bei Mercedes geworden. Im Jahr 1991 ist er zum ersten Mal bei einem Formel-1-Rennen gefahren. Am Ende seiner ersten Saison war er schon auf Platz 12 in der Weltmeister-Tabelle.

a Wie heißen diese Wörter auf Englisch? Schau **nicht** ins Wörterbuch!

1 der Rennfahrer
2 die Gokart-Bahn
3 die Motorsport-Titel
4 der Testfahrer
5 zum ersten Mal
6 das Formel-1-Rennen
7 die Saison
8 die Weltmeister-Tabelle

b Schreib die sieben Zeitangaben auf Deutsch und auf Englisch. die Zeitangabe = *info about time*

mit zehn Jahren – at the age of ten

3

In den Ferien Schreib diese Sätze richtig auf.

1 In den Winterferien werde ich in den ...
2 Ich werde meine Großeltern ...
3 Ich werde mit meiner Familie ins Ausland ...
4 In den Sommerferien werde ich zu Hause ...
5 Ich werde zum Strand ...
6 Ich freue mich ...

... fahren.
... auf die Ferien.
... bleiben.
... Alpen Ski fahren.
... in Österreich besuchen.
... zum Schwimmen gehen.

Grammatik: *'you'* >> A5, B1

Remember to choose
- the right word for 'you': **du/ihr/Sie**
- the right forms of **du/ihr/Sie** in the accusative and dative
- the right word for 'your'
- the right verb endings >> Seite 12.

1 Write out all the words that mean 'you' or 'your' in the two letters.

Ihnen, ...

Here's a tip
Learn and use phrases in the letter.

2

a Copy one or more ways of:

1 thanking someone for something
2 saying you're sending something
3 saying how your journey was
4 inviting someone
5 saying you enjoyed something.

b ***TRANSFER!*** **>>** Adapt these phrases to:

1 thank someone for: the visit to the zoo; the meal; the pen
2 say you're sending: a birthday present; a ring; a book about Britain.

3 Deine Nachbarn hatten letzte Woche deutsche Gäste. Jetzt rufen sie an. Was sagen sie? Mach Notizen für deine Nachbarn – **auf Englisch**.

4

a Du warst eine Woche bei deinem Brieffreund in Österreich. Schreib einen Brief an seine Eltern, Herrn und Frau Krieger. Schreib über:
- den Aufenthalt in Salzburg
- das Grillfest am Fluss
- Probleme auf deiner Rückreise
- das Geschenk von deinen Eltern.

Extra! b Du lädst deinen Brieffreund ein.
- Wann?
- Wo schlafen?
- Was könnt ihr machen?
- Frage: Essen?

Dunbar, den 5. August

Liebe Frau Müller,

wie geht es Ihnen? Und Oskar? (Haben Sie Ihre Sonnenbrille schon gefunden?!)

Jetzt bin ich zurück in Schottland – die Reise ist gut verlaufen. Ich möchte Ihnen noch einmal für alles danken. Meine zwei Monate in Berlin waren fantastisch. Vielen Dank für die Party an meinem letzten Abend in Berlin – es hat viel Spaß gemacht! Und das Essen im Restaurant war toll und das Konzert hat mir sehr gut gefallen.

Ich war traurig, Berlin zu verlassen, und ich vermisse Sie und Oskar. Aber ich bin trotzdem glücklich, wieder zu Hause zu sein und meine Freunde zu sehen.

Ich schicke Ihnen einige Fotos von der Party. Schreiben Sie bitte bald.

Ihre

Lisa

Dunbar, den 5. August

Mein liebster Christoph,

wie geht's dir? Die Schule hat hier angefangen und ich habe schon viele Hausaufgaben.

Im Oktober haben wir Ferien – willst du zu uns kommen? Meine Mutter sagt, das wäre O.K. Ich würde mich enorm freuen, wenn du uns besuchen könntest!

Hast du viel Arbeit? Gehst du oft mit deinen Freunden aus? (Nicht mit Freundinnen, hoffe ich!) Ich vermisse dich und alle meine Freunde in Deutschland. Danke für das Foto. Du siehst lieb aus! Ich schicke dir ein Foto von mir.

Schreib bitte bald.

Deine

Lisa

Zukunftspläne ... und die Realität!

vier Jahre später

Anja

Wenn ich zwanzig bin, werde ich um die Welt fahren. Ich werde mir einen Land-Rover kaufen und einfach losfahren. Und wenn es mir in einem Land gefällt, werde ich dort bleiben und ein bisschen arbeiten, um Geld zu verdienen. Aber ich werde nie heiraten, weil ich frei sein möchte!

fünfzehn Jahre später

Hassan

Wenn ich dreißig bin, werde ich in einer Bank in London, New York oder Frankfurt arbeiten. Ich werde eine gute Stelle haben und ich werde viel Geld verdienen. Ich werde ein teures Auto haben und ich werde meine Ferien in Ägypten verbringen.

fünfundzwanzig Jahre später

Rainer

Ich mag Kinder, und wenn ich älter bin, möchte ich natürlich meine eigenen Kinder haben. Wenn ich fünfundzwanzig bin, werde ich heiraten und drei Kinder haben. Ich möchte Lehrer werden, weil Lehrer lange Ferien haben. Dann werde ich viel Zeit mit meinen Kindern verbringen.

zehn Jahre später

Sonja und ihr Freund Ralf

Die Naturwissenschaften finde ich faszinierend – besonders Biologie. Wenn ich die Schule verlasse, werde ich Medizin studieren und Ärztin werden. Mein Freund, Ralf, möchte Rennfahrer werden. Das finde ich doof! Das Rennfahren ist mir viel zu gefährlich – die Rennfahrer haben so viele Unfälle. Vielleicht wird eines Tages Ralf mein Patient werden!

1 Vergleiche Anjas, Hassans, Rainers und Sonjas Pläne – mit der Realität!

Anja möchte ... und sie wird ... .
Sie möchte nicht heiraten, aber ...

2 Schreib fünf Beispiele für jede Lücke.

1 Wenn ich die Schule verlasse, werde ich ...
2 Wenn ich älter bin, werde ich in ... arbeiten.
3 Wenn ich ... werde, werde ich mir ... kaufen.
4 ... finde ich faszinierend.
5 ... ist/sind mir zu gefährlich.
6 Ich werde ... werden, weil ...

3 Schreib deine eigenen Zukunftspläne.
Sie können total verrückt sein! verrückt = *mad*
Was wirst du machen, wenn du
- zwanzig
- dreißig
- vierzig
- hundert bist?

Wirst du studieren? Wo wirst du wohnen?
Was für einen Beruf wirst du haben?
Wirst du heiraten? Wirst du reisen?
Wirst du deine eigenen Kinder haben?

Exam tips

Revision

Revise *actively*! Don't just retire to your room and stare blankly at your books!

Active revision of topics

- Jot down or record on cassette some key questions for each topic. Can you give answers that will make the examiner sit up?
- Go back to some work you did a while back. Rewrite it and improve it with language you've learnt in the meantime. This is no time for false modesty: show off!
- Learn some of those phrases that blow the examiner's mind!
- Note down the learning objectives at the start of each unit. Then test your partner on them!

Active revision of vocabulary

- Don't just read lists of words. Test yourself (remember: Look → Cover → Write → Check) or get someone to test you.
- You've met loads of ways of learning words (writing them in categories, lists, spider diagrams, etc.). Practise them now – and go over your vocabulary sheets, too!

Active revision of instructions

- Find out from your teacher whether instructions in your exam will be in the **du** or **Sie** form. Look at some past papers - can you understand the instructions?

Active revision of grammar

- Say the rules to yourself and write the lists of endings from memory. Then go back to your notes to check.
- The best way to find out how much you know is to explain a grammar point to someone else.

In the exam

✔ Most questions will be in German. Read them carefully and make sure you understand *exactly* what you have to do – don't assume you've understood on the basis of recognising a couple of words. An example answer, if there is one, will show you what to do (e.g. tick a box, answer in English, answer in German).

✔ Use your time wisely. If you get stuck on something, don't spend too long on it. Move on, then come back to it at the end if you have time. Use any spare time to check your work: have you answered every question fully? Is your written German correct? Check specific points that often cause problems, such as verb endings, case endings, word order.

✔ How much information should you give in your answers? Give full answers – if in doubt, it's better to give too much information than too little. Look at the number of marks available: if four marks are available, you'll need more than a one-word answer!

✔ For tips on specific parts of the exam, go back to the notes on the following pages: **Writing** – page 47; **Speaking** – page 83; **Listening** – page 133; **Reading** – page 157.

✔ Remember that in the writing paper and in the oral presentation and conversation you'll have to work *actively* to impress the examiner and earn extra marks. The tips on pages 47 and 83 will help you to do just that.

Grammatik

Contents

A Nouns and pronouns

Nouns are words for naming people, places and things. In German they are written with a capital letter, e.g. **der Mann**, **die Schule**, **das Buch**.

A1 Gender of nouns

There are three genders of noun in German: masculine *(m)*, feminine *(f)* and neuter *(nt)*. The gender is expressed in the words for 'the' and 'a':

	Masculine (m)	*Feminine (f)*	*Neuter (nt)*
the	der	die	das
a	ein	eine	ein

- Compound nouns consist of two or more nouns joined together in one word. They take the gender of the last part of the word:

  der Tisch *table* + die Lampe *lamp* = **die** Tisch**lampe** *the table lamp*

- Words ending in **-ung**, **-heit**, **-keit** are feminine, e.g. **die Sendung, die Krankheit, die Arbeitslosigkeit**.
  Words ending in **-ismus** are masculine, e.g. **der Tourismus**.
  Words ending in **-e** are very often feminine, e.g. **die Küche**.

- Case endings >> B1

A2 Plural of nouns

German nouns have many different ways of forming the plural:

- *(no change)*	1 Mädchen	2 Mädchen	¨ *(umlaut)*	1 Mantel	2 Mäntel
-e	1 Ring	2 Ring**e**	**¨e**	1 Fluss	2 Fl**ü**ss**e**
-er	1 Kind	2 Kind**er**	**¨er**	1 Haus	2 H**ä**us**er**
-en	1 Uhr	2 Uhr**en**	**-s** *(foreign words)*	1 Café	2 Café**s**
-n	1 Schule	2 Schule**n**			

- In a dictionary, the plural ending is often given in brackets. With masculine and neuter words, the plural is often the second item in the brackets, e.g.:

  Flugzeug (s, e) → *plural* = Flugzeuge
- Most feminine words take **-n** or **-en** in the plural (e.g. **eine Tasche**, **zwei Taschen**; **eine Schwester**, **zwei Schwestern**).

A3 Negative with nouns: *kein*

You must use **kein** when you mean 'no ...' / 'not any ...' / 'not a ...' (you can't say 'nicht ein'):

Ich habe **keinen** Stift. *I've got no pen / I haven't got a pen.*
Ich esse **kein** Fleisch. *I eat no meat / I don't eat any meat.*

A4 Occupations and nationalities

- The word for 'a' or 'an' is not needed in German with occupations and nationalities:

  Sie ist Lehrerin. *She's **a** teacher.* Er ist Amerikaner. *He's **an** American.*
- The feminine of many occupations and nationalities is formed by adding **-in**:

  Er ist Verkäufer. / Sie ist Verkäufer**in**. Er ist Engländer. / Sie ist Engländer**in**.

  ! Some exceptions:

  Er ist ... Deutsch**er**; Franzos**e**; Ir**e**; Schott**e**.
  Sie ist ... Deutsch**e**; Französ**in**; Ir**in**; Schott**in**.
- Adjectives of nationality don't take a capital letter:

  meine deutsche Partnerin *my German partner*

A5 Pronouns (I, you, etc.)

Pronouns are used in place of nouns, to avoid repetition. As in English (I/me; he/him), they vary according to the case they are in:

	I (me)	*you*	*he (him) / it*	*she (her) / it*	*it*
Nominative case	ich	du	er	sie	es
Accusative case	mich	dich	ihn	sie	es
Dative case	mir	dir	ihm	ihr	ihm

	we (us)	*you*	*you*	*they (them)*
Nominative case	wir	ihr	Sie	sie
Accusative case	uns	euch	Sie	sie
Dative case	uns	euch	Ihnen	ihnen

- To say 'you', German speakers use **du** to young people and to adults they know very well (e.g. members of the family). The plural of **du** is **ihr** (used to a group of friends, for example). **Sie** is more formal, and is used by German speakers to address one or more adults they don't know so well. It is always written with a capital **S**.
- To say 'it', use **er**, **sie** or **es**, depending on whether the noun 'it' replaces is masculine, feminine or neuter:

Hier ist mein Garten. **Er** ist klein.	*Here is my garden. It is small.*
Wie ist die Küste? **Sie** ist sehr schön.	*What's the coast like? It's very beautiful.*

- The dative pronouns can be used in set phrases such as:

es tut **mir** Leid	*I'm sorry*
mir ist übel	*I feel queasy*
wie geht es **dir/Ihnen**?	*how are you?*
es geht **uns** gut	*we're fine*
der Film gefällt **ihm**	*he likes the film*
die Bonbons gefallen **ihm**	*he likes the sweets*
ist **dir** kalt/heiß?	*are you cold/hot?*

A6 *Man*

- **Man** is used rather like *'on'* in French. It means 'we', 'you', 'they', 'one', 'people', depending on the context. It is used with the 3rd person singular verb endings:

Man sollte eine Fremdsprache lernen	***You/One*** *should learn a foreign language.*
Hier in Österreich spricht **man** Deutsch.	*Here in Austria* ***we*** *speak German.*
In der Schweiz spricht **man** Deutsch, Französich oder Italienisch.	*In Switzerland,* ***they/people*** *speak German, French or Italian.*

- You can use **man** to avoid using the passive:

Man hat sie ins Krankenhaus gebracht.	*They were taken to the hospital.*

A7 Relative pronouns (who, which, etc.)

- You may come across **der**, **die**, **das** and the plural **die** used to mean 'who' or 'which':

Der Junge, **der** am Fenster sitzt, heißt Max.
The boy ***who*** *is sitting by the window is called Max.*

Der Pulli, **der** im Schaufenster ist, ist sehr schön.
The jumper ***which/that*** *is in the shop window is very nice.*

Die Touristen, **die** gestern gekommen sind, waren freundlich.
The tourists ***who*** *came yesterday were friendly.*

- The verb that belongs with the word for 'who' or 'which' goes to the end of the clause, e.g. **Der Pulli, *der* im Schaufenster *ist*, ...**
- In English, we sometimes miss out 'who' or 'which' altogether, e.g. 'The boy I met yesterday' = 'The boy who I met yesterday'. You can't miss out 'who/which' in German:

Der Pulli, **den** ich gekauft habe, ...	*The jumper* ***which*** *I bought ...* *The jumper* ***that*** *I bought ...* *The jumper I bought ...*

B Cases

B1 Case endings – overview

- ***the***

	m	*f*	*nt*	*pl*
Nominative case	der	die	das	die
Accusative case	den	die	das	die
Dative case	dem	der	dem	den
Genitive case	des	der	das	der

Other words that take the same pattern of endings: welcher/e/es *which*
dieser/e/es *this/these*
jeder/e/es *every*
jener/e/es *that/those*

- ***a/an***

	m	*f*	*nt*
Nominative case	ein	eine	ein
Accusative case	einen	eine	ein
Dative case	einem	einer	einem
Genitive case	eines	einer	eines

- ***no (= not any)***

	m	*f*	*nt*	*pl*
Nominative case	kein	keine	kein	keine
Accusative case	keinen	keine	kein	keine
Dative case	keinem	keiner	keinem	keinen
Genitive case	keines	keiner	keines	keiner

- ***possessives*** (my, your, etc.) follow the same pattern as **kein *(>> D4)***.

mein *my*	unser *our*
dein *your*	euer *your*
sein *his/its*	Ihr *your*
ihr *her/its*	ihr *their*

! **euer** loses the 2nd **e** when an ending is added:

Ich mag **euren** Wagen.

- ***pronouns*** (I, you, etc.) *<< A5*
- ***adjectives >> D5***

B2 The nominative case

- The person or thing doing the action of the verb is called the *subject* of the sentence. The subject of a sentence is in the nominative case:

  Meine Mutter arbeitet in einem Büro.
  Ich spiele mit meinem Freund Tischtennis.

- The nominative case is also used after **sein** *(to be)*:

  Das ist **mein Bruder**.
  Rudi ist **ein guter Freund**.

B3 The accusative case << p. 60

B4 The dative case << p. 68

B5 Accusative or dative? << p. 68

B6 The genitive case

- The genitive case can be used to show possession. It corresponds to the English *'s*, or phrases like *of the ..., of a ..., of my ...* .

  Sie ist Manager **einer** Bäckerei. — *She is the manager of a bakery.*
  das Zimmer **meines** Bruders — *my brother's room (the room of my brother)*
  die Direktorin **der** Schule — *the headteacher of the school*

	m	*f*	*nt*	*pl*
of the ...	des	der	des	der
of a ...	eines	einer	eines	–
of my ...	meines	meiner	meines	meiner

- Add **-s** to masculine and neuter nouns in the genitive case. If the noun already ends in **s**, add **-es**.

  die Tür **des** Zimmers — *the door of the room*
  die Tür **des** Hauses — *the door of the house*

- The genitive is also used in set phrases after the prepositions **während** *(during)* and **trotz** *(in spite of)*:

  während **der** Ferien — *during the holidays*
  trotz **des** (schlechten) Wetters — *in spite of the (bad) weather*

- Note that German doesn't use a word for 'of' after measures:

  ein Kilo Äpfel; eine Scheibe Brot

C Prepositions

C1 Prepositions and cases

- Prepositions (e.g. **in**, **neben**, **an**, **zu**, **von**) are grouped according to the case used after them. Some are followed only by the accusative, some only by the dative, and others by either the dative or the accusative ***(<< p. 60, p. 68)***.
- Some prepositions combine with the word **das**, **dem** or **der**:

an + das = **ans**	an + dem = **am**	
in + das = **ins**	in + dem = **im**	
	bei + dem = **beim**	
	von + dem = **vom**	
	zu + dem = **zum**	zu + der = **zur**

C2 Prepositions in context

Prepositions tend to be used with different meanings in different contexts and set phrases. Here are some examples.

- **an** *(at)* (+ accusative or dative)

'at':	am Stadtrand	*at the edge of the town*
	am Anfang	*at the start, to begin with*
'up to' a line:	wir fahren an die Küste	*we're going to the coast*
'on' a wall etc.:	mein Mantel hängt an der Wand	*my coat's hanging on the wall*
time + days and parts of days (except night):		
	am Wochenende, am Montag, am Abend	*at the weekend, on Monday in the evening*
note also:	ich erinnere mich an das Essen	*I remember the food*

- **auf** *(on)* (+ accusative or dative)

'on':	was liegt auf dem Tisch?	*what's lying on the table?*
'to':	ich gehe auf eine Party	*I'm going to a party*
note also:	ich wohne auf dem Land	*I live in the country*
	ich freue mich auf die Ferien	*I'm looking forward to the holidays*
	ich warte auf den Bus	*I'm waiting for the bus*

- **aus** *(from)* (+ dative)

'from':	ich komme aus der Schweiz	*I come from Switzerland*
'made out of':	es ist aus Holz	*it's made of wood*

- **bei** *(at the home of)* (+ dative)

'at the home of':	ich war bei meiner Oma (**mit** would be wrong here!)	*I was at my gran's / I was with my gran*

- **entlang** *(along)* (+ accusative)

'along':	die Straße entlang (**entlang** *follows* the noun it relates to)	*along the road*

- **für** *(for)* (+ accusative)

'for':	hier ist ein Geschenk für dich	*here's a present for you*
note also:	ich interessiere mich für Sport	*I'm interested in sport*

- **in** *(in, into)* (+ accusative or dative)

'in':	mein Bett ist in der Ecke	*my bed is in the corner*
	im Osten	*in the east*
'to':	wir fahren in die Stadt	*we go (in)to town*
	ich bin in die USA gefahren	*I went to the USA*
	ich war noch nie in der Schweiz	*I've never been to Switzerland*
time + weeks, months, night:		
	zweimal in der Woche	*twice a week*
	im Januar, im März	*in January, in March*
	in der Nacht	*at night*
note also:	im Fernsehen	*on TV*

- **mit** *(with)* (+ dative)

'with':	mit meinen Eltern	*with my parents*
'by':	mit dem Zug, mit dem Auto, mit dem Rad	*by train, by car, by bike*

- **nach** *(to, after)* (+ dative)

'to' + named towns and countries:		
	nach Deutschland, nach London	*to Germany, to London*
'to' + home:	ich fahre um vier Uhr nach Hause	*I go home at four o'clock*
'after':	was kommt nach den Nachrichten?	*what's on after the news?*
'past':	es ist Viertel nach sechs	*it's a quarter past six*

- **seit** *(for, since)* (+ dative)

'for':	ich lerne seit zwei Jahren Deutsch	*I've been learning German for two years*
'since':	wir wohnen hier seit 1999	*we've been living here since 1999*

- **um** *(around)* (+ accusative)

'around':	um die Ecke	*around the corner*
time + hours:	um zwei Uhr	*at two o'clock*

- **von** *(from)* (+ dative)

'from':	ich kriege Geld von meinem Vater	*I get money from my dad*
	nicht weit von meinem Haus	*not far from my house*
	vom 20. Juni bis zum 25. Juni	*from 20th to 25th June*
note also:	in der Nähe von der Schule	*near the school*
	das Auto von meinen Eltern	*the car of my parents / my parents' car*

- **vor** *(in front of)* (+ accusative or dative)

'in front of':	wir treffen uns vor dem Kino	*we're meeting in front of the cinema*
'to':	es ist Viertel vor acht	*it's a quarter to eight*
'ago':	vor zwei Wochen	*two weeks ago*

- **zu** *(to)* (+ dative)

'to':	ich gehe jeden Tag zur Schule	*I go to school every day*
'for' + meals:	zum Frühstück, zum Mittagessen	*for breakfast, for lunch*
	wir essen um sechs Uhr zu Abend	*we have our evening meal at six*
'at' + home:	ich bin zu Hause geblieben	*I stayed at home*
note also:	wir haben drei zu eins gewonnen	*we won 3–1*
	ich gehe zu Fuß	*I go on foot*

D Adjectives

D1 Comparatives

- To form the comparative, add **-er**, even to long adjectives:

schön	→	schön**er** als ...	*nic**er** than ...*
interessant	→	interessant**er** als ...	***more** interesting than ...*
schlecht	→	schlecht**er** als ...	***worse** than ...*

! Some irregular comparatives:

gut *(good)*	→	**besser**	teuer *(expensive)*	→	**teurer**
viel *(a lot of)*	→	**mehr**			

! Many short adjectives add an umlaut as well as **-er**:

alt *(old)*	→	**ä**lt**er**	kalt *(cold)*	→	k**ä**lt**er**
jung *(young)*	→	j**ü**ng**er**	warm *(warm, hot)*	→	w**ä**rm**er**
lang *(long)*	→	l**ä**ng**er**	groß *(big)*	→	gr**ö**ß**er**
kurz *(short)*	→	k**ü**rz**er**	hoch *(high)*	→	h**ö**<u>h</u>**er**
nah *(near)*	→	n**ä**h**er**			

- Note these other ways of making comparisons:

genauso schön **wie** ...	***just as** beautiful **as** ...*
nicht so schön **wie** ...	***not as** nice **as** ...*

D2 Superlatives

- To form the superlative, add **-ste**, even to long adjectives:

klein	→	der klein**ste** See	*the small**est** lake*
bequem	→	das bequem**ste** Hotel	*the **most** comfortable hotel*

Adjectives that end in **t** or **z** insert an extra **e** to make the word pronounceable:

interessant → der/die/das interessant**e**ste kurz → der/die/das kürz**e**ste

! Adjectives that add an umlaut in the comparative do so in the superlative too:

groß → der/die/das gr**ö**ßte

! Note these special and irregular forms:

hoch → h**ö**chste nah → n**äch**ste gut → **beste**

- Superlative adjectives take the same endings as other adjectives after **der/die/das/die** ***(>> D5)***:

Das ist der billigst**e** Laden. Ich gehe zum billigst**en** Laden.

D3 Possession

- To express possession or belonging, you just add **-s** to someone's name. Note that no apostrophe is used in German:

Oskar**s** Zimmer *Oskar'**s** room*

- You can only do that with names. With other words, instead of saying, for example, 'my brother's room' you say 'the room of my brother'. You have two options:
either you can use **von** + dative:

das Zimmer **von** mein**em** Bruder

or you can use the genitive ***(<< B6)***:

das Zimmer **meines** Bruders

D4 Possessive adjectives (my, your, etc.)

Nominative	*m*	*f*	*nt*	*pl*
my	mein	meine	mein	meine
your	dein	deine	dein	deine
his/its	sein	seine	sein	seine
her/its	ihr	ihre	ihr	ihre
our	unser	unsere	unser	unsere
your	euer	eure	euer	eure
your	Ihr	Ihre	Ihr	Ihre
their	ihr	ihre	ihr	ihre

- All possessive adjectives take the same endings as **mein/kein** ***(<< B1)***:

  Acc.: ich mag dein**en** Pulli; ich kenne ihr**en** Vater
  Dat.: bei unser**er** Oma; mit ihr**em** Hund; bei sein**en** Elter**n**

  ! **euer** loses the second **e** when an ending is added:

  Acc.: ich mag euren Hund
  Dat.: in eurer Schule

D5 Adjective endings

- If you use an adjective on its own, or after a noun, the adjective takes no extra ending:

  Ich habe einen Hund. Er ist schwarz.
  Ich habe zwei Hunde. Meine Hunde sind schwarz.
  Es ist kalt heute.

- If you use the adjective *before* a noun, you have to add the correct endings:

  Ich habe einen schwarz**en** Hund.
  Ich habe zwei schwarz**e** Hunde.

- There are two different sets of plural endings (see the table below):
  – those used after **die/keine**, e.g. **die großen Kinder, keine großen Kinder**
  – those used when there is no article, though there may be a number, e.g. **große Kinder, zwei große Kinder**.

- Some of the singular endings differ depending on whether they are used after **ein** or **der** (see the table below).

	m	*f*	*nt*	*pl*
Nom.	ein groß**er** Dom	eine groß**e** Stadt	ein groß**es** Kino	groß**e** Orte
	der groß**e** Dom	die groß**e** Stadt	das groß**e** Kino	die groß**en** Orte
Acc.	einen groß**en** Dom	eine groß**e** Stadt	ein groß**es** Kino	groß**e** Orte
	den groß**en** Dom	die groß**e** Stadt	das groß**e** Kino	die groß**en** Orte
Dat.	einem groß**en** Dom	einer groß**en** Stadt	einem groß**en** Kino	groß**en** Orten
	dem groß**en** Dom	der groß**en** Stadt	dem groß**en** Kino	den groß**en** Orten
Gen.	eines groß**en** Doms	einer groß**en** Stadt	eines groß**en** Kinos	groß**er** Orte
	des groß**en** Doms	der groß**en** Stadt	des groß**en** Kinos	der groß**en** Orte

- You can miss out a noun if it has already been mentioned, to avoid repeating it. Use the correct forms of **der** (etc.) and the adjective, as in the table above:

  (die Äpfel) Ich nehme **die großen**. *I'll take **the big ones**.*
  (das Hemd) Ich mag **das rote**. *I like **the red one**.*

E Adverbs

- German adverbs have the same form as the adjectives – there is no 'ly' ending as in English:

  Er ist langsam. *He is slow.*
  Er fährt langsam. *He drives slowly.*

- The comparative of adverbs is formed in the same way as the comparative of adjectives ***(<< D1)***.

  Ich fahre langsam. *I drive slowly.*
  Sie fährt langsam**er**. *She drives **more** slowly.*

  ! Ich fahre gern. *I like driving. (I drive gladly.)*
  ! Ich fahre lieber. *I prefer driving. (I drive more gladly.)*

- The superlative is formed in a similar way to adjectives ***(<< D2)***, but preceded by **am** and with the ending -**sten**:

  Er rennt **am** schnell**sten**. *He runs (the) fastest.*
  ! Ich mag Käsekuchen **am liebsten**. *I like cheesecake best.*

F Verbs

Verbs are words for actions and states, e.g. 'to work', I 'played', we 'go', they 'have', you 'are', she 'likes'.

- ***How to use verbs in different tenses >> F11–17***
- ***Common irregular verbs >> F19***

F1 Word order << p. 120

F2 The infinitive

- The *infinitive* is the 'name' of the verb, the form you'll find in the dictionary. In German it usually ends in **en**, e.g. **spielen** (to play), **gehen** (to go).
- The infinitive is used after **kann**, **muss**, **will**, **darf**, **möchte**, **werde**, etc.:

  Ich kann Trompete spielen. *I can play the trumpet.*

F3 Negatives

- **Nicht** makes a sentence negative:

  Er geht **nicht** zur Party. *He **isn't** going to the party.*
  Ich habe den Film **nicht** gesehen. *I **haven't** seen the film.*

- But you must use **kein** when you mean 'no ...' / 'not any ...' / 'not a ...' (you can't say 'nicht ein'):

  Ich habe **keinen** Stift. *I've got no pen / I haven't got a pen.*
  Ich esse **kein** Fleisch. *I eat no meat / I don't eat any meat.*

F4 Translating '-ing'

- To say 'I *am* working' (etc.) in German, don't use a separate word for 'am'. Just use **ich** + the present tense of the verb, with the correct ending:

  ich arbeite *I'm working* er sieht fern *he's watching TV*

- To say how long you have been doing something, use the present tense of the verb with **seit** + dative:

  Ich spiele **seit** drei Jahr**en** Klavier. *I've been playing the piano **for** three years.*

- To talk about activities – for example, to give your opinion – use the infinitive of the verb:

  Tennis **spielen** ist lustig. *Play**ing** tennis is fun.*
  Allein **sein** ist mir wichtig. *Be**ing** alone is important to me.*

F5 Separable verbs

- Some verbs have two parts which can separate. In the present tense, the separable part goes right at the end of the sentence, and takes no endings:

Schalte das Licht **ein**.	*Switch the light on. / Switch on the light.*
Ich **räume** jeden Tag den Tisch **ab.**	*I clear the table every day.*

- The separable part of these verbs comes at the front of the infinitive form and the past participle ***(<< perfect tense, p. 96)***:

aufstehen *to get up*	ich stehe **auf** *I get up*	ich bin **auf**gestanden *I got up*
abräumen *to clear up*	ich räume **ab** *I clear up*	ich habe **ab**geräumt *I cleared up*

F6 Modal verbs

Modal verbs are used with infinitives of other verbs to say what people 'can', 'must', 'want to' do, etc.

dürfen *may / be allowed to*		**müssen** *must / have to*		**können** *can / be able to*	
ich	darf	ich	muss	ich	kann
du	darfst	du	musst	du	kannst
er/sie	darf	er/sie	muss	er/sie	kann
wir	dürfen	wir	müssen	wir	können
ihr	dürft	ihr	müsst	ihr	könnt
Sie	dürfen	Sie	müssen	Sie	können
sie	dürfen	sie	müssen	sie	können

wollen *want to*		**sollen** *should / ought to*		**mögen** *may / like*	
ich	will	ich	soll	ich	mag
du	willst	du	sollst	du	magst
er/sie	will	er/sie	soll	er/sie	mag
wir	wollen	wir	sollen	wir	mögen
ihr	wollt	ihr	sollt	ihr	mögt
Sie	wollen	Sie	sollen	Sie	mögen
sie	wollen	sie	sollen	sie	mögen

! In modal verbs, the **ich** form has no **e** at the end, and the **er/sie** form has no **t**.

- The infinitive used with the modal verb goes at the end of the sentence:

  Darf ich zu Hause **anrufen**?
  Man kann am Wochenende Golf oder Tennis **spielen**.

- Note the meanings of **muss nicht** and **darf nicht**:

! Du **musst nicht** Rad fahren.	*You **don't have to** go cycling. (i.e. you needn't)*
! Du **darfst nicht** Rad fahren.	*You **mustn't** go cycling. (i.e. you aren't allowed to)*

- The imperfect tense *(>> F13)* is used for modal verbs in the past:

  Ich durfte nicht zur Party gehen. *I wasn't allowed to go to the party.*

dürfen *may / be allowed to*	
ich	durfte
du	durftest
er/sie	durfte
wir	durften
ihr	durftet
Sie	durften
sie	durften

The other modals follow the same pattern of endings:

ich musste, *etc.* *I had to*
ich konnte, *etc.* *I was able to*
ich wollte, *etc.* *I wanted to*
ich sollte, *etc.* *I was supposed to*

- Other useful expressions:

  ich mag *I like*
  ich möchte *I would like to*
  ich könnte *I could / I would be able to*

  Ich mag Katzen. *I like cats.*
  Er möchte fliegen. *He'd like to fly.*
  Du könntest mit dem Zug fahren.
  You could go by train.

F7 Reflexive verbs

- Reflexive verbs have an extra pronoun, in the accusative case: **mich**, **dich**, etc.

sich sonnen *to sunbathe*
ich sonne **mich**
du sonnst **dich**
er/sie sonnt **sich**
wir sonnen **uns**
ihr sonnt **euch**
Sie sonnen **sich**
sie sonnen **sich**

- **Perfect tense:** the extra pronoun comes after the part of **haben**:

  Ich habe **mich** jeden Tag gesonnt.

- **Future tense:** the extra pronoun comes after the part of **werden**:

  Ich werde **mich** neben dem Freibad sonnen.

- Some common reflexive verbs:

  sich anziehen *to get dressed*
  sich erinnern (an) *to remember*
  sich freuen (auf) *to look forward (to)*
  sich interessieren (für) *to be interested (in)*
  sich langweilen *to be bored*
  sich streiten *to quarrel*
  sich waschen *to wash yourself*

- The extra pronoun is in the dative case when a reflexive verb is used with an accusative noun:

  Ich wasche **mich**. → Ich wasche **mir** die Haare.

F8 The imperative (requests and orders)

The imperative is used to make requests or give orders.

- The form of the imperative depends on whether you address the person or people as **du**, **ihr** or **Sie**.

~~du~~ bring~~st~~	~~ihr~~ bringt	Sie bringen
→ Bring mir bitte ...	→ Bringt mir bitte ...	→ Bringen Sie mir bitte ...

- You can also make requests using the verb in its normal form, but with the pronoun following it. This sounds less demanding than using the imperative.

  Bringst du mir bitte das Wasser?

F9 Verbs with *zu*

- **, um ... zu** + infinitive *(in order to)*

  Ich gehe in die Stadt**, um** meine Freunde **zu treffen**.
  I go into town (in order) to meet my friends.

  Wir fahren nach Bonn**, um** Deutsch **zu lernen**.
  We're going to Bonn (in order) to learn German.

- **, ... zu** + infinitive *(to)*

versuchen, ... zu:	Ich **versuche,** Tennis **zu** spielen.	*I try to play tennis / I'm trying to play tennis.*
Lust haben, ... zu:	Ich **habe Lust,** Bungeejumping **zu** probieren.	*I'd like to try bungee jumping.*
dabei sein, ... zu:	Ich **bin dabei,** Snowboarden **zu** lernen.	*I'm (in the process of) learning to snowboard.*
anfangen, ... zu:	Sie **fängt an,** Russisch **zu** lernen.	*She's starting to learn Russian.*

F10 Liking and preferring

- To say you like something, use **mag** or an expression with **gern**:

  Ich **mag** lustige Filme. *I like funny films.*
  Ich sehe **gern** fern. *I like watching TV.*

- To say you prefer something, use **mag ... lieber**:

  Ich mag Äpfel gern, aber ich **mag** Pfirsiche **lieber**. *I like apples, but I prefer peaches.*

- To say what you like best, use **mag ... am liebsten**:

  Ich **mag** Erdbeeren **am liebsten**. *I like strawberries best.*

- To say something is your favourite, add **Lieblings-** to the word:

  Meine **Lieblings**stadt ist Manchester. *My favourite city is Manchester.*

F11 The present tense << p. 12

F12 The past: perfect tense << p. 96

F13 The past: imperfect tense

The imperfect tense can be used as an alternative to the perfect tense: the meaning is the same, but the tone is more formal.

- It is easily recognisable. The verb is used on its own, not with a part of **haben** or **sein** as in the perfect tense:

  ich ging *I went*   ich sah *I saw*   ich brachte *I brought*

- The imperfect tense is less common than the perfect tense, but the imperfect of **haben**, **sein** and **geben** (**es gibt**) is often used. The following are particularly useful expressions:

ich hatte (Kopfschmerzen)	*I had (a headache)*
es gab (nichts zu tun)	*there was (nothing to do)*
es gab (viele Leute)	*there were (lots of people)*
ich war (krank)	*I was (ill)*
es war (sonnig)	*it was (sunny)*
warst du mal in (Bern)?	*have you ever been to (Berne)?*

- ***Modal verbs in the past << F6***

F14 The past: pluperfect tense

The pluperfect tense is used to say what *had* already happened *before* an event in the past (although Germans increasingly use the perfect tense instead of the pluperfect in these cases).

- To form the perfect tense, you use the *present* tense of **haben** or **sein**.
  To form the pluperfect tense, you use the *imperfect* tense of **haben** or **sein**.

Perfect:	Ich **habe** meine Hausaufgaben **gemacht**. *I **have done** my homework.*
Pluperfect:	Ich **hatte** meine Hausaufgaben **gemacht**, als Rudi angekommen ist. *I **had done** my homework when Rudi arrived.*
Perfect:	Ich **bin** nach Hause **gegangen**. *I **went** home.*
Pluperfect:	Ich **war** (schon) nach Hause **gegangen**, als die Party zu Ende war. *I **had** (already) **gone** home when the party finished.*

- The pluperfect is often used with **nachdem** *(after)*. The word order is the same as with **weil** or **als**:

  Ich habe Tennis gespielt, **nachdem** ich einen Tennisschläger **gekauft hatte**.
  Nachdem ich einen Tennisschläger **gekauft hatte**, **habe ich** Tennis gespielt.

F15 The future

To talk about the future, you have two options.

- You can use the *present tense*, usually with a time phrase like **in den Ferien**, **nächste Woche**, **im August**, **morgen**:

  Was **machst** du in den Ferien?   *What are you doing / What will you do in the holidays?*

- Or you can use the future tense, especially to talk about your plans. It is formed with the present tense of **werden** plus an infinitive:

Ich **werde** vielleicht angeln **gehen**.	*Maybe I'll go fishing.*
Wir **werden** wahrscheinlich zu Hause **bleiben**.	*We'll probably stay at home.*

ich werde du wirst er/sie wird	wir werden ihr werdet Sie werden sie werden	......	+ infinitive (at end)

F16 The conditional

Use the following patterns to talk about hypothetical situations, i.e. what you *would* or *could* do, if ...

- **wenn ich ... wäre, würde/könnte ich ...** + infinitive:

  Wenn ich Millionnär **wäre,** **würde** ich eine Jacht **kaufen**.
  *If I **were** a millionaire, I **would** buy a yacht.*

- **wenn ich ... hätte, würde/könnte ich ...** + infinitive:

  Wenn ich eine Jacht **hätte,** **könnte** ich um die Welt **reisen**.
  *If I **had** a yacht, I **could travel** round the world.*

- **wenn ich ...** + infinitive + **würde, würde/könnte ich ...** + infinitive:

  Wenn ich nach Rom **fahren würde,** **würde** ich das Kolosseum **besichtigen**.
  *If I **went** to Rome, I **would visit** the Colosseum.*

  Wenn Thomas in Edinburgh **studieren würde,** **könnte** ich sein Zimmer **haben**.
  *If Thomas **studied** in Edinburgh, I **could have** his room.*

ich würde	wir würden	......	+ infinitive (at end)
du würdest	ihr würdet		
er/sie würde	Sie würden		
	sie würden		

! Ich wäre froh! *I would be happy!*
! Das wäre toll! *That would be great!*
! Ich hätte gern Eier, bitte. *I would like (to have) some eggs, please.*

F17 The passive

Use the passive to say – what *is done* or what *is being done* (present);
– what *was done* or what *was being done* (past).

Use **von** to say who it is or was done by.

- **Present passive:** use the present tense of **werden** with the past participle (**werden** is also the verb used in the future tense << ***F15***):

  Er **wird** von der Polizei **vernommen**. *He **is being interviewed** by the police.*
  Computerspiele **werden** meistens von jungen Leuten **gekauft**. *Computer games **are bought** mainly by young people.*

ich werde	wir werden	......	+ past participle (at end)
du wirst	ihr werdet		
er/sie wird	Sie werden		
	sie werden		

- **Past passive:** use the imperfect tense of **werden** with the past participle:

  Er **wurde** von der Polizei **vernommen**. *He **was interviewed** by the police.*
  Sie **wurden** ins Krankenhaus **gebracht**. *They **were taken** to hospital.*

ich wurde	wir wurden	......	+ past participle (at end)
du wurdest	ihr wurdet		
er/sie wurde	Sie wurden		
	sie wurden		

- You can often avoid using the passive by using **man** instead:

  Man hat sie ins Krankenhaus gebracht. *They were taken to hospital.*

F18 Werde, würde or wurde?

ich	werde	bezahlen	*I will pay*	*Future*
ich	würde	bezahlen	*I would pay*	*Conditional*
ich	werde	bezahlt	*I am paid*	*Present passive*
ich	wurde	bezahlt	*I was paid*	*Past passive*

F19 Some common irregular verbs

Infinitive	*English*	*Present (er/sie)*	*Imperfect*	*Perfect*
beginnen	*to begin*	beginnt	begann	hat begonnen
bleiben	*to stay*	bleibt	blieb	ist geblieben
brechen	*to break*	bricht	brach	hat gebrochen
bringen	*to bring*	bringt	brachte	hat gebracht
denken	*to think*	denkt	dachte	hat gedacht
essen	*to eat*	isst	aß	hat gegessen
fahren	*to go/travel*	fährt	fuhr	ist gefahren
fallen	*to fall*	fällt	fiel	ist gefallen
finden	*to find*	findet	fand	hat gefunden
fliegen	*to fly*	fliegt	flog	ist geflogen
geben	*to give*	gibt	gab	hat gegeben
gefallen	*to please*	gefällt	gefiel	hat gefallen
gehen	*to go/walk*	geht	ging	ist gegangen
gewinnen	*to win*	gewinnt	gewann	hat gewonnen
haben	*to have*	hat	hatte	hat gehabt
heißen	*to be called*	heißt	hieß	hat geheißen
helfen	*to help*	hilft	half	hat geholfen
kennen	*to know*	kennt	kannte	hat gekannt
kommen	*to come*	kommt	kam	ist gekommen
lesen	*to read*	liest	las	hat gelesen
liegen	*to lie*	liegt	lag	hat gelegen
nehmen	*to take*	nimmt	nahm	hat genommen
reiten	*to ride*	reitet	ritt	ist geritten
schlafen	*to sleep*	schläft	schlief	hat geschlafen
schlagen	*to hit*	schlägt	schlug	hat geschlagen
schließen	*to close*	schließt	schloss	hat geschlossen
schreiben	*to write*	schreibt	schrieb	hat geschrieben
schwimmen	*to swim*	schwimmt	schwamm	hat geschwommen
sehen	*to see*	sieht	sah	hat gesehen
sein	*to be*	ist	war	ist gewesen
singen	*to sing*	singt	sang	hat gesungen
sitzen	*to sit*	sitzt	saß	hat gesessen
sprechen	*to speak*	spricht	sprach	hat gesprochen
stehen	*to stand*	steht	stand	hat gestanden
steigen	*to climb*	steigt	stieg	ist gestiegen
sterben	*to die*	stirbt	starb	ist gestorben
streiten	*to quarrel*	streitet	stritt	hat gestritten
tragen	*to wear/carry*	trägt	trug	hat getragen
treffen	*to meet*	trifft	traf	hat getroffen
treiben	*to do (sport)*	treibt	trieb	hat getrieben
trinken	*to drink*	trinkt	trank	hat getrunken
verbieten	*to forbid*	verbietet	verbot	hat verboten
vergessen	*to forget*	vergisst	vergaß	hat vergessen
verlassen	*to leave*	verlässt	verließ	hat verlassen
verlieren	*to lose*	verliert	verlor	hat verloren
waschen	*to wash*	wäscht	wusch	hat gewaschen
werden	*to become*	wird	wurde	ist geworden
wissen	*to know*	weiß	wusste	hat gewusst

G Questions

- Begin a 'yes/no' question with the verb (the subject comes next):

  Schwimmst du gern? *Do you like swimming?*
  Hast du den Film gesehen? *Have you seen the film?*

- Other types of question need a question word in front of the verb:

wann?	*when?*	Wann beginnt der Film?
wo?	*where?*	Wo wohnst du?
wohin?	*where (to)?*	Wohin gehst du?
woher?	*where (from)?*	Woher kommst du?
was?	*what?*	Was kostet das Brot?
wie?	*how?*	Wie kommst du zur Schule?
	what ... like?	Wie ist dein Haus?
wie viel?	*how much?*	Wie viel kostet das?
wie viele?	*how many?*	Wie viele Sätze kannst du schreiben?
wer?	*who?*	Wer ist älter: Stefan oder Andreas?
mit wem?	*with whom?*	Mit wem gehst du in die Stadt?
warum?	*why?*	Warum willst du zu Hause bleiben?

! Wie heißt du? *What are you called?*
! Wie spät ist es? *What time is it?*
! Wie viel Uhr ist es? *What time is it?*

- ***when***

  wann means 'when' in questions: Wann fährst du nach Berlin?
  wenn means 'when'/'whenever': Wenn ich nach Berlin fahre, besuche ich meine Oma.
  als means 'when' with a past tense: Als ich in Berlin war, habe ich meine Oma besucht.

H Numbers, dates, time and measures

H1 Numbers

0	null	20	zwanzig
1	eins	21	einundzwanzig
2	zwei	22	zweiundzwanzig
3	drei	23	dreiundzwanzig
4	vier		*etc.*
5	fünf	30	dreißig
6	sechs	40	vierzig
7	sieben	50	fünfzig
8	acht	60	sechzig
9	neun	70	siebzig
10	zehn	80	achtzig
11	elf	90	neunzig
12	zwölf	100	hundert
13	dreizehn		
14	vierzehn	101	hunderteins
15	fünfzehn	200	zweihundert
16	sechzehn	999	neunhundertneunundneunzig
17	siebzehn	1000	tausend
18	achtzehn	1347	tausenddreihundertsiebenundvierzig
19	neunzehn		

H2 Ordinal numbers (first, second, etc.)

der/die/das	erste
	zweite
	dritte
	vierte
	fünfte
	sechste
	siebte
	achte
	neunte
	zehnte

- Ordinal numbers 1st–19th add **-te** to the number (a few are slightly irregular, see table above).
- Ordinal numbers 20th and over add -**ste**:

  der hundert**ste** Kunde

- Ordinals take the same endings as all other adjectives:

  am zweite**n** Tag
  am dreißigste**n** Mai

H3 Dates and time

	ein Uhr dreizehn Uhr	*one o'clock* *13.00*
	Viertel nach eins ein Uhr fünfzehn dreizehn Uhr fünfzehn	*a quarter past one* *one fifteen* *13.15*
	fünfundzwanzig nach eins ein Uhr fünfundzwanzig dreizehn Uhr fünfundzwanzig fünf vor halb zwei	*twenty-five past one* *one twenty-five* *13.25* (5 mins before half past one)
	halb zwei ein Uhr dreißig dreizehn Uhr dreißig	*half past one* *one thirty* *13.30*
	fünfundzwanzig vor zwei ein Uhr fünfunddreißig dreizehn Uhr fünfunddreißig fünf nach halb zwei	*twenty-five to two* *one thirty-five* *13.35* (5 mins after half past one)
	Viertel vor zwei ein Uhr fünfundvierzig dreizehn Uhr fünfundvierzig	*a quarter to two* *one forty-five* *13.45*

! Note that 'half past *two*' is **halb *drei*** (= halfway to three).

- Use **um** with hours and parts of hours: um drei Uhr; um Viertel nach sechs
  Use **am** with days and parts of days (except nights): am Morgen; am Freitag; am Wochenende
  Use **im** with months: im Juli; im Dezember
  Use **in** with weeks and nights: in der ersten Woche; in der Nacht
- Days and parts of days written without capitals and with an **-s** on the end express things that happen regularly:

  Meine Klavierstunde ist immer **montags**. — *My piano lesson is always **on Mondays**.*
  Wir sehen **abends** fern. — *We watch TV **in the evenings**.*

- In German, you don't use the word **in** on its own before a year. You have two options:

  Ich bin **1989** geboren.
  Ich bin **im Jahr 1989** geboren. } *I was born **in 1989**.*

H4 Measures

- Measures are not followed by any word to express 'of':

  ein Liter Milch — eine Schachtel Pralinen — eine Tüte Chips

- Measures are used in the singular even with numbers other than 'one':

  zwei Kilo Äpfel — drei Liter Milch — zehn Euro

Glossar

acc. accusative
dat. dative
f feminine
gen. genitive
m masculine
nt neuter
pl plural
pp past participle

Here's a tip
Learn the most important words for each Lektion from your Wortschatzliste worksheets.

Deutsch–Englisch

ab und zu now and again
ab wann? as from when?
Abend(e) *m* evening
abends in the evening
Abenteuer *nt* adventure
aber but
Abfalleimer(-) *m* rubbish bin
abholen to pick up, to collect
Abitur *nt* German equivalent of A-Levels
abschreiben to copy
Achtung! be careful!
Affe(n) *m* monkey
Agentur(en) *f* agency
Ägypten Egypt
Ahnung *f* idea
alle 30 Minuten every 30 minutes
allein alone
allein weil just because
allem: vor allem especially
allerlei all sorts of
alles everything
alles Liebe lots of love
als as; than; when
also so; therefore; well
Alter(-) *nt* age
im Alter von at the age of
Altersbegrenzung *f* age limit
altmodisch old-fashioned
Altstadt *f* historic town centre
Ampel(n) *f* traffic light
amüsieren: sich amüsieren to have fun
an to; on (wall) *(<< p. 201)*
Andenken(-) *nt* souvenir
andere other
ändern to change, to alter
anders different(ly)
Anfang *m* start
anfangen to start, to begin
Anfrage(n) *f* enquiry
angeben to give
Angebot(e) *nt* offer
Angst haben to be afraid
ankommen to arrive
Ankunft(¨e) *f* arrival
Annonce(n) *f* small ad
anrufen to call, to phone
anschauen to have a look at, to watch
Anschrift *f* address
ansehen to look at
Antwort(en) *f* answer
antworten to answer
Anweisung(en) *f* instruction
Anzeige f advert
anziehen: sich anziehen to get dressed
Aprikose(n) *f* apricot
Arbeit *f* work
Arbeitsplatz(¨e) *m* workplace
arbeiten to work
arbeitslos unemployed
arm poor
Art(en) *f* kind of
Arzt(¨e) *m* / **Ärztin(nen)** *f* doctor
auch also, too, as well
auch wenn even if
auf on *(<< p. 201)*
auf dem Land in the country
Aufführung(en) *f* performance
aufhängen to hang up, to put up
aufnehmen: einen Kredit aufnehmen to buy something on credit
aufpassen to pay attention
aufregend exciting
aufschreiben to write down
aufstehen to get up
aufstylen to make up
auftragen to rub in
aufwachen to wake up
Aufzug(¨e) *m* lift
aus out of, from, made of *(<< p. 201)*
ich komme mit ... gut aus I get on well with ...
Ausdruck(¨e) *m* phrase, expression
Ausflug: einen Ausflug machen to go on a trip
ausfüllen to fill in
Ausgangspunkt(¨e) *m* departure point
ausgeben to spend money
ausgehen to go out
ausgeraubt (*pp of* **ausrauben**) robbed
ausgestattet (*pp of* **ausstatten**) equipped
auskennen: sich auskennen (*bei + dat.*) to know all about
Auskunft(¨e) *f* information
auslachen to laugh at
Ausland: im/ins Ausland abroad
ausleihen to borrow
Ausrede(n) *f* excuse
aussehen to look, to look like
er sieht nett aus he looks nice
Aussehen *nt* appearance
Äußerlichkeit *f* appearance
Aussicht(en) *f* view
Aussichtsturm *m* viewing tower
aussprechen to pronounce
ausverkauft sold out
Auswahl *f* choice; selection
auswandern to emigrate
auswendig off by heart
Autobahn(en) *f* motorway
Automat(en) *m* vending machine
automatisch automatic
Autoreisezug(¨e) *m* motor-rail train
Autorennen *nt* motor racing
Autounfall(¨e) *m* car accident

backen to bake
Backpulver *nt* baking powder
Badeort(e) *m* seaside resort
Badewanne *f* bath
Bahn *f* railway, (sports) track
Deutsche Bahn German railway company
Bahnhof(¨e) *m* railway station
bald soon
Bankräuber(-) *m* bank robber
Bass *m* bass (guitar)
Bastelgeschäft(e) *nt* craft/model shop
basteln to make things
Bauer(-) *m* farmer
Baum(¨e) *m* tree
Bayern Bavaria (SE Germany)
beantworten to answer
befreundet (mit) in a relationship (with)
behindert disabled
bei: bei uns in our house, in our area
bei euch in your house
das Problem bei the problem with
beide both
Beispiel(e) *nt* example
bekannt well known
beklagen: sich beklagen to complain
bekommen to get, to receive
Belgier(-) *m* Belgian person
beliebt popular
benutzen to use
bequem comfortable(ly); convenient(ly)
Berg(e) *m* mountain
Bergbau *m* mining
bergsteigen to climb mountains
Bericht(e) *m* report
berichten to report, to talk about
Beruf(e) *m* occupation, profession
berühmt famous
beschreiben to describe
Beschreibung(en) *f* description
besichtigen to visit, to have a look round
Besitzer(-) *m* owner
besondere(r, s) special
besonders especially
bestbezahlt best-paid
bestellen to order
Bestellung(en) *f* order
Besuch(e) *m* visit
besuchen to visit
Besucher(-) *m* visitor
beträgt (price) comes to
Bettdecke(n) *f* bedcovers, quilt
bewegen: sich bewegen to move
Bewerbungsbrief *m* letter of application
bezahlen to pay
Bezahlung *f* pay, payment
Bild(er) *nt* picture
bildschön incredibly beautiful
billig cheap
binden to tie
bis until
bis bald see / hear from you soon
Bischof(¨e) *m* bishop
Biskuit(s) *nt* sponge cake
bisschen: ein bisschen a bit, a little
bitten to ask
Blatt *nt* **(Papier)** sheet (of paper)
bleiben to stay
Blick(e) *m* view
blitzen to flash with lightning
blöd stupid
Blume(n) *f* flower
Blut *nt* blood
Bonbon(s) *nt* sweet
Boot(e) *nt* boat
Bord: an Bord on board

bosnisch Bosnian
Botschaft(en) *f* embassy
Bratwurst(¨e) *f* fried sausage
brauchen to need
brechen to break
breit wide
bricht (*from* **brechen**) breaks
Brücke(n) *f* bridge
buchen to book
Buchstabe(n) *m* letter of the alphabet
buchstabieren to spell
Bude(-) *f* booth, stall
bunt colourful
Bürgermeister *m* mayor, burgomaster

ca.: circa approximately
Chlor *nt* chlorine
Chor *m* choir
christlich Christian

da there
dabei with it
dachte (*from* **denken**) thought
dafür for that
dagegen against it
damals at that time
damit so that; with it, with them
danach after that
dank (+ *dat.*) thanks to
darf (*from* **dürfen**) may, to be allowed to
darüber about it
das the, which
dass that
  sagen, dass ... to say that ...
dauern to last
Dauerschmerzen *pl* long-term pain
Daumen(-) *m* thumb
  die Daumen drücken to cross your fingers
davon about it, of it, from it
dazu for that; in addition, with that
den the, which
denken an (+ *acc.*) to think of
denn for, then, because
deprimiert depressed
der/die/dasselbe the same
  derselben Meinung of the same opinion
deshalb that's why, therefore
Diät *f* diet
dich you
dick fat
die the, which
dienen als to serve as
dieselben the same
dieser/diese/dieses this, these
dir (to) you
diskutieren to discuss
doch: komm doch mit why not come along?
Dom(e) *m* cathedral
Dönerkebab *m* doner kebab
donnern to thunder
doof stupid
Doppel- double-
Dorf(¨er) *nt* village
dort there
  dort drüben over there
dorthin there (to that place)
Dose(n) *f* tin, can
dran: du bist dran it's your turn
draußen outside
Drehcafé *nt* revolving café
drinnen inside
dritt: zu dritt three of us together
Drittel *nt* third
Droge(n) *f* drug
drüben over there
drücken to press
  die Daumen drücken to cross your fingers
Drucker(-) *m* printer
dumm stupid
dunkel dark
durch through
Durchwahltelefon *nt* direct-dial phone
dürfen may, to be allowed to

echt genuine, real(ly)
Ecke(n) f corner
egal: egal was no matter what
  das ist mir (völlig) egal I don't care (at all)
ehrlich honest; really
Ei(er) *nt* egg
eigen own, of one's own
eigentlich actually
ein paar a few
einerseits on the one hand
einfach easy, simple; easily, simply
einige some, a few
einkaufen gehen to go shopping
Einkaufen *nt* shopping
Einkäufer(-) *m* shopper
einladen to invite
einmal once
  noch einmal again
einmalig unique
einreiben to rub in
einschließlich inclusive
einsteigen in (+ *acc.*) to get into/on, to board
einstellen to recruit
einwickeln to wrap
Einzelwaschkabine *f* individual washing cubicle
eiskalt ice cold
eklig revolting
elektrisch electric
Eltern *pl* parents
Ende: zu Ende at an end, finished
endlich at last
Engel(-) *m* angel
entlang along *(<< p. 201)*
  die Straße entlang along the street
Entschuldigung(en) *f* apology; excuse me
entstehen to rise up
entwirf (*from* **entwerfen**) design
Erdbeere(n) *f* strawberry
Erde *f* earth
erfahren to find out, to learn
erfinden to make up, to invent
Erfindung(en) *f* invention
erfüllen to fulfil
ergänzen to fill in, to complete
Ergebnis(se) *nt* result
erhältig available
erklären to explain
Erkrankung *f* illness
erleben to experience
Eröffnung *f* inauguration
erst first; only, not until
Erwachsene(n) *m/f* adult
erzählen to tell
Essen(-) *nt* meal, food
Esstisch(e) *m* dining table
etwa about, around
etwas something
  etwas anderes something different, something else
euch you
euer/eure your
Europa Europe
Fabrik(en) *f* factory
Fach(¨er) *nt* school subject
Fähre(n) *f* ferry
Fahrer(-) *m* driver
Fahrpreis *m* cost of a journey
Fahrrad(¨er) *nt* bicycle
Fahrt(en) *f* journey, trip
Fall: auf jeden Fall in any case
fällt aus (*from* **ausfallen**) is cancelled
falsch false, wrong
Familienmitglied(er) *nt* family member
Familienstand *m* marital status
Fantasie *f* imagination
fantasievoll imaginative
Farbe(n) *f* colour
färben to dye, to colour
fast almost, nearly
faszinierend fascinating
faul lazy
Faust(¨e) *f* fist
fehlen to be missing
fehlend missing
Fehler(-) *m* mistake
Feier(n) *f* celebration
feiern to celebrate
Feiertag(e) *m* public holiday
Fenster(-) *nt* window
fernsehen to watch TV
Fernsehen *nt* television
  im Fernsehen on TV
Fernseher(-) *m* TV set
Fernsehturm *m* TV tower
Fertiggericht(e) *nt* ready meal
Fest(e) *nt* party, celebration, festival
Fett *nt* fat
Feuer *nt* fire
Feuerwehr *f* fire brigade
Figur(en) *f* figure
finden to find, to think
Firma (Firmen) *f* firm, company
Flamme(n) *f* flame
Fleck *m* spot, stain
Fleisch *nt* meat
Fleischkugel(n) *f* meatball
fleißig hard-working, conscientious
fliegen to fly
fliehen to flee
Flohmarkt(¨e) *m* flea market
Flug(¨e) *m* flight
Flughafen *m* airport
Flugzeug(e) *nt* aeroplane
Fluss(¨e) *m* river
Formel 1 *f* Formula 1
formelhaft formal
Formular(e) *nt* form
Fortsetzung(en) *f* next instalment
Frage(n) *f* question
Frau(en) *f* woman; wife
frech cheeky
frei free, available
Freiheit *f* freedom
freiwillig optional, voluntary
Freizeit *f* free time
fressen to eat (like animals)
freuen: ich freue mich I'm happy
  ich freue mich auf (+ *acc.*) I'm looking forward to
Freundschaft *f* friendship
frisch fresh
Frisur(en) *f* hairstyle
froh happy
früh early
  morgen früh tomorrow morning
Frühstück(e) *nt* breakfast
frühstücken to have breakfast
Frust *m* frustration
frustrierend frustrating

frustriert frustrated
fühlen: sich fühlen to feel
fuhr (*from* **fahren**) travelled
Führerschein(e) *m* driving licence
füll ... aus (*from* **ausfüllen**) fill in
Fundbüro *nt* lost property office
funktionieren to function, to work
für for *(<< p. 201)*
furchtbar awful(ly)
fürchterlich awful(ly)
Fuß: zu Fuß on foot
Fußgängerzone *f* pedestrian precinct

gab: es gab there was, there were
ganz quite, completely; whole
gar nicht not at all
gar nichts nothing at all
Garderobe(n) *f* cloakroom
Gartenanlage *f* gardens
Gast(¨e) *m* guest
Gebäude(-) *nt* building
geben to give
  geben in (+ *acc.*) to put in, pour into
gebissen (*pp of* **beissen**) bit/bitten
gebracht (*pp of* **bringen**) brought
gebraten (*pp of* **braten**) fried
gebrauchen to use
gebt ... weiter: weitergeben to pass on
Geburtsdatum *nt* date of birth
gefährlich dangerous
gefallen (*pp of* **fallen**) fell/fallen
gefallen: sie gefallen mir I like them
gefertigt made
geflogen (*pp of* **fliegen**) flew/flown
gefreut (*pp of* **sich freuen**) looked forward to
gegen against; around, at about (time)
Gegend(en) *f* area
Gegenstand(¨e) *m* object
Gegenteil(e) *nt* opposite
gegenüber opposite; towards
Gegenwart *f* present (time)
Geheimen: im Geheimen secretly
Geheimort(e) *m* secret place
geheißen (*pp of* **heißen**) called
gehen to go
  es geht um it's about
Gehminuten *pl* minutes' walk
geholfen (*pp of* **helfen**) helped
Geisterzug(¨e) *m* ghost train
gekocht (*pp of* **kochen**) cooked, boiled
  gekochtes Ei boiled egg
gelaufen (*pp of* **laufen**) ran/run
gelaunt: gut gelaunt in a good mood
Geld *nt* money
Geldverschwendung *f* waste of money
gelegen (*pp of* **liegen**) situated
gelten to be valid, to apply
Gemüse *nt* vegetables
genau exact(ly)
genervt at his/her wits' end
genug enough
Gepäck *nt* luggage
gepflegt pleasant
geprobt (*pp of* **proben**) rehearsed, tried
gerannt (*pp of* **rennen**) sprinted, raced
Gerät(e) *nt* piece of equipment
gerettet (*pp of* **retten**) saved
Gericht(e) *nt* dish, course
gern gladly
  gern haben/mögen to like
Gerste *f* barley
Geschäft(e) *nt* shop, business
Geschäftsessen(-) *nt* business meal
Geschäftspartner(-) *m* business partner
Geschenk(e) *nt* present
Geschichte(n) *f* story, history
geschlossen (*pp of* **schließen**) closed
Geschmack *m* taste
geschmolzen (*pp of* **schmelzen**) melted
geschossen (*pp of* **schießen**) shot, scored
geschrien (*pp of* **schreien**) screamed
Geschwister *pl* brother(s) and sister(s)
Gesicht(er) *nt* face
gespannt excited
gesprochen (*pp of* **sprechen**) said, pronounced
gestern yesterday
gestohlen (*pp of* **stehlen**) stolen
gestorben (*pp of* **sterben**) died/dead
gestritten (*pp of* **sich streiten**) argued
gesund healthy
Gesundheitskasse *f* health insurance company
Getränke *pl* drinks
getrennt (*pp of* **trennen**) separate(ly)
Gewalt *f* violence
gewalttätig violent
gewinnen to win
gewöhnlich usually
gewonnen (*pp of* **gewinnen**) won
geworden (*pp of* **werden**) became/become
gibt (*from* **geben**) give(s)
  es gibt there is, there are
Gift(e) *nt* poison
ging (*from* **gehen**) went
Glas *nt* glass
glauben to think, to believe
gleich now, at once; same
  ich bin gleich zurück I'll be back in a minute
Glück *nt* luck, happiness
  zum Glück fortunately, luckily
glücklich happy
gotisch gothic
Gott sei Dank! thank God!
Gottesdienst(e) *m* service
Grad *nt* degree (e.g. Celsius)
Grafik *f* diagram
gratuliere! congratulations!
Griechenland Greece
griechisch Greek
Grillfest *nt* barbecue
Gruß(¨e) *m* greeting
  mit freundlichem Gruß yours sincerely
guck mal! look!
günstig good value
Güter *pl* goods, freight
Gymnasium *nt* grammar school

Hackfleisch *nt* mince(meat)
Hafen(¨) *m* harbour
Hafer(-) *m* oats
Hähnchen *nt* chicken
Halb- half-
Hälfte(n) *f* half
Hallenbad(¨er) *nt* indoor pool
Hals *m* neck
halten to stop, to hold
Händchen halten to hold hands
Handy(s) *nt* mobile phone
harmlos harmless
hart hard
Hass *m* hatred
hassen to hate
hässlich ugly
hatte (*from* **haben**) had
hätte: hätte gern would like
  hätte kommen sollen should have come
Haupt- main, leading
Hauptstadt(¨e) *f* capital city
Haushalt *m* household
Haushaltshilfe *f* home help
Haustier(e) *nt* pet
Heft(e) *nt* exercise book
Heim(e) *nt* home
heiraten to get married
heiß hot
heißen to be called, to mean
  wie heißen ...? what do ... mean?
hektisch hectic
Held *m* hero (male)
Heldin *f* heroine
helfen (+ *dat.*) to help
hell light-coloured
Herr Ober! waiter!
heute today
hierher here (to this place)
Hilfe *f* help, helper
hilfsbereit helpful
Himmel *m* sky
hin there (to that place)
hinaufgehen to go up
hinausgehen to go outside
hindern to hinder
hinfahren to go there
Hinfahrt(en) *f* journey there
hinten at the back
hinter behind
hoch high
Hochwasser(-) *nt* flood
Hochzeit(en) *f* wedding
hoffen to hope
hoffentlich hopefully
hoffnungslos hopeless, desperate
höflich polite
holen to get, to fetch
Holz *nt* wood
Hubschrauber(-) *m* helicopter
Hund(e) *m* dog
Hundedreck *m* dog dirt
hygienisch hygienic

Idee(n) *f* idea
identifizieren to identify
ihm (to) him, (to) it
ihn him, it
ihnen (to) them
Ihnen (to) you
ihr (to) her, (to) it; their; you
Ihr your
Imbissbude *f* stall selling hot snacks
imitieren to imitate
immer always
  immer mehr more and more
  immer noch still
  immer wieder again and again
inbegriffen included
Informatik *f* ICT
Inlineskaten *nt* rollerblading
innen inside
innerhalb within
Insel(n) *f* island
Interesse *nt* interest
interessieren: sich interessieren für to be interested in
irritieren to irritate

Jägerschnitzel(-) *nt* cutlet in spicy sauce
jahrelang for years
Jahrhundert(e) *nt* century
jährlich annual(ly)
je nach according to
jeder/jede/jedes each
jederzeit at any time
jemand anyone, someone
jetzt now
joggen gehen to go jogging

Jugendfest *nt* festival for young people
Jugendliche(n) *m/f* young person
Junge(n) *m* boy
Juwelier *m* jeweller

Kabel *nt* cable
Kakao *m* cocoa
Kakaobohne(n) *f* cocoa bean
Kakaobusch(¨e) *m* cocoa bush
kam (*from* **kommen**) came
Kamerad(en) *m* friend, pal, mate
kämmen to comb
kämpfen to fight, to compete
Kanufahrt(en) *f* trip by canoe
kaputt broken
  zum Kaputtlachen hilarious
kaputtschlagen to smash up
Kästchen(-) *nt* box
Kasten(¨) *m* box
kauen to chew
kaufen to buy
kaum hardly
Keks(e) *m* biscuit
kennen to know
  sich auskennen (**bei** + *dat.*) to know all about
  kennen lernen to get to know
Kfz *nt* vehicle
Kind(er) *nt* child
kinderreich with many children
Kinderwagen(-) *m* pram
Kindheit *f* childhood
kindisch childish
Kirche(n) *f* church
Klamotten *pl* clothes
Klapp-Computer(-) *m* laptop computer
klar clear(ly), of course
Kleidung *f* clothes
Klima(s) *nt* climate
klingen to sound
Kneipe(n) *f* pub
kochen to cook, to boil
Kölner of Cologne
komisch funny, strange
komischerweise in a strange way
komm rein come in
kommend coming
kommunizieren to communicate
kompliziert complicated
Konditorei *f* cake shop
können can, to be able to
kontaktierbar contactable
kontrovers controversial
Köpfchen *nt* brain
kopieren to copy
Körper(-) *m* body
korrigieren to correct
Kosmetika *pl* cosmetics
kostenlos free of charge
krank sick, ill
Krankenwagen(-) *m* ambulance
Kreditaufnehmen *nt* buying on credit
kriegen to get
Krimi(s) *m* thriller, detective story/film
Küche(n) *f* kitchen; cuisine, cooking
Kuchenform(e) *f* baking/cake tin
Kugel(n) *f* ball, scoop (of ice cream)
kühl cool
kundenfreundlich customer friendly
Kunde(n) *m* / **Kundin(nen)** *f* customer
Kurs(e) *m* course

lächeln to smile
lachen to laugh
Laden(¨) *m* shop
lag (*from* **liegen**) lay
Lage(n) *f* situation
Lager(-) *nt* camp
Land: auf dem Land in the country
langsam slow(ly)
langweilig boring
Lärm *m* noise
lassen to leave; to let, to allow
Lastwagen(-) *m* lorry
laufen to run
  es läuft gut it goes well
launisch moody
laut loud, noisy
Lawine(n) *f* avalanche
leben to live
Leben *nt* life
Lebensrettung *f* saving of life
Lebensstil *m* lifestyle
lebhaft lively
ledig single (unmarried)
leer empty
legen to lay, to put
Legende(n) *f* key, legend
Lehre(n) *f* apprenticeship
leicht easy; light
Leid: es tut mir Leid I'm sorry
leider unfortunately
Leine *f* lead (for dog)
Leintuch(¨er) *nt* sheet
Lernen *nt* education
Leser(-) *m* reader
Leute *pl* people
Licht(er) *nt* light
lieb dear; lovely; really nice
  das ist lieb von dir that's kind of you
Liebe *f* love
lieben to love
lieber: mag lieber prefer(s)
  möchte lieber would prefer
Lieblings- favourite
Lied(er) *nt* song
liegen to lie, to be situated
liegen lassen to leave behind
Likör *m* liqueur
Limo *f* lemonade
Linie(n) *f* line, bus route
Lkw(s) *m* HGV
los: es ist immer was los there's always something happening
  es ist viel los there's a lot going on
  losfahren to drive off
lösen to solve
Luft *f* air
  in die Luft gehen to get really angry
Lust: ich habe Lust, zu ... I'd like to ...
lustig cheerful, funny, fun

machen to do, to make
  mach mit (*from* **mitmachen**) join in
  mach ... zu (*from* **zumachen**) close
  mach's gut! all the best!, good luck!
Mädchen(-) *nt* girl
mag (*from* **mögen**) like(s)
  mag lieber prefer(s)
  mag am liebsten like(s) best
magisch magical(ly)
Mahlzeit(en) *f* meal
mal: hören Sie mal! just listen to me!
  warst du mal in ...? have you ever been to ...?
Mal(e) *nt* time
  -mal: viermal four times
malen to paint
man you, one, people
manche many, some
manchmal sometimes
Mann(¨er) *m* man, husband
Mannschaft(en) *f* team
Marke(n) *f* brand
Markenklamotten *pl* designer clothes
Marmorkuchen(-) *m* marble cake
Märtyrer(-) *m* martyr
Maskenball *m* fancy-dress ball
mehr more
  nie mehr never again
meinen to think, to be of the opinion
Meinung(en) *f* opinion
  meiner Meinung nach in my opinion
meist most
meistens mostly, usually
Meisterstück(e) *nt* masterpiece
Mensch(en) *m* person, human being; gosh!
menschlich human
Metzger(-) *m* butcher
mich me
Mindestbestellwert *m* minimum order
mindestens at least
mir (to) me
mit wem? who with?
mitnehmen to take with me/you
Mitarbeiter *pl* workers
miteinander together
mitfeiern to celebrate together
mitmachen to join in
Mittelmeer *nt* Mediterranean
Mittelpunkt *m* centre of attention
mitten in in the middle of
mitten durch through the middle of
Mittwoch Wednesday
Mode *f* fashion
Modegeschäft(e) *nt* clothes shop
Modeladen *m* clothes shop
modisch fashionable
mögen to like
möglich possible
monatlich monthly
Mond *m* moon
Mord *m* murder
morgen tomorrow
  morgen früh tomorrow morning
morgens in the morning
Moschee(n) *f* mosque
müde tired
Müll *m* rubbish
Müllabfuhr *f* rubbish collection
müssen must, to have to

nach after; to (*<< p. 202*)
  fragen nach to ask for
Nachbar(n) *m* neighbour
nachdem after
Nachmittag(e) *m* afternoon
Nachmittagsunterricht *m* afternoon school
Nachnahme *f* cash on delivery
Nachrichten *pl* news
nachschauen to look up
nächste nearest, next
Nacht(¨e) *f* night
Nachteil(e) *m* disadvantage
nah near, close
Nähe: in der Nähe von (+ *dat.*) near
  hier in der Nähe nearby
nähen to sew
näher nearer
Name(n) *m* name
Nasenring(e) *m* nose-ring
nass wet
natürlich of course, naturally
Naturwissenschaften *pl* science(s)
neben next to
nehmen to take
Nerven: das geht mir auf die Nerven that gets on my nerves

nervös nervous
nett nice, friendly
neu new
nicht mal not even
nicht viel not much
nichts nothing
nichts mit ... zu tun nothing to do with ...
nie never
niemand nobody, no one
nimmt (*from* **nehmen**) takes
noch more, still, yet
immer noch still
noch ein another
noch einmal once again
noch mehr even more
noch nicht not yet
Nordseeinsel(n) *f* island in the North Sea
normalerweise normally, usually
Note(n) *f* exam/school mark
notieren to note
Notruf *m* emergency services
notwendig necessary
nur only
nutzen to use
nützlich useful

ob whether
oben above, upstairs, up at the top
Obst *nt* fruit
obwohl although
oder or; isn't it?
öffnen to open
oft often
öfter more often
ohne without
Ohrenschmalz *nt* ear wax
Ohrring(e) *m* earring
ordentlich tidy
ordnen to put in order
Ort(e) *m* place
Österreich Austria
Ostsee *f* Baltic Sea

Papierpackung(en) *f* paper wrapper
Parabel *f* parable
parken to park
Parkhaus(¨er) *nt* multistorey car park
Passagier(e) *m* passenger
passen zu (+ *dat.*) to match, to go with, to fit
passend suitable, matching
passieren to happen
Pedale: die Pedale treten to pedal
peinlich embarrassing
Person(en) *f* person
persönlich personal(ly)
Pfanne(n) *f* frying pan
Pferd(e) *nt* horse
Pkw *m* car
Plakat(e) *nt* poster
Plan(¨e) *m* plan
Platz(¨e) *m* square (in town), space
plötzlich suddenly
Polen Poland
Pommes = Pommes frites *pl* chips
Pommesbude(n) *f* chippy, chip van
Portmonee *nt* purse
praktisch convenient, practical(ly)
Präsens *nt* present
präsentieren to present
Preis(e) *m* price; prize
Preisliste *f* price list
Priester(-) *m* priest
Prise(n) *f* pinch
pro per
Probe(n) *f* rehearsal
probieren to try, to rehearse
Problem: das Problem bei the problem with
problemlos problem-free
Produkt(e) *nt* product
Programmiererin *f* programmer
prosit! cheers!
Prozent *nt* per cent
Prüfung(en) *f* exam
Pulver *nt* powder
Punkt(e) *m* point
Punkt 18 Uhr at 6 p.m. on the dot
pünktlich punctual
putzen to clean

Quatsch! rubbish!, nonsense!

Rad(¨er) wheel, bicycle
Radverleih *m* bikes for hire
raten to guess
Ratte *f* rat
Rattenfänger *m* Pied Piper
rauben to rob
rauchen to smoke
Raum(¨e) *m* room
raus out (of the room)
reagieren to react
Realität *f* reality
Rechner(-) *m* calculator
Rechnung(en) *f* bill
recht right; really
Recht *nt* right
rechtzeitig in time
reden to talk, to speak
Redewendung(en) *f* idiom, expression
Regel(n) *f* rule, regulation
Regen(-) *m* rain
Regenschauer(-) *m* rain shower
Regenschirm(e) *m* umbrella
registrieren: sich registrieren lassen to register
regnen to rain
reiben to rub
reich rich
reichhaltig broad, full
Reihenfolge *f* order
rein into (the room); pure, clean
Reise(n) *f* journey
Reisebüro(s) *nt* travel agent's
reklamieren: Geld reklamieren to ask for your money back
rennen to sprint, to race
Rennen *nt* race
Rennfahrer(-) *m* racing driver
Rest(e) *m* rest, remains
Restaurierung *f* restoration
retten to rescue
Rettungsmannschaft(en) *f* rescue team
richtig right, correct(ly)
riechend nach (+ *dat.*) smelling of
riesig huge, enormous
Rolle(n) *f* role, part
Rollenspiel *nt* role-play
Rom Rome
Römer(-) *m* Roman
rosa pink
rosig rosy
Rückfahrt(en) *f* journey back
rufen to call
anrufen to call, to phone
Ruhe *f* peace, quietness
Ruhezeit(en) *f* time of quiet
ruhig quiet, peaceful
rund about, around; round
Rundfahrt(en) *f* (round) trip
runtermachen to bully

Sache(n) *f* thing
Saft *m* juice
Sage(n) *f* legend, saga
sagen to say
Saison *f* season
Salatteller(-) *m* plate of salad
Salbe(n) *f* lotion
sammeln to collect
saß (*from* **sitzen**) sat
satt full
Satz(¨e) *m* sentence
sauber clean
Sauerbraten *m* braised beef
schade a pity, a shame
Schäferhund(e) *m* alsatian
Schallplatte(n) *f* record
Schnaps *m* (alcoholic) spirits
schau (*from* **schauen**) look
schau ... an look at
schau ... nach look up
Schaufenster(-) *nt* shop window
Schauspieler *m* actor
Scheck(s) *m* cheque
Scheibenhonig! damn!
Schein(e) *nt* banknote
scheinen to shine, to seem
schenken to give as a present
scheußlich awful, dreadful
schicken to send
schießen to score, to shoot
Schiff(e) *nt* ship
schimpfen über (+ *acc.*) to complain about
schlafen to sleep
Schlafsack *m* sleeping bag
Schlag(¨e) *m* blow
Schlagsahne *f* whipped cream
Schlange(n) *f* snake, queue
schlank slim
Schlauchboot(e) *nt* rubber dinghy
schlecht bad
schlimm bad
schlimmste worst
Schlittschuhlaufen *nt* ice-skating
Schloss(¨er) *nt* castle, palace
Schluss machen (**mit** + *dat.*) to put an end to
schmecken to taste
es schmeckt mir I like it, it tastes good
Schmuck *m* jewellery
schmücken to decorate
schmutzig dirty
schneebedeckt covered with snow
schnell fast, quick(ly)
Schnellrestaurant *nt* fast-food restaurant
schnorcheln to snorkel
Schokoladenei(er) *nt* chocolate egg
schon already
schrecklich awful(ly), terrible
schreiben to write
schreib ... ab copy
schreib ... auf write down
Schulden *pl* debts
Schüleraustausch(e) *m* school exchange
schulfrei holiday from school
Schuljahresende *nt* end of the school year
Schwarzwälder Kirschtorte(n) *f* Black Forest gateau
Schwein(e) *m* pig
schwer hard, difficult
ganz schön schwer pretty hard
schwerhörig hard of hearing
schwierig difficult
See(n) *f* sea

See(n) *m* lake
Segelschiff(e) *nt* sailing ship
Segler(-) *m* / **Seglerin(nen)** *f* sailor
Sehenswürdigkeit(en) *f* tourist site
sehnen: sich sehnen nach to long for
sehr very
sei be
Seilbahn(en) *f* cable railway
sein his, its; to be
seit since *(<< p. 202)*
Seite(n) *f* page, side
Sekt *m* sparkling wine
selber: ich selber I myself
selbst oneself, myself, etc.
seltsam strange
Sender *m* TV/radio station
Sendung(en) *f* TV/radio programme
Senf *m* mustard
servieren to serve
setzen to put
  sich setzen to sit down
sicher safe, certain, sure(ly)
sichtbar visible
sie she, her, it; they, them
Sie you
sieh dir ... an (*from* **sich ansehen**) look at
siehe refer to
sieht ... aus (*from* **aussehen**) looks like
Silbermine(n) *f* silver mine
sitzen to sit
Skateboard *nt* skateboard
Ski(er) *m* ski
Skipiste(n) *f* ski run, piste
Sklaverei *f* slavery
so ein(e) such a, what a
  so ein Unsinn! what nonsense!
  so was such a thing, such things
sofort straight away, at once
Sohn(¨e) *m* son
sollen should, ought to
  sollen wir? shall we?
  sollte should
Sonderangebot *nt* special offer
sondern but (rather)
Sonnenbrille *f* sunglasses
Sonnenschein *m* sunshine
sonst otherwise
Soße(n) *f* sauce, gravy
sowie as well as
Spanien Spain
spannend exciting
sparen to save
Sparkasse *f* savings bank
Spaß machen to be fun
spät late
spazieren gehen to go for a walk
Speck *m* bacon
Speise(n) *f* dish
Speisekarte(n) *f* menu
Speisewagen *m* dining car
spielt ... vor (*from* **vorspielen**) perform
spinnen to joke
Spion(e) *m* spy
spitz sharp
spitze! great!
Sportanlage *f* sports hall and facilities
Sportart(en) *f* type of sport
Sporteinrichtung(en) *f* sports facility
Sportgerät(e) *nt* sports equipment
spricht ... aus: aussprechen to pronounce
springen to jump
Staatsangehörigkeit *f* nationality
Stab(¨e) *m* bar, rod
Stadtleben *nt* city life
Stadtrand *m* edge of the town
Stadtviertel(-) *nt* area of town
Stahl *m* steel
Standesamt(¨er) *nt* registry office
stattfinden to take place
Staubsauger(-) *m* vacuum cleaner
stehen to stand
stehlen to steal
steigen to rise; to climb
steigen ... ein: einsteigen to get into/on, to board
steil steep
Stein(e) *m* stone
Stelle(n) *f* job, place
stellen to ask (a question)
Stellplatz(¨e) *m* pitch for tent/caravan
sterben to die
  zum Sterben langweilig dead boring
steril sterile
Stern(e) *m* star
still still, silent
Stille *f* quietness, stillness
Stimmung *f* atmosphere
Stock: im ersten Stock on the first floor
Straßenecke(n) *f* street corner
Straßenrand *m* side of the street
Strecke(n) *f* stretch
streichen to spread
Streit(e) *m* argument, quarrel
streiten: sich streiten to argue
streng strict
Stromleitung(en) *f* electric power line
Stück(e) *nt* piece, play
studieren to study
Stufe(n) *f* step
Stuhl(¨e) *m* chair
Stunde(n) *f* hour; lesson
stundenlang for hours
stündlich hourly
stur stubborn
suchen to look for, to search for
surfen to surf
süß sweet
Süßigkeit(en) *f* sweet
sympathisch nice, friendly
Szene *f* scene

Tabelle(n) *f* grid, table, chart
Tagebuch(¨er) *nt* diary
tagelang for days on end
täglich daily
Tankstelle(n) *f* petrol station
tanzen to dance
Tanzveranstaltung *f* dance
Tasse(n) *f* cup
Tätowierung(en) *f* tattoo
tauschen to exchange
Teil(e) *m/nt* part
teilen to share
teils partly
teilweise partially
telefonieren (mit + *dat.*) to phone
Teller(-) *m* plate
Tempo(s) *nt* tissue
teuer expensive
teurer more expensive
Theaterspiel(e) *nt* play
Thema (Themen) *nt* theme, topic, subject
tief deep
Tier(e) *nt* animal
Tierarzt(¨e) *m* vet
Tierheim(e) *nt* home for stray animals
Tierversuch(e) *m* experiment on animals
Tisch(e) *m* table
Titel *m* title
Tochter(¨) *f* daughter
tödlich fatal
toi-toi-toi! good luck!
tonnenweise tons of
Tor(e) *nt* gate, goal
total total(ly)
Tote(n) *m* dead person
Touren: auf vollen Touren full pelt
traf (*from* **treffen**) met
tragbar portable
träufeln in (+ *acc.*) to put drops into
traumhaft idyllic
traurig sad
treffen to meet
Treffpunkt *m* meeting place
treiben: Sport treiben to do sport
Treppe *f* step, staircase
Tropfen(-) *m* drop
trotzdem nevertheless
Truthahn *m* turkey
Tscheche *m* Czech person
Tuch(¨er) *nt* towel
tun to do
  nichts mit ... zu tun nothing to do with
Tür(en) *f* door
Türkei *f* Turkey
Turnhalle(n) *f* gym hall
Turnier(e) *nt* tournament
Tüte(n) *f* paper/plastic bag
Typ(en) *m* chap, guy; type
typisch typical

üben to practise
über about; over, above; more than; by means of
überall everywhere
überfüllt over-full
überhaupt nicht not at all
überholen to overtake
Überstunden *pl* overtime
übrig bleiben to be left over
um around *(<< p. 202)*
  es geht um ... it's about ...
  um ... zu ... in order to ...
Umfrage *f* survey
umziehen to move house
Umzug(¨e) *m* procession
unbedingt at all costs
unendlich infinite
Unfall(¨e) *m* accident
Ungarn Hungary
ungeduldig impatient
ungefähr approximately, about
ungesund unhealthy
unglaublich incredible
unheimlich weird, sinister
Universum *nt* universe
unordentlich untidy
unser our
Unsinn *m* nonsense
unten downstairs
unter under
Unterführung(en) *f* subway
Untergeschoss *nt* basement
Untergrundzug(¨e) *m* underground train
Unterricht *m* teaching, lessons
unterstrichen underlined
Untertitel *m* subtitle
unterwegs on the journey, on the way
unzählig countless
Urgroßvater(¨) *m* great-grandfather
usw. (**und so weiter**) etc.

Vanillesoße *f* custard
Vanillezucker *m* vanilla-flavoured sugar

Vegetarier(-) *m* / **Vegetarierin(nen)** *f* vegetarian person
vegetarisch vegetarian
verändern: sich verändern to change
verbessern to improve
verbieten to forbid, to ban
verbinden to connect, to link
Verbindung *f* connection
verbracht (*pp of* **verbringen**) spent
Verbrecher(-) *m* criminal
verbringen to spend (time)
verdienen to earn (money)
Vergangenheit *f* past
vergessen to forget
vergiss (*from* **vergessen**) forget
Vergleich(e) *m* comparison
vergleichen to compare
verheiratet married
verkaufen to sell
Verkäufer(-) *m* / **Verkäuferin(nen)** *f* shop assistant
verkauft (*pp of* **verkaufen**) sold
Verkehr *m* traffic
Verkehrsamt(¨er) *nt* tourist office
verkehrsreich busy with traffic
verlassen to leave
Verleih *m* (for) hire
verletzt wounded, injured
Verletzung(en) *f* injury
verlieben: sich verlieben to fall in love
verliebt in love
verlieren to lose
verloren (*pp of* **verlieren**) lost
vermieten to hire, to rent; to rent out
vermisst (*pp of* **vermissen**) missed
Verpackungsmaterialien *pl* packaging
verpassen to miss
Versandpauschale *f* cost of despatch
verschenken to give away
verschieden different, various
Verschwendung *f* waste
verschwunden (*pp of* **verschwinden**) disappeared
Versicherung *f* insurance
verstecken to hide
verstehen to understand
versuchen, zu ... to try to ...
versunken (*pp of* **versenken**) sank/sunk
Verwandte *pl* relatives
verwenden: Zeit verwenden (**auf** + *acc.*) to spend time (on)
viel much, a lot of
  viele many, a lot of
  vieles mehr much more
  zu viel too much
vielleicht perhaps, maybe
Viertel(-) *nt* quarter, part of town
Vogel(¨) *m* bird
Volksfest *nt* folk festival
voll full
von wem from whom?
vor before; in front of *(<< p. 202)*
vor zehn Jahren ten years ago
vor allem especially
vorbei over, past
vorbereiten: sich vorbereiten auf (+ *acc.*) to prepare for
vorher before
vorkommen to appear
vorlesen to read aloud
Vormittag(e) *m* morning
Vorname(n) *m* first name
vorne at the front
Vorstellungsgespräch *nt* interview
Vorteil(e) *m* advantage
Vorwahl *f* dialling code

wachsen to grow
Wagen(-) *m* car; carriage
wählen to choose
wahlweise mit with a choice of
wahr true
während while; during
Wald(¨er) *m* wood, forest
Wand(¨e) *f* wall
wandern gehen to go hiking
Wanderung(en) *f* hike, walk
war was
wäre would be
waren were
warm warm, hot (food)
Wärme *f* warmth
warnen to warn
warten (**auf** + *acc.*) to wait (for)
warum? why?
was what
  was (= **etwas**) something
  was für what, what kind of
  was passt zusammen? what goes together?
Waschstraße(n) *f* car wash
Wasser *nt* water
wecken to wake
Wecker(-) *m* alarm clock
weg away
Weg(e) *m* path, track, way
wegen because of
wehgetan (*pp of* **wehtun**) hurt
Wehwehchen *pl* little aches and pains
Weihnachten *pl* Christmas
Weinangebot(e) *nt* choice of wine
weiß (*from* **wissen**) know(s)
weit far
weiter further
weiterfahren to drive on
welcher/welche/welches? which?
Welt *f* world
  um die Welt round the world
weltberühmt world famous
Weltmeister *m* champion
wenden: sich wenden an (+ *acc.*) to turn to
wenig little
weniger less
wenn when, if, whenever
wer who, whoever
Werbung(en) *f* advert
werden to become; will (in future)
Werkstatt(¨en) *f* workshop
Wetter *nt* weather
wichtig important
wie as, like; how?, what ... like?
  wie du willst as you want
  wie heißen ...? what do ... mean?
wieder again
wiederholen to repeat
wiegen to weigh
Wikingerboot(e) *nt* Viking boat
will (*from* **wollen**) want(s) to
willkommen welcome
Windrad(¨er) *nt* sail (of windmill)
winzig tiny
wirklich really
Wirklichkeit *f* reality
Wirtschaftswissenschaft *f* economics
wissen to know
Witz(e) *m* joke
wo where
Wochentag(e) *m* weekday
wöchentlich weekly
wofür? for what?
woher? where from?
wohin? where to?
Wohnblock(¨e) *m* block of flats
Wohnmobil(e) *nt* camper van
Wohnung(en) *f* flat
Wohnwagen(-) *m* caravan
Wolke(n) *f* cloud
wollen to want to
worden: ist gestohlen worden has been stolen
Wort(¨er) *nt* word
Wortfolge *f* word order
Wortnetz(e) *nt* word-web, spider diagram
Wortschatz *m* vocabulary
worüber about what
wunderbar wonderful(ly)
wunderschön beautiful
Wunsch(¨e) *m* wish
Wurststube(n) *f* place to eat cooked sausages
wusste (*from* **wissen**) knew
wütend furious

z.B. (zum Beispiel) e.g. (for example)
zahlen to pay
zahm tame
Zahnarzt(¨e) *m* / **Zahnärztin(nen)** *f* dentist
zeichnen to draw
Zeichnung(en) *f* drawing
zeigen (**auf** + *acc.*) to point (at), to show
Zeile(n) *f* line (in a text)
Zeit *f* time
  jederzeit at any time
Zeitschrift(en) *f* magazine
Zeitung(en) *f* newspaper
Zeitverschwendung *f* waste of time
zelten to camp
Zentner(-) *m* hundredweight
Zentralheizung *f* central heating
zerstört (*pp of* zerstören) destroyed
Zeugnis(se) *nt* school report
Ziege(n) *f* goat
ziehen to pull, to drag
Ziel(e) *nt* destination
ziemlich quite
zischen to hiss
zogen (*from* **ziehen**) pulled, dragged
zu to; too *(<< p. 202)*
  zu fünft in a group of five
  zu Hause at home
zuerst first, to begin with
Zug(¨e) *m* train
Zugang *m* access
zuhören to listen (to)
Zukunft *f* future
zum: zum Beispiel for example
  zum einen ..., zum anderen ... on the one hand ..., on the other ...
  zum selben Thema on the same theme
zumachen to close
Zungenbrecher(-) *m* tongue-twister
zurück back
zusammen together
zusammenpassen to match, to go together
zuständig responsible
zuverlässig reliable
zweieinhalb two and a half
Zwiebelsuppe *f* onion soup
Zwillinge *pl* twins
zwischen between

Englisch–Deutsch

about: to talk about reden über
about 50 people ungefähr 50 Leute
at about 6 p.m. gegen 18 Uhr
abroad: to go abroad ins Ausland fahren
to live abroad im Ausland wohnen
adult Erwachsene(n) *m/f*
after nach (+ *dat.*)
after that danach
afternoon Nachmittag *m*
in the afternoon am Nachmittag
against gegen (+ *acc.*)
ago: two days ago vor zwei Tagen
already schon
also auch
always immer
animal Tier(e) *nt*
apple Apfel(¨) *m*
arm Arm(e) *m*
to **arrive** ankommen (bin angekommen)
at my house bei mir
aunt Tante(n) *f*
Australia Australien
Austria Österreich
awful schrecklich, furchtbar, fürchterlich

beach Strand(¨e) *m*
beautiful schön
because weil
behind hinter
Belgium Belgien
between zwischen (+ *dat. or acc.*)
bike Rad(¨er) *nt*
biro Kugelschreiber(-) *m*, Kuli(s) *m*
biscuit Keks(e) *m*
black schwarz
boy Junge(n) *m*
to **brake** bremsen (habe gebremst)
bread Brot *nt*
broken gebrochen, kaputt
brother Bruder(¨) *m*
to **buy** kaufen (habe gekauft)

cake Kuchen(-) *m*
can können (ich kann)
can't: I can't stand ... ich kann ... nicht leiden
Canada Kanada
car Auto(s) *nt*
cassette Kassette(n) *f*
CD CD(s) *f*
centre Mitte *f*, Zentrum *nt*
town centre Stadtmitte *f*
cheap billig
child Kind(er) *nt*
chocolate Schokolade *f*
closed geschlossen, zu
cold kalt
to **come** kommen (bin gekommen)
are you coming? kommst du?
comfortable bequem
computer Computer(-) *m*
computer game Computerspiel(e) *nt*
could you? könnten Sie?, könntest du?
course: of course natürlich
cow Kuh(¨e) *f*

to **dance** tanzen (habe getanzt)
dangerous gefährlich
department Abteilung(en) *f*
department store Kaufhaus(¨er) *nt*
different: different people verschiedene Leute
it's different es ist anders
difficult schwierig, schwer
disk Diskette(n) *f*
to **do** machen (habe gemacht)
I like doing sport ich treibe gern Sport
doctor Arzt(¨e) *m* / Ärztin(nen) *f*
down unten
down the road die Straße hinunter
to **drink** trinken (habe getrunken)
drinks Getränke *pl*
dry trocken
during während (+ *gen.*)
during the holidays während der Ferien

each jeder, jede, jedes
early früh
easy einfach, leicht
to **eat** essen (habe gegessen)
e-mail E-mail(s) *f*
to **e-mail** eine E-mail schicken
England England
especially besonders
evening Abend(e) *m*
every evening abends
in the evening am Abend
every: every day jeden Tag
everything alles
everywhere überall
exam Prüfung(en) *f*
excited aufgeregt
exciting spannend
expensive teuer

to **fall** fallen (bin gefallen)
fantastic fantastisch, toll
fast schnell
favourite Lieblings-
for für (+ *acc.*)
I've been learning German for 4 years ich lerne seit 4 Jahren Deutsch
France Frankreich
friend Freund(e) *m* / Freundin(nen) *f*
fruit Obst *nt*

German deutsch; *(language)* Deutsch
Germany Deutschland
to **get** bekommen, kriegen
I get on well with him ich komme mit ihm gut aus
to **get into/on** einsteigen in (+ *acc.*)
to **get out of / off** aussteigen aus (+ *dat.*)
girl Mädchen(-) *nt*
to **give** geben (habe gegeben), schenken (habe geschenkt)
to **go** gehen (bin gegangen), fahren (bin gefahren)
got: have you got a brother? hast du einen Bruder?
grandfather Großvater *m*, Opa *m*
grandmother Großmutter *f*, Oma *f*
great toll, wunderbar
green grün
grey grau

half: half past two halb zwei
one and a half anderthalb
three and a half dreieinhalb
hand Hand(¨e) *f*
on the one hand ..., on the other hand ... auf der einen Seite ..., auf der anderen Seite ...
happy glücklich, froh
hard *(not soft)* hart; *(difficult)* schwer, schwierig
head Kopf(¨e) *m*
her: her mother ihre Mutter
I like her ich mag sie
with her mit ihr
hill Hügel(-) *m*
him: I like him ich mag ihn
with him mit ihm
his sein
homework Hausaufgabe(n) *f*
horse Pferd(e) *nt*
hot heiß
hour Stunde(n) *f*
for hours stundenlang
house Haus(¨er) *nt*
how wie?
how do you say ...? wie sagt man ...?
hurt: it hurts es tut weh
she is hurt sie ist verletzt

ice cream Eis *nt*
in in (+ *acc. or dat.*)
in summer im Sommer
in the evening am Abend
India Indien
Ireland Irland
Italy Italien

keyboard *(instrument)* Keyboard *nt*; *(computer)* Tastatur *f*
kitchen Küche(n) *f*

last: last week letzte Woche
to **last** dauern (hat gedauert)
late spät
laugh lachen (habe gelacht)
lazy faul
to **leave** verlassen (habe verlassen)
leg Bein(e) *nt*
less weniger
letter Brief(e) *m*; *(of alphabet)* Buchstabe(n) *m*
like: I'd like ich möchte
to **listen to** hören (habe gehört)
to **live** leben, wohnen
lots of viele

man Mann(¨er) *m*
maybe vielleicht
meat Fleisch *nt*
message: can I leave/take a message? kann ich etwas ausrichten?
money Geld *nt*
month Monat(e) *m*
morning Morgen *m*
tomorrow morning morgen früh
motorway Autobahn(en) *f*
mountain Berg(e) *m*
mouse Maus(¨e) *f*

near in der Nähe von (+ *dat.*)
nearly fast
nerves: he gets on my nerves er geht mir auf die Nerven
never nie
new neu
next: next year nächstes Jahr
next to neben (+ *dat. or acc.*)
nice schön; *(person)* lieb
nonsense! Quatsch!, Unsinn!
normally normalerweise
Northern Ireland Nordirland
nothing nichts
now jetzt
now and then ab und zu

often oft
only nur
open geöffnet
opposite gegenüber (+ *dat.*)
or oder
our unser

Pakistan Pakistan
past: quarter past Viertel nach
 to **go past** an (+ *dat.*) vorbeigehen
pen Stift(e) *m*
pencil Bleistift(e) *m*
people Leute *pl*
perhaps vielleicht
person Mensch(en) *m*, Person(en) *f*
pet Haustier(e) *nt*
to **phone** anrufen (habe angerufen), telefonieren mit (+ *dat.*) (habe telefoniert)
photo Foto(s) *nt*
picnic: to have a picnic ein Picknick machen
picture Bild(er) *nt*
plane Flugzeug(e) *nt*
to **play** spielen (habe gespielt)
please bitte
poem Gedicht(e) *nt*
police station Polizeirevier *nt*
post office Postamt *nt*
postcard Postkarte *f*
prefer: I'd prefer ich möchte lieber, ich würde lieber
present Geschenk(e) *nt*
probably wahrscheinlich
programme (TV, radio) Sendung(en) *f*

quarter: quarter past Viertel nach
 quarter to Viertel vor
queue Schlange *f*
quite ziemlich

raining: it's raining es regnet
 it was raining es hat geregnet
to **read** lesen (habe gelesen)
really wirklich
restaurant Restaurant *nt*, Gaststätte *f*
right: I'm right ich habe Recht
 the right answer die richtige Antwort
river Fluss(¨e) *m*
to **run** laufen (bin gelaufen)

school Schule(n) *f*
Scotland Schottland
to **see** sehen (habe gesehen)
to **send** schicken (habe geschickt)
shop Laden(¨) *m*, Geschäft(e) *nt*
shopping: to go shopping einkaufen gehen
 we did the shopping wir sind einkaufen gegangen
short kurz
sister Schwester(n) *f*
slow(ly) langsam
to **smoke** rauchen (habe geraucht)
somebody jemand
something etwas
sometimes manchmal
song Lied(er) *nt*
soon bald
sorry: I'm sorry (that) es tut mir Leid (, dass)
Spain Spanien
special besondere
special offer Sonderangebot *nt*
to **spend:** *(time)* verbringen; *(money)* ausgeben
stamp Briefmarke(n) *f*
stand: I can't stand ... ich kann ... nicht leiden
stupid doof, dumm
suddenly plötzlich
Switzerland die Schweiz *f*

to **take** nehmen (habe genommen)
team Mannschaft(en) *f*
to **telephone** anrufen (habe angerufen), telefonieren mit (+ *dat.*) (habe telefoniert)
then dann
there da, dort
 there is/are es gibt
 there was/were es gab
to **think** *(have opinion)* glauben, meinen, finden; *(reflect)* denken
through durch (+ *acc.*)
time: we had a good time es hat Spaß gemacht
today heute
together zusammen
tomorrow morgen
town Stadt(¨e) *f*
train Zug(¨e) *m*
 by train mit dem Zug
tree Baum(¨e) *m*
true wahr
TV: I watch TV ich sehe fern
 on TV im Fernsehen
 TV set Fernseher(-) *m*

uncle Onkel(-) *m*
unfortunately leider
unhappy unglücklich
USA die USA *pl*, Amerika, die Vereinigten Staaten *pl*
useful nützlich
usually normalerweise

vegetable Gemüse(-) *nt*
very sehr
village Dorf(¨er) *nt*
to **visit** *(people, place)* besuchen, *(place)* besichtigen

Wales Wales
to **watch TV** fernsehen (habe ferngesehen)
to **wear** tragen (habe getragen)
week Woche(n) *f*
 last week letzte Woche
 next week nächste Woche
went: I went ich bin gegangen, ich bin gefahren
wet nass
what was
 what's ... in German? wie sagt man ... auf Deutsch?
when *(question)* wann?; *(in the past)* als; *(whenever)* wenn
where wo
 where are you from? woher kommst du?
 where are you going? wohin fährst du?
white weiß
who wer
why warum
wide breit, weit
windy windig
without ohne (+ *acc.*)
woman Frau(en) *f*
work Arbeit *f*
 out of work arbeitslos
to **work** arbeiten (habe gearbeitet)
wrong falsch
 you're wrong du hast Unrecht
yellow gelb
yesterday gestern
your dein, euer, Ihr

zoo Zoo *m*

Acknowledgements

The authors and publisher would like to thank the following people, without whose support they could not have created ***Mach mit!:***

Carolyn Parsons for the development of the materials
Julie Adams, Heather Rendall and Peter Spain for detailed advice throughout the writing
Michael Spencer for writing worksheets
Keith Tomlins for creating and writing the assessment sections
Staff and pupils of the *Deutsche Schule*, London, and in particular Susan Avenell, for helping to provide speakers
Julia Harding and Naomi Laredo for editing the materials.

Photographs courtesy of:
David Simson/B-6940 Septon (DASPHOTOGB@aol.com), pages 10, 18, 19, 21 (top), 22, 26, 27, 28, 31, 34, 37 (top and middle), 39, 40, 44, 49, 51, 55, 56, 63, 64, 75, 76, 77, 78, 79, 80, 81, 82, 83, 86, 87, 88, 94, 100, 102, 107, 109, 111, 113 (left), 114, 118, 121, 122, 123 (except bicycle), 124, 125, 127, 132, 136, 148, 149, 150, 151, 153, 155, 156, 159, 161, 162, 163, 164, 167, 170, 171, 175, 178, 179, 180, 181, 182, 183, 187, 189, 194 and 195.
Elisabeth Ecknigk, page 16
Rex Features, pages 21(bottom) and 192
Mike Shackleton, pages 31 and 36
Phantasialand, page 73
Klaus Lipa, Diedorf, Germany, page 106
Deutsche Bahn Museum Nürnberg, page 139
Guido Engels, page 175
Kevin Fleming/Corbis, page 113 (right).
Cover photo by Hanns Joosten/BTM GmbH.

The authors and publisher also acknowledge the following for granting permission to reproduce copyright material:
TREFF (page 9, 'Schweine rufen Feuerwehr', Heft 8/1998; page 28 'Mister Bean', Heft 9/1998 and 'Selima – Weg in die Freiheit', Heft 1/1999; page 168, 'Witze', Heft 10/1998; page 178, 'Warmer Mittwoch', Heft 12/1997)
Junge Zeit (page 16, 'Große Familien – tolle Familien?', Heft 2/1995; page 107, 'Ein Service für Betrunkene', Heft 1/1995; page 133, 'Problembriefe', Heft 1/1995; page 169,'Frohe Weihnachten', Heft 12/1994; page 181, 'Zurück zum Ex', Heft 2/1995)
HIT! (page 28, 'Geschwister', aus *HIT!* 04/99)
Hertha BSC (page 36, Logo)
Vobis Microcomputer AG (page 59, Computerwerbung)
STAFETTE (page 64, 'Kai wohnt nicht bei seinen Eltern', entnommen aus *STAFETTE* 1/96 – Müller, S; page 106, 'Fastfood', entnommen aus *STAFETTE* 2/95 © *Junge Zeit*; page 124, 'Persönlichkeitstest', entnommen aus *STAFETTE* 11/98; page 133, 'Probleme: Freunde, Familie und die Gesundheit' (Übung 1), entnommen aus *STAFETTE* 1/98; page 139, 'Orient-Express', entnommen aus *STAFETTE* 2/99; page 168, Öko-Bus, entnommen aus *STAFETTE* 3/93; page 192, 'Michael Schumacher', entnommen aus *STAFETTE* 3/94)
Phantasialand (page 73, Foto und Text)
Heinemann Educational (page 105, "Gefunden" by Richard Stokes, published by *Heinemann Educational*)
Berlin Tourismus Marketing GmbH (page 108, Website)
Luchterhand Literaturverlag GmbH, München (page 128, Ernst Jandl, "fünfter sein", aus: E.J., poetische Werke, hg. V. Klaus Siblewski, Band 4 (der künstliche Baum & flöda und der schwan), S. 67 © 1997 *Luchterhand Literaturverlag GmbH*, München)
natur (page 132, 'Das Leben ist gefährlich', *natur* 11/91)
GLOBUS Infografik GmbH (page 155, 'Die beliebtesten Urlaubsziele')
ADAC motorwelt (page 170, 'Mobil in München', aus *ADAC motorwelt* 06/2000)
RTL (page 175, Foto von Soap 'Unter uns')
x-mag (page 180, Gedichte, Heft 7/1997).

Every effort has been made to trace all copyright holders, but where this has not been possible the publisher will be pleased to make the necessary arrangements at the first opportunity.

Recorded at Gemini Studio, London by Stephan Grothgar, Michael Hülsmann, Aletta Lawson, Jana Burbach, Brigitte Bürger, Valerie Focke, Ben Gill, Jonas Hausrückinger and Felix Hermerschmidt; produced by Graham Williams, The Speech Recording Studio.